中国基本单位统计年鉴 2016

国家统计局普查中心 编

CHINA BASIC STATISTICAL UNITS YEARBOOK

中国统计出版社
China Statistics Press

图书在版编目（CIP）数据

中国基本单位统计年鉴. 2016 / 国家统计局普查中心编. -- 北京 : 中国统计出版社, 2016.8
ISBN 978-7-5037-7882-7

Ⅰ. ①中… Ⅱ. ①国… Ⅲ. ①统计资料－中国－2016－年鉴 Ⅳ. ①C832-54

中国版本图书馆 CIP 数据核字(2016)第 184313 号

中国基本单位统计年鉴—2016

作　　者/国家统计局普查中心
责任编辑/王振宇
封面设计/杨　超　李雪燕
出版发行/中国统计出版社
通信地址/北京市丰台区西三环南路甲 6 号　邮政编码/100073
电　　话/邮购（010）63376909　书店（010）68783171
网　　址/ http://www.zgtjcbs.com
印　　刷/三河双峰印刷装订有限公司
经　　销/新华书店
开　　本/880×1230㎜　1/16
字　　数/550 千字
印　　张/17.75
版　　别/2016 年 8 月第 1 版
版　　次/2016 年 8 月第 1 次印刷
定　　价/220.00 元（附光盘）

本书附同版本 CD-ROM 一张，光盘内容以书面文字为准。
如有印装差错，由本社发行部调换。

《中国基本单位统计年鉴-2016》
编辑委员会

编 者 说 明

一、《中国基本单位统计年鉴－2016》是一部反映中华人民共和国各类基本单位情况的资料性工具书。本书分为两部分：第一部分是全国各类法人单位按地区、国民经济行业等进行各种分组汇总而成的综合资料；第二部分是全国各类企业法人单位按地区、国民经济行业、登记注册类型、营业状态等进行各种分组汇总而成的综合资料。

二、1996 年数据来源于第一次全国基本单位普查资料，2001 年数据来源于第二次全国基本单位普查资料，2004 年数据来源于第一次全国经济普查资料，2008 年数据来源于第二次全国经济普查资料，2013 年数据来源于第三次全国经济普查资料，其他年份的数据来源于基本单位年度统计资料。

三、资料的汇总范围为我国境内从事经济社会活动的法人单位，未包括香港、澳门特别行政区和台湾省。

《中国基本单位统计年鉴－2016》内容系统、翔实,具有较强的实用性，可作为各级政府和经济管理部门进行宏观管理、制定政策的参考，也是企业生产经营及投资决策和科研机构、大专院校进行科研及教学活动的辅助资料。

恳请广大读者对本书提出宝贵意见。

目　　录

第一部分　全部法人单位综合资料

第二部分　企业法人单位综合资料

第一部分

全部法人单位综合资料

1-1 按行业(门类)分组的法人单位数

单位：个

行业门类	代码	法人单位数					
		1996年	1997年	1998年	1999年	2000年	2001年
总计	--	**4402276**	**4344278**	**4417508**	**4221995**	**4366141**	**5107015**
农、林、牧、渔业	A	148029	148269	147656	142055	142140	171526
采矿业	B	100362	99578	102265	91026	90484	71409
制造业	C	1256323	1221878	1290304	1192280	1243607	1220587
电力、热力、燃气及水生产和供应业	D	30543	29864	30299	30031	30841	36982
建筑业	E	126710	125476	125541	112973	118240	123187
批发和零售业	H	681853	678488	668847	654887	693108	807454
交通运输、仓储和邮政业	F	63808	62871	62941	57772	59711	82162
住宿和餐饮业	I	81444	71835	79270	78804	83014	100768
信息传输、软件和信息技术服务业	G	20381	18545	22141	22826	25425	57420
金融业	J	73824	74054	73941	69029	70228	63996
房地产业	K	39693	40903	44606	44051	48363	92417
租赁和商务服务业	L	96609	109537	100411	97410	107229	234265
科学研究和技术服务业	M	42048	41299	43264	42608	45003	75666
水利、环境和公共设施管理业	N	29508	28661	30273	29315	30189	51007
居民服务、修理和其他服务业	O	52677	45707	51786	48898	54366	94655
教育	P	215358	219281	215530	214042	218304	307817
卫生和社会工作	Q	112326	112810	112695	112375	114388	200360
文化、体育和娱乐业	R	41064	36522	41388	40094	41060	57410
公共管理、社会保障和社会组织	S	1185790	1174810	1170475	1137752	1146645	1254546
国际组织	T	3926	3890	3875	3767	3796	3381

注：2004年和2008年农、林、牧、渔业法人单位数为兼营第二、三产业的农、林、牧、渔业法人单位；2013年农、林、牧、渔业法人单位数为农、林、牧、渔服务业和兼营第二、三产业的农、林、牧、渔业法人单位；2013年法人单位数不包括金融业、铁路运输业和无分组标识的部分数据(下同)。

1-1 续表 1

单位：个

行业门类	代码	法人单位数						
		2002年	2003年	2004年	2005年	2006年	2007年	2008年
总计	--	**5170849**	**5214144**	**5168303**	**5647823**	**6068912**	**6495064**	**7098765**
农、林、牧、渔业	A	170953	156033	1835	68800	78205	98546	2023
采矿业	B	70851	72538	82353	89430	93967	97678	97315
制造业	C	1239549	1298870	1328964	1451556	1579406	1702455	1818370
电力、热力、燃气及水生产和供应业	D	37136	33570	39830	43148	45922	49052	57923
建筑业	E	129062	132059	128193	149471	170180	190517	226768
批发和零售业	H	829029	840241	883653	994953	1122489	1246042	1403141
交通运输、仓储和邮政业	F	83489	85991	80375	91565	104635	117228	157589
住宿和餐饮业	I	102244	103537	92869	101853	109892	118173	145297
信息传输、软件和信息技术服务业	G	59368	58307	72913	85499	100614	115101	153290
金融业	J	64806	64802	23793	26828	29201	31815	28668
房地产业	K	96795	98943	129197	148059	165865	187444	214391
租赁和商务服务业	L	242109	219567	249192	291498	331904	368763	427001
科学研究和技术服务业	M	78356	110685	136555	153076	166240	176677	201689
水利、环境和公共设施管理业	N	51426	47847	44352	46847	48811	50953	57553
居民服务、修理和其他服务业	O	96244	64391	83606	93947	102228	110525	120467
教育	P	308320	304056	299418	305446	308760	312339	335065
卫生和社会工作	Q	200761	198879	181877	183760	185014	187376	206480
文化、体育和娱乐业	R	57891	77717	64741	69490	72873	76430	81878
公共管理、社会保障和社会组织	S	1250166	1243967	1244587	1252597	1252706	1257950	1363857
国际组织	T	2294	2144	—	—	—	—	—

1-1 续表 2

单位：个

行业门类	代码	法人单位数						
		2009年	2010年	2011年	2012年	2013年	2014年	2015年
总计	--	**8003868**	**8754588**	**9593729**	**10616530**	**10825611**	**13701440**	**15729199**
农、林、牧、渔业	A	184764	242429	321086	440853	161824	951045	1204724
采矿业	B	103403	104065	105490	107596	89112	101673	103426
制造业	C	1959254	2098370	2240315	2380759	2252225	2616671	2801143
电力、热力、燃气及水生产和供应业	D	62038	64151	66652	69947	70409	79679	87486
建筑业	E	261694	302232	346026	391392	347519	464975	574128
批发和零售业	H	1670315	1965118	2276295	2630690	2810531	3513338	4199026
交通运输、仓储和邮政业	F	175914	195829	219630	249832	262048	323044	378705
住宿和餐饮业	I	154895	164762	172070	186837	199592	235337	274283
信息传输、软件和信息技术服务业	G	176326	191182	208867	245669	226107	289162	387842
金融业	J	36907	45512	55513	67554	—	91583	109711
房地产业	K	244043	284726	323985	356717	343924	419618	466100
租赁和商务服务业	L	511666	590478	687575	813851	916953	1161947	1440572
科学研究和技术服务业	M	233221	256865	283777	324932	455778	544309	661022
水利、环境和公共设施管理业	N	61740	64794	69186	75981	84803	97522	108069
居民服务、修理和其他服务业	O	141936	158152	175813	196880	190692	242251	298958
教育	P	342003	342408	346390	355072	413908	444038	461451
卫生和社会工作	Q	209016	205778	205173	206885	249567	265537	271571
文化、体育和娱乐业	R	90891	95633	102775	121126	230544	263384	297274
公共管理、社会保障和社会组织	S	1383842	1382104	1387111	1393957	1520075	1596327	1603708
国际组织	T	—	—	—	—	—	—	—

1-2 按三次产业、地区分组的法人单位数

(2015年) 单位：个

地 区	法人单位数	第一产业	第二产业	第三产业
全 国	**15729199**	**1005230**	**3544975**	**11178994**
北 京	704629	9026	54574	641029
天 津	320203	7189	69642	243372
河 北	630137	46867	158127	425143
山 西	382169	72135	48137	261897
内蒙古	231915	28738	32509	170668
辽 宁	552428	21438	131216	399774
吉 林	181344	13469	35804	132071
黑龙江	225311	21844	38344	165123
上 海	448591	6364	98622	343605
江 苏	1551446	28699	513278	1009469
浙 江	1346362	59534	465537	821291
安 徽	564967	51418	124592	388957
福 建	664420	37796	164644	461980
江 西	385517	35623	83082	266812
山 东	1269898	52579	299597	917722
河 南	763210	45044	158960	559206
湖 北	678384	47658	122743	507983
湖 南	467954	25373	86309	356272
广 东	1397022	27876	414032	955114
广 西	402587	56320	48303	297964
海 南	76095	10167	9312	56616
重 庆	454877	76130	72358	306389
四 川	490038	35213	81407	373418
贵 州	265382	44992	51081	169309
云 南	372760	54454	47273	271033
西 藏	26512	570	3745	22197
陕 西	358073	26498	62615	268960
甘 肃	196182	30093	25018	141071
青 海	58654	10705	8282	39667
宁 夏	65679	8796	9604	47279
新 疆	196453	12622	26228	157603

1-3 按地区、开业(成立)

地　区	法　人单位数	1949年及以前	1950-1977年	1978-1991年	1992-1995年	1996年	1997年	1998年	1999年	2000年	2001年	2002年
全　国	**15729199**	**85900**	**428702**	**774462**	**336785**	**105736**	**103983**	**168973**	**167021**	**251333**	**301154**	**336631**
北　京	704629	783	4062	16536	16509	4635	5126	7957	9512	14137	18088	20693
天　津	320203	837	2043	7695	6831	2043	2128	2986	3037	5056	6086	6214
河　北	630137	18957	26100	37847	8459	4026	3124	5092	4748	10080	8970	11105
山　西	382169	5272	21097	25859	5295	1594	1821	3194	2699	3901	4881	6595
内蒙古	231915	1451	11678	11495	2943	1223	1393	1952	1865	3103	3582	4151
辽　宁	552428	2567	14318	29760	14185	4081	4263	6933	7814	11081	12331	13656
吉　林	181344	1695	11131	14287	3975	1391	1088	2242	2111	3751	4563	4231
黑龙江	225311	1977	11953	15947	4783	1704	1395	2664	2536	4501	6182	5139
上　海	448591	565	2448	10277	18662	5178	5688	7579	8093	11257	14303	18401
江　苏	1551446	2274	13120	38133	25117	7774	8537	17517	13932	25025	34993	37778
浙　江	1346362	5019	12737	41780	27047	9071	9560	13769	15167	22895	27029	32995
安　徽	564967	1513	10314	15546	8817	2829	2762	3392	3465	5889	6474	8273
福　建	664420	2950	12819	32314	15407	5089	5545	7330	7315	11210	11111	13407
江　西	385517	2021	16651	27848	6367	2173	1760	3053	2777	5392	6301	6867
山　东	1269898	5548	19918	80095	18589	5960	6003	10783	10434	16571	22743	22816
河　南	763210	5632	35484	62250	16021	6747	5313	10911	8403	14500	15773	14790
湖　北	678384	2302	16268	33335	10632	4578	3614	6062	5325	9066	11760	12591
湖　南	467954	2278	20151	42778	15041	4022	3461	8521	4352	8251	10438	10015
广　东	1397022	4516	22484	42732	39355	10026	11149	18253	27848	22343	27418	32298
广　西	402587	2696	18569	22008	10378	3998	2897	2508	2446	3392	4142	7488
海　南	76095	188	4092	3124	2450	546	451	626	653	882	1205	1404
重　庆	454877	1032	4935	7499	5996	1722	2260	3436	2391	4103	7175	6528
四　川	490038	2166	40354	43517	18798	4369	4386	6996	5739	8864	11513	11372
贵　州	265382	1229	7406	12687	11658	1058	1170	1867	1681	2483	2872	3392
云　南	372760	1163	10367	14887	5299	2090	2304	2880	3133	10411	4750	5287
西　藏	26512	563	2546	5291	880	544	223	351	607	397	324	849
陕　西	358073	3240	20772	27660	7592	3660	3398	4714	4064	5362	6753	7145
甘　肃	196182	2507	14300	23109	3983	1472	1270	2251	1782	2833	3855	4163
青　海	58654	645	4486	6264	911	290	278	500	461	835	1106	1221
宁　夏	65679	355	2757	4745	1063	517	375	704	577	986	793	1139
新　疆	196453	1959	13342	17157	3742	1326	1241	1950	2054	2776	3640	4628

时间分组的法人单位数

单位：个

2003年	2004年	2005年	2006年	2007年	2008年	2009年	2010年	2011年	2012年	2013年	2014年	2015年	无开业年份
398203	**410022**	**468604**	**535610**	**539544**	**626833**	**823777**	**1047283**	**1213783**	**1349896**	**1533830**	**1715343**	**1938476**	**67315**
25235	29393	32444	33453	37362	43343	52878	60916	67332	70739	72835	23357	36328	976
7707	7988	9128	11383	11534	13632	17011	21367	26765	26698	29933	33335	56687	2079
11746	12695	14699	18417	16695	19600	29995	37312	43541	49490	69285	79115	87594	1445
6352	6898	7899	9545	11934	14549	18381	19942	23854	27553	29446	45949	76163	1496
4322	4840	6121	8294	7515	8890	12685	16384	17394	19823	24152	27670	27987	1002
16368	17893	19622	21745	22582	24743	31526	42075	43889	41628	38780	55343	51536	3709
5306	5163	7143	7881	7473	7496	10788	13577	15549	16764	16988	6879	9471	401
5655	5723	6238	6464	6990	9758	13564	16719	17095	20346	23893	12455	20432	1198
22884	25957	27145	23783	20622	22352	28844	34269	35244	37043	33237	25454	8985	321
45266	41437	44904	56583	56579	59282	83577	118459	126574	133485	124313	194457	238497	3833
36624	35039	37814	46825	48463	49448	64786	80383	95260	96370	168945	188340	173039	7957
10010	12287	13684	18340	18901	23098	27405	38562	44627	51771	59028	75612	97787	4581
16837	17016	19470	22964	22273	26916	35452	46465	53657	55351	53328	72477	89174	8543
8671	7158	9254	10632	9681	12230	18092	24199	26282	32879	26730	49985	67066	1448
28193	28765	32901	38666	37036	46436	63090	79614	86190	89977	107524	184363	225741	1942
18523	17920	28806	29122	24218	35036	43030	48832	51079	54649	67270	65527	78845	4529
13778	14293	17382	18202	17350	24119	32463	40114	46300	54400	87948	83607	111009	1886
12149	12239	15617	16634	15164	17235	23236	32031	35905	39021	44852	51141	20312	3110
39408	43508	47463	55211	56814	62795	85119	102917	127225	145320	165578	135166	64211	7865
7066	6262	8300	8486	9696	10766	16437	20119	29100	41239	40014	53457	70631	492
1652	1700	2004	2291	2517	3203	3797	5918	6781	7327	7681	7627	7737	239
7823	8517	8192	8954	12247	11696	14911	28462	51501	55962	56737	63627	78400	771
15903	15404	16475	17627	20122	22427	24957	30454	34696	38534	36119	27273	30972	1001
4585	4906	4837	6237	7086	8352	9662	13108	16447	37077	35168	25245	44031	1138
6405	6425	7108	9120	8430	11291	16118	19320	24438	28510	26609	55885	89108	1422
408	520	812	673	750	1187	1232	1351	1846	1927	2058	103	25	1045
7525	7481	9287	11053	11365	15097	20518	24705	28727	30311	27693	35229	33484	1238
4474	4304	5021	5714	5945	7432	8973	11511	13220	17705	23780	13502	12583	493
1196	1131	1219	1451	1751	1928	2304	3313	4400	4892	5711	6662	5576	123
1511	1635	1517	1761	1906	2249	3300	3905	4561	6012	7744	5203	10239	125
4621	5525	6098	8099	8543	10247	9646	10980	14304	17093	20451	11298	14826	907

1-4 按地区、机构类型分组的法人单位数

(2015年) 单位：个

地区	法人单位数	企业法人	事业法人	机关法人	社会团体	其他
全国	**15729199**	**12593254**	**823615**	**258394**	**302205**	**1751731**
北京	704629	663135	12035	2187	5711	21561
天津	320203	296954	6798	2043	2163	12245
河北	630137	487926	35033	12434	8594	86150
山西	382169	243379	27785	8988	7470	94547
内蒙古	231915	155636	18428	7548	9431	40872
辽宁	552428	453377	30884	9617	9286	49264
吉林	181344	123843	19269	5876	4340	28016
黑龙江	225311	149370	21268	9572	6023	39078
上海	448591	417855	7823	1678	3376	17859
江苏	1551446	1388252	39866	10652	24681	87995
浙江	1346362	1189601	32048	8133	20149	96431
安徽	564967	454812	22695	9076	12020	66364
福建	664420	556220	29103	9117	19023	50957
江西	385517	277496	33047	9782	10238	54954
山东	1269898	1048450	40919	12412	15919	152198
河南	763210	535639	66905	14464	8100	138102
湖北	678384	522899	41717	9873	13493	90402
湖南	467954	321582	43579	12788	11645	78360
广东	1397022	1204941	46198	11916	23774	110193
广西	402587	290980	43387	10615	11204	46401
海南	76095	55689	4326	1697	1764	12619
重庆	454877	392712	18037	4037	7571	32520
四川	490038	288685	60675	19721	20144	100813
贵州	265382	199132	21450	7271	6190	31339
云南	372760	283491	22606	11266	12330	43067
西藏	26512	9441	2360	5791	646	8274
陕西	358073	255984	30476	9699	7016	54898
甘肃	196182	115557	19977	7011	9998	43639
青海	58654	36105	4460	2969	2132	12988
宁夏	65679	44519	3173	1460	1468	15059
新疆	196453	129592	17288	8701	6306	34566

1-5 按行业(大类)分组的法人单位数

(2015年) 单位：个

行业大类	代码	法人单位数	从事单一活动或位于一个地点的法人单位	从事多种活动或位于多个地点的法人单位
总计	--	**15729199**	**15199920**	**529279**
农、林、牧、渔业	**A**	**1204724**	**1199986**	**4738**
农业	01	538687	536901	1786
林业	02	84381	83541	840
畜牧业	03	307586	306698	888
渔业	04	74576	74332	244
农、林、牧、渔服务业	05	199494	198514	980
采矿业	**B**	**103426**	**101155**	**2271**
煤炭开采和洗选业	06	20517	19610	907
石油和天然气开采业	07	692	643	49
黑色金属矿采选业	08	15680	15290	390
有色金属矿采选业	09	11161	10898	263
非金属矿采选业	10	49040	48482	558
开采辅助活动	11	3735	3655	80
其他采矿业	12	2601	2577	24
制造业	**C**	**2801143**	**2756328**	**44815**
农副食品加工业	13	128222	125416	2806
食品制造业	14	62988	61081	1907
酒、饮料和精制茶制造业	15	49110	47651	1459
烟草制品业	16	485	439	46
纺织业	17	133435	131589	1846
纺织服装、服饰业	18	158153	155801	2352
皮革、毛皮、羽毛及其制品和制鞋业	19	73061	72228	833
木材加工和木、竹、藤、棕、草制品业	20	88285	87547	738
家具制造业	21	62158	61086	1072
造纸和纸制品业	22	65143	64564	579
印刷和记录媒介复制业	23	77283	76166	1117
文教、工美、体育和娱乐用品制造业	24	94499	93110	1389
石油加工和炼焦	25	8052	7754	298
化学原料和化学制品制造业	26	119314	116583	2731
医药制造业	27	23467	22631	836
化学纤维制造业	28	7072	6989	83
橡胶和塑料制品业	29	166293	164405	1888
非金属矿物制品业	30	256674	253381	3293
黑色金属冶炼和压延加工业	31	41596	40906	690
有色金属冶炼和压延加工业	32	29670	29196	474
金属制品业	33	239597	236824	2773
通用设备制造业	34	264152	260152	4000

1-5 续表 1 单位：个

行业大类	代码	法人单位数	从事单一活动或位于一个地点的法人单位	从事多种活动或位于多个地点的法人单位
专用设备制造业	35	180811	178202	2609
汽车制造业	36	67573	66446	1127
铁路、船舶、航空航天和其他运输设备制造业	37	32082	31410	672
电气机械和器材制造业	38	169224	165682	3542
计算机、通信和其他电子设备制造业	39	92146	90330	1816
仪器仪表制造业	40	36432	35505	927
其他制造业	41	44503	44139	364
废弃资源综合利用业	42	12190	12003	187
金属制品、机械和设备修理业	43	17473	17112	361
电力、热力、燃气及水生产和供应业	**D**	**87486**	**82783**	**4703**
电力、热力生产和供应业	44	57183	54359	2824
燃气生产和供应业	45	8003	7189	814
水的生产和供应业	46	22300	21235	1065
建筑业	**E**	**574128**	**551285**	**22843**
房屋建筑业	47	107716	98713	9003
土木工程建筑业	48	99915	94828	5087
建筑安装业	49	97529	93855	3674
建筑装饰和其他建筑业	50	268968	263889	5079
批发和零售业	**F**	**4199026**	**4096506**	**102520**
批发业	51	2562461	2511522	50939
零售业	52	1636565	1584984	51581
交通运输、仓储和邮政业	**G**	**378705**	**362053**	**16652**
铁路运输业	53	3556	3357	199
道路运输业	54	204700	197261	7439
水上运输业	55	13594	13003	591
航空运输业	56	1968	1800	168
管道运输业	57	414	383	31
装卸搬运和运输代理业	58	101016	96579	4437
仓储业	59	34914	33860	1054
邮政业	60	18543	15810	2733
住宿和餐饮业	**H**	**274283**	**262330**	**11953**
住宿业	61	91185	87376	3809
餐饮业	62	183098	174954	8144
信息传输、软件和信息技术服务业	**I**	**387842**	**379362**	**8480**
电信、广播电视和卫星传输服务	63	19144	16489	2655
互联网和相关服务	64	50630	49847	783
软件和信息技术服务业	65	318068	313026	5042

1-5 续表 2

单位：个

行业大类	代码	法人单位数	从事单一活动或位于一个地点的法人单位	从事多种活动或位于多个地点的法人单位
金融业	J	**109711**	**93747**	**15964**
货币金融服务	66	38302	30474	7828
资本市场服务	67	37404	36606	798
保险业	68	16919	9991	6928
其他金融业	69	17086	16676	410
房地产业	K	**466100**	**441296**	**24804**
房地产业	70	466100	441296	24804
租赁和商务服务业	L	**1440572**	**1410602**	**29970**
租赁业	71	93522	92383	1139
商务服务业	72	1347050	1318219	28831
科学研究和技术服务业	M	**661022**	**645879**	**15143**
研究和试验发展	73	77575	76462	1113
专业技术服务业	74	296416	285467	10949
科技推广和应用服务业	75	287031	283950	3081
水利、环境和公共设施管理业	N	**108069**	**104711**	**3358**
水利管理业	76	27287	26126	1161
生态保护和环境治理业	77	12718	12364	354
公共设施管理业	78	68064	66221	1843
居民服务、修理和其他服务业	O	**298958**	**292550**	**6408**
居民服务业	79	115033	111703	3330
机动车、电子产品和日用产品修理业	80	100916	98845	2071
其他服务业	81	83009	82002	1007
教育	P	**461451**	**429524**	**31927**
教育	82	461451	429524	31927
卫生和社会工作	Q	**271571**	**255286**	**16285**
卫生	83	219111	203249	15862
社会工作	84	52460	52037	423
文化、体育和娱乐业	R	**297274**	**293050**	**4224**
新闻和出版业	85	9299	8909	390
广播、电视、电影和影视录音制作业	86	25773	24671	1102
文化艺术业	87	96696	95792	904
体育	88	23858	23222	636
娱乐业	89	141648	140456	1192
公共管理、社会保障和社会组织	S	**1603708**	**1441487**	**162221**
中国共产党机关	90	36454	32672	3782
国家机构	91	462511	388533	73978
人民政协、民主党派	92	6862	6589	273
社会保障	93	16396	16107	289
群众团体、社会团体和其他成员组织	94	379218	375339	3879
基层群众自治组织	95	702267	622247	80020

1-6 按行业(大类)、东中西部以及东北地区分组的法人单位数

(2015年) 单位：个

行业大类	代码	法人单位数	东部地区	中部地区	西部地区	东北地区
总计	--	**15729199**	**8408803**	**3242201**	**3119112**	**959083**
农、林、牧、渔业	A	**1204724**	**351098**	**338099**	**428923**	**86604**
农业	01	538687	175053	148251	181754	33629
林业	02	84381	28048	26178	26573	3582
畜牧业	03	307586	55538	86529	148912	16607
渔业	04	74576	27458	16293	27892	2933
农、林、牧、渔服务业	05	199494	65001	60848	43792	29853
采矿业	B	**103426**	**20208**	**31257**	**42303**	**9658**
煤炭开采和洗选业	06	20517	1607	7339	9682	1889
石油和天然气开采业	07	692	118	110	344	120
黑色金属矿采选业	08	15680	5218	3902	4475	2085
有色金属矿采选业	09	11161	1540	3381	5181	1059
非金属矿采选业	10	49040	10836	15051	19137	4016
开采辅助活动	11	3735	407	576	2390	362
其他采矿业	12	2601	482	898	1094	127
制造业	C	**2801143**	**1892590**	**453674**	**304202**	**150677**
农副食品加工业	13	128222	48955	35779	27581	15907
食品制造业	14	62988	29699	15099	13522	4668
酒、饮料和精制茶制造业	15	49110	17207	12701	15650	3552
烟草制品业	16	485	102	226	115	42
纺织业	17	133435	109093	14547	7242	2553
纺织服装、服饰业	18	158153	122992	22933	6853	5375
皮革、毛皮、羽毛及其制品和制鞋业	19	73061	59758	8036	4024	1243
木材加工和木、竹、藤、棕、草制品业	20	88285	48275	19808	13143	7059
家具制造业	21	62158	40294	11159	8250	2455
造纸和纸制品业	22	65143	49319	7826	5595	2403
印刷和记录媒介复制业	23	77283	51915	12284	9152	3932
文教、工美、体育和娱乐用品制造业	24	94499	73854	11126	7463	2056

1-6 续表 1

单位：个

行业大类	代码	法人单位数	东部地区	中部地区	西部地区	东北地区
石油加工和炼焦	25	8052	3844	1270	1572	1366
化学原料和化学制品制造业	26	119314	70596	25451	15130	8137
医药制造业	27	23467	10470	6321	4478	2198
化学纤维制造业	28	7072	6115	520	242	195
橡胶和塑料制品业	29	166293	129798	17232	11769	7494
非金属矿物制品业	30	256674	109701	74700	55677	16596
黑色金属冶炼和压延加工业	31	41596	23772	8588	5672	3564
有色金属冶炼和压延加工业	32	29670	17079	6474	4655	1462
金属制品业	33	239597	184438	25088	19847	10224
通用设备制造业	34	264152	199804	28898	17413	18037
专用设备制造业	35	180811	132413	24442	13430	10526
汽车制造业	36	67573	43163	13601	7088	3721
铁路、船舶、航空航天和其他运输设备制造业	37	32082	21960	3447	5079	1596
电气机械和器材制造业	38	169224	135287	17964	9369	6604
计算机、通信和其他电子设备制造业	39	92146	77055	8890	4521	1680
仪器仪表制造业	40	36432	27538	4307	2357	2230
其他制造业	41	44503	30892	9010	3246	1355
废弃资源综合利用业	42	12190	6369	3269	1865	687
金属制品、机械和设备修理业	43	17473	10833	2678	2202	1760
电力、热力、燃气及水生产和供应业	**D**	**87486**	**33739**	**22177**	**25974**	**5596**
电力、热力生产和供应业	44	57183	22783	13146	17463	3791
燃气生产和供应业	45	8003	2664	2196	2465	678
水的生产和供应业	46	22300	8292	6835	6046	1127
建筑业	**E**	**574128**	**312068**	**119969**	**100536**	**41555**
房屋建筑业	47	107716	50017	24801	24767	8131
土木工程建筑业	48	99915	54266	21622	16422	7605
建筑安装业	49	97529	58650	17352	13025	8502
建筑装饰和其他建筑业	50	268968	149135	56194	46322	17317

1-6 续表 2

单位：个

行业大类	代码	法人单位数	东部地区	中部地区	西部地区	东北地区
批发和零售业	F	**4199026**	**2469918**	**764224**	**719012**	**245872**
批发业	51	2562461	1655867	387411	362455	156728
零售业	52	1636565	814051	376813	356557	89144
交通运输、仓储和邮政业	G	**378705**	**209752**	**77193**	**64893**	**26867**
铁路运输业	53	3556	1373	867	886	430
道路运输业	54	204700	101962	49290	38980	14468
水上运输业	55	13594	8595	2919	1523	557
航空运输业	56	1968	931	282	566	189
管道运输业	57	414	163	85	140	26
装卸搬运和运输代理业	58	101016	70688	11886	12515	5927
仓储业	59	34914	18014	7113	5915	3872
邮政业	60	18543	8026	4751	4368	1398
住宿和餐饮业	H	**274283**	**131207**	**56626**	**73347**	**13103**
住宿业	61	91185	42516	18779	24436	5454
餐饮业	62	183098	88691	37847	48911	7649
信息传输、软件和信息技术服务业	I	**387842**	**244631**	**66065**	**54831**	**22315**
电信、广播电视和卫星传输服务	63	19144	7207	5164	4810	1963
互联网和相关服务	64	50630	27747	11412	9173	2298
软件和信息技术服务业	65	318068	209677	49489	40848	18054
金融业	J	**109711**	**52686**	**21589**	**27619**	**7817**
货币金融服务	66	38302	14029	8292	12275	3706
资本市场服务	67	37404	21631	6186	7735	1852
保险业	68	16919	7211	4059	4127	1522
其他金融业	69	17086	9815	3052	3482	737
房地产业	K	**466100**	**242130**	**96511**	**95353**	**32106**
房地产业	70	466100	242130	96511	95353	32106
租赁和商务服务业	L	**1440572**	**887244**	**254634**	**224479**	**74215**
租赁业	71	93522	46134	21139	19839	6410
商务服务业	72	1347050	841110	233495	204640	67805

1-6 续表 3

单位：个

行业大类	代码	法人单位数	东部地区	中部地区	西部地区	东北地区
科学研究和技术服务业	M	**661022**	**400684**	**123939**	**98541**	**37858**
研究和试验发展	73	77575	52175	12212	7204	5984
专业技术服务业	74	296416	169580	54566	55293	16977
科技推广和应用服务业	75	287031	178929	57161	36044	14897
水利、环境和公共设施管理业	N	**108069**	**47483**	**27036**	**25585**	**7965**
水利管理业	76	27287	8237	8081	8407	2562
生态保护和环境治理业	77	12718	5595	2992	3309	822
公共设施管理业	78	68064	33651	15963	13869	4581
居民服务、修理和其他服务业	O	**298958**	**155148**	**63906**	**62477**	**17427**
居民服务业	79	115033	59668	23079	24161	8125
机动车、电子产品和日用产品修理业	80	100916	52963	18767	23193	5993
其他服务业	81	83009	42517	22060	15123	3309
教育	P	**461451**	**174670**	**129278**	**128412**	**29091**
教育	82	461451	174670	129278	128412	29091
卫生和社会工作	Q	**271571**	**85283**	**92606**	**71022**	**22660**
卫生	83	219111	62253	79765	59496	17597
社会工作	84	52460	23030	12841	11526	5063
文化、体育和娱乐业	R	**297274**	**140236**	**72105**	**67867**	**17066**
新闻和出版业	85	9299	4615	2088	1880	716
广播、电视、电影和影视录音制作业	86	25773	13041	5283	5950	1499
文化艺术业	87	96696	50071	22802	19200	4623
体育	88	23858	15061	3593	3628	1576
娱乐业	89	141648	57448	38339	37209	8652
公共管理、社会保障和社会组织	S	**1603708**	**558028**	**431313**	**503736**	**110631**
中国共产党机关	90	36454	9343	9202	14555	3354
国家机构	91	462511	134513	130764	154184	43050
人民政协、民主党派	92	6862	2257	1740	2190	675
社会保障	93	16396	4163	4757	6054	1422
群众团体、社会团体和其他成员组织	94	379218	149835	81033	125994	22356
基层群众自治组织	95	702267	257917	203817	200759	39774

1-7 按行业(大类)、地区

(2015年)

行业大类	代码	法人单位数	北京	天津	河北	山西	内蒙古
总计	--	**15729199**	**704629**	**320203**	**630137**	**382169**	**231915**
农、林、牧、渔业	A	**1204724**	**9551**	**7908**	**58834**	**78524**	**37307**
农业	01	538687	5467	4508	28378	35490	11007
林业	02	84381	902	601	3712	7922	1611
畜牧业	03	307586	2337	1271	14006	28172	15782
渔业	04	74576	320	809	771	551	338
农、林、牧、渔服务业	05	199494	525	719	11967	6389	8569
采矿业	B	**103426**	**124**	**142**	**6547**	**6410**	**5186**
煤炭开采和洗选业	06	20517	16	14	542	3395	1166
石油和天然气开采业	07	692	9	15	3	42	80
黑色金属矿采选业	08	15680	20	16	3758	1085	1211
有色金属矿采选业	09	11161	2	4	355	212	499
非金属矿采选业	10	49040	66	42	1741	1452	1948
开采辅助活动	11	3735	10	43	81	107	109
其他采矿业	12	2601	1	8	67	117	173
制造业	C	**2801143**	**34144**	**54114**	**126557**	**27601**	**18575**
农副食品加工业	13	128222	950	1216	4917	2194	2646
食品制造业	14	62988	994	1134	2754	1343	1030
酒、饮料和精制茶制造业	15	49110	395	286	1399	809	674
烟草制品业	16	485	1	2	3	4	3
纺织业	17	133435	458	1204	6598	316	583
纺织服装、服饰业	18	158153	2670	1888	2916	344	407
皮革、毛皮、羽毛及其制品和制鞋业	19	73061	242	415	5651	107	182
木材加工和木、竹、藤、棕、草制品业	20	88285	852	870	2485	367	690
家具制造业	21	62158	1417	1120	2336	322	161
造纸和纸制品业	22	65143	925	1561	2369	370	185
印刷和记录媒介复制业	23	77283	1562	1330	3159	853	494
文教、工美、体育和娱乐用品制造业	24	94499	745	1704	3332	449	183
石油加工和炼焦	25	8052	201	236	543	339	147
化学原料和化学制品制造业	26	119314	1973	2813	6391	1678	1252
医药制造业	27	23467	583	454	901	347	213
化学纤维制造业	28	7072	30	61	263	27	11
橡胶和塑料制品业	29	166293	1643	3154	8773	826	548
非金属矿物制品业	30	256674	2617	2528	12149	5765	3835
黑色金属冶炼和压延加工业	31	41596	332	1590	3205	1171	586
有色金属冶炼和压延加工业	32	29670	241	653	1458	432	445
金属制品业	33	239597	3889	7776	17569	2186	1313
通用设备制造业	34	264152	2945	6653	12618	2769	886

分组的法人单位数

单位：个

辽宁	吉林	黑龙江	上海	江苏	浙江	安徽	福建	江西	山东	代码
552428	**181344**	**225311**	**448591**	**1551446**	**1346362**	**564967**	**664420**	**385517**	**1269898**	--
32287	**21479**	**32838**	**6737**	**44605**	**64569**	**67845**	**41418**	**40974**	**69181**	A
10394	7239	15996	4620	15918	38595	31132	21656	19825	35795	01
1871	883	828	536	2250	4888	4911	4737	4037	3784	02
7086	4919	4602	496	6205	8664	11486	5572	8694	9760	03
2087	428	418	712	4326	7387	3889	5831	3067	3240	04
10849	8010	10994	373	15906	5035	16427	3622	5351	16602	05
6117	**1477**	**2064**	**1**	**759**	**1339**	**2616**	**3241**	**4168**	**3726**	B
717	244	928		39	14	220	327	681	612	06
16	79	25	1	13	3	7	1	7	57	07
1824	194	67		74	24	461	325	399	498	08
837	154	68		30	81	290	343	615	277	09
2518	675	823		541	1181	1488	2153	2085	2083	10
149	86	127		55	12	88	18	146	106	11
56	45	26		7	24	62	74	235	93	12
97001	**26010**	**27666**	**82529**	**434394**	**423211**	**92414**	**132615**	**60422**	**235765**	C
6736	3761	5410	604	6889	6051	6605	6438	3610	15266	13
2481	1059	1128	985	3846	3010	2880	4188	1575	6255	14
1402	1044	1106	198	1935	2847	2703	4943	1192	2900	15
9	19	14	2	10	7	25	14	10	25	16
1966	229	358	2282	36386	34550	3021	5365	2424	11910	17
4645	443	287	6076	26553	32752	6544	12489	6388	12385	18
939	109	195	1047	4696	20325	1694	9245	1770	3144	19
2722	1765	2572	2029	11175	7322	4360	5508	2364	12393	20
1513	417	525	3138	5061	6891	2345	2962	2108	4413	21
1632	369	402	3021	8829	11403	1417	3746	1073	4916	22
2187	929	816	2453	9301	10978	2813	3225	1505	5948	23
1459	272	325	1733	11892	22315	2851	8557	1776	8284	24
1010	122	234	150	680	384	140	170	108	973	25
5297	1400	1440	3381	14907	9391	3883	4010	4633	14154	26
874	936	388	536	2403	1363	1331	560	1135	2051	27
134	33	28	113	2714	1790	147	243	68	523	28
5352	1049	1093	6412	24165	33333	5072	6783	1887	13688	29
10309	3138	3149	3295	20907	14456	10617	14790	8997	21105	30
2987	310	267	582	7071	4336	1370	1201	446	3290	31
1214	149	99	655	5109	3632	721	621	1366	1726	32
7436	1338	1450	10912	42052	34919	5714	8460	2602	16774	33
14198	1668	2171	11277	62697	52260	6106	5750	1985	27810	34

1-7 续表 1

行业大类	代码	法人单位数	北京	天津	河北	山西	内蒙古
专用设备制造业	35	180811	2351	4339	8153	1476	696
汽车制造业	36	67573	750	1313	3169	226	154
铁路、船舶、航空航天和其他运输设备制造业	37	32082	231	2080	1458	119	34
电气机械和器材制造业	38	169224	2025	2723	6160	708	401
计算机、通信和其他电子设备制造业	39	92146	1226	1888	1261	157	79
仪器仪表制造业	40	36432	1096	923	1071	164	55
其他制造业	41	44503	288	1041	2044	1026	246
废弃资源综合利用业	42	12190	82	416	670	257	167
金属制品、机械和设备修理业	43	17473	430	743	782	450	269
电力、热力、燃气及水生产和供应业	**D**	**87486**	**659**	**655**	**2747**	**2183**	**2325**
电力、热力生产和供应业	44	57183	450	333	1543	1235	1595
燃气生产和供应业	45	8003	53	128	433	382	256
水的生产和供应业	46	22300	156	194	771	566	474
建筑业	**E**	**574128**	**20087**	**15517**	**23139**	**12500**	**6801**
房屋建筑业	47	107716	2258	2693	3953	1672	1282
土木工程建筑业	48	99915	2293	3373	5274	2199	1256
建筑安装业	49	97529	2952	3274	4064	2040	1058
建筑装饰和其他建筑业	50	268968	12584	6177	9848	6589	3205
批发和零售业	**F**	**4199026**	**206521**	**98551**	**165475**	**94250**	**55958**
批发业	51	2562461	103395	75239	102257	46171	28929
零售业	52	1636565	103126	23312	63218	48079	27029
交通运输、仓储和邮政业	**G**	**378705**	**14754**	**15560**	**14280**	**8635**	**6403**
铁路运输业	53	3556	114	137	75	156	188
道路运输业	54	204700	7993	4695	10094	6243	4100
水上运输业	55	13594	36	422	274	14	13
航空运输业	56	1968	103	136	38	36	65
管道运输业	57	414	6	25	14	9	7
装卸搬运和运输代理业	58	101016	4046	7357	2326	1078	969
仓储业	59	34914	1862	2524	1140	779	636
邮政业	60	18543	594	264	319	320	425
住宿和餐饮业	**H**	**274283**	**17141**	**4658**	**6000**	**5056**	**3428**
住宿业	61	91185	4934	938	2389	1938	1537
餐饮业	62	183098	12207	3720	3611	3118	1891
信息传输、软件和信息技术服务业	**I**	**387842**	**47988**	**12589**	**8114**	**5915**	**3208**
电信、广播电视和卫星传输服务	63	19144	1202	259	424	421	433
互联网和相关服务	64	50630	3738	1232	1105	1054	741
软件和信息技术服务业	65	318068	43048	11098	6585	4440	2034

单位：个

辽宁	吉林	黑龙江	上海	江苏	浙江	安徽	福建	江西	山东	代码
7107	1562	1857	7076	42881	23009	4918	5614	2207	16661	35
1624	1807	290	2086	9503	16004	2821	1777	984	5982	36
1278	168	150	699	7353	4943	734	1096	468	2186	37
5026	788	790	5181	29447	38315	4997	6341	2535	8155	38
1268	236	176	2189	17746	11136	2325	3385	1848	3369	39
1696	266	268	1751	7625	6889	1028	1101	529	1987	40
720	345	290	1574	7076	6115	1872	2771	2106	5010	41
447	139	101	212	1403	935	798	575	470	677	42
1333	140	287	880	2082	1550	562	687	253	1805	43
2419	**1551**	**1626**	**191**	**3389**	**4856**	**3183**	**7073**	**4532**	**3734**	D
1567	1100	1124	62	1179	3173	1362	5909	3386	2057	44
287	202	189	25	424	373	319	159	309	622	45
565	249	313	104	1786	1310	1502	1005	837	1055	46
27161	**6992**	**7402**	**16781**	**76873**	**37693**	**27029**	**22420**	**14359**	**58283**	E
4418	1744	1969	1920	11918	5445	4789	4986	3510	11187	47
4995	1382	1228	2434	13696	8505	4871	3968	2489	9249	48
5685	1469	1348	3680	17956	5341	4220	2671	1975	11244	49
12063	2397	2857	8747	33303	18402	13149	10795	6385	26603	50
155775	**40125**	**49972**	**153401**	**466828**	**374162**	**136555**	**193733**	**80263**	**403965**	F
105629	19537	31562	117018	338252	255430	75005	130853	43151	268215	51
50146	20588	18410	36383	128576	118732	61550	62880	37112	135750	52
16442	**4643**	**5782**	**15963**	**40424**	**22591**	**15307**	**15702**	**12533**	**33779**	G
171	101	158	16	144	31	79	101	118	503	53
8789	2444	3235	3929	26171	11577	10103	6892	9745	17398	54
451	15	91	315	1819	1252	1187	1607	395	1073	55
90	33	66	54	84	98	36	86	22	127	56
18	2	6	7	31	9	7	1	12	49	57
4548	537	842	8606	8999	7289	2091	5066	989	9717	58
1726	1189	957	2071	2248	1118	1063	1000	673	3989	59
649	322	427	965	928	1217	741	949	579	923	60
8333	**2109**	**2661**	**13238**	**16420**	**19122**	**9009**	**10556**	**4920**	**17774**	H
3251	968	1235	3416	4468	7199	2678	4301	2141	4575	61
5082	1141	1426	9822	11952	11923	6331	6255	2779	13199	62
14937	**3214**	**4164**	**15863**	**41381**	**36445**	**13734**	**16932**	**6905**	**25610**	I
1149	400	414	251	1230	868	856	767	460	799	63
1313	503	482	1255	5552	2994	2829	2966	1362	4038	64
12475	2311	3268	14357	34599	32583	10049	13199	5083	20773	65

1-7 续表 2

行业大类	代码	法人单位数	北京	天津	河北	山西	内蒙古
金融业	**J**	**109711**	**5117**	**4218**	**4687**	**2375**	**2488**
货币金融服务	66	38302	757	1631	1352	1262	1304
资本市场服务	67	37404	2895	1164	2136	419	462
保险业	68	16919	631	199	687	457	478
其他金融业	69	17086	834	1224	512	237	244
房地产业	**K**	**466100**	**18833**	**8472**	**18376**	**9678**	**7150**
房地产业	70	466100	18833	8472	18376	9678	7150
租赁和商务服务业	**L**	**1440572**	**150385**	**36907**	**40060**	**24183**	**16216**
租赁业	71	93522	5886	3677	4245	2370	2000
商务服务业	72	1347050	144499	33230	35815	21813	14216
科学研究和技术服务业	**M**	**661022**	**92262**	**28149**	**19522**	**9640**	**6910**
研究和试验发展	73	77575	5008	1804	2184	1132	497
专业技术服务业	74	296416	25878	9422	8722	6079	4112
科技推广和应用服务业	75	287031	61376	16923	8616	2429	2301
水利、环境和公共设施管理业	**N**	**108069**	**4170**	**1904**	**4269**	**3072**	**2502**
水利管理业	76	27287	370	332	717	865	761
生态保护和环境治理业	77	12718	390	186	365	342	348
公共设施管理业	78	68064	3410	1386	3187	1865	1393
居民服务、修理和其他服务业	**O**	**298958**	**19774**	**9070**	**10454**	**9963**	**4661**
居民服务业	79	115033	8906	3099	3106	2190	1780
机动车、电子产品和日用产品修理业	80	100916	6239	2295	3492	1994	1257
其他服务业	81	83009	4629	3676	3856	5779	1624
教育	**P**	**461451**	**11339**	**4307**	**20754**	**10826**	**7189**
教育	82	461451	11339	4307	20754	10826	7189
卫生和社会工作	**Q**	**271571**	**4002**	**1758**	**9919**	**5760**	**5063**
卫生	83	219111	3036	1339	8586	4593	4161
社会工作	84	52460	966	419	1333	1167	902
文化、体育和娱乐业	**R**	**297274**	**30574**	**4821**	**8614**	**7360**	**3722**
新闻和出版业	85	9299	1808	184	201	363	169
广播、电视、电影和影视录音制作业	86	25773	3066	426	832	601	425
文化艺术业	87	96696	18509	2242	2290	2775	1305
体育	88	23858	2790	538	552	502	277
娱乐业	89	141648	4401	1431	4739	3119	1546
公共管理、社会保障和社会组织	**S**	**1603708**	**17204**	**10903**	**81789**	**58238**	**36823**
中国共产党机关	90	36454	279	203	1807	1696	759
国家机构	91	462511	3896	2715	17966	16733	12030
人民政协、民主党派	92	6862	87	68	287	337	148
社会保障	93	16396	281	157	434	858	288
群众团体、社会团体和其他成员组织	94	379218	6022	2283	9322	8371	10108
基层群众自治组织	95	702267	6639	5477	51973	30243	13490

单位：个

辽宁	吉林	黑龙江	上海	江苏	浙江	安徽	福建	江西	山东	代码
4078	**1524**	**2215**	**2258**	**6908**	**8005**	**4478**	**4432**	**3467**	**6952**	J
1808	905	993	682	2106	1942	1748	1151	1156	1867	66
1086	183	583	739	2436	3443	1448	1782	1218	2386	67
741	324	457	376	1116	730	714	523	469	1535	68
443	112	182	461	1250	1890	568	976	624	1164	69
19375	**5623**	**7108**	**16553**	**40553**	**29342**	**17223**	**16047**	**10783**	**32596**	K
19375	5623	7108	16553	40553	29342	17223	16047	10783	32596	70
48462	**11703**	**14050**	**59133**	**142838**	**120967**	**52265**	**62383**	**33561**	**101010**	L
3596	1244	1570	2355	7564	5700	4648	3992	2830	7242	71
44866	10459	12480	56778	135274	115267	47617	58391	30731	93768	72
23503	**6006**	**8349**	**21533**	**65696**	**43731**	**20225**	**21860**	**9574**	**59213**	M
3683	743	1558	2356	14178	6653	2531	4574	759	6986	73
10092	3093	3792	13582	32740	20497	12136	10950	5061	16434	74
9728	2170	2999	5595	18778	16581	5558	6336	3754	35793	75
4430	**1675**	**1860**	**2068**	**9159**	**7155**	**4301**	**4419**	**3018**	**6534**	N
1236	713	613	233	2155	993	905	883	920	822	76
509	127	186	183	1032	898	457	616	316	857	77
2685	835	1061	1652	5972	5264	2939	2920	1782	4855	78
10606	**3622**	**3199**	**12568**	**26282**	**17458**	**10042**	**11346**	**7082**	**22923**	O
5000	1557	1568	6562	9935	6964	4054	4419	2427	7237	79
3851	1095	1047	3954	8725	6655	3253	4434	1923	7001	80
1755	970	584	2052	7622	3839	2735	2493	2732	8685	81
14632	**6392**	**8067**	**5945**	**21802**	**23549**	**16224**	**16785**	**14760**	**25908**	P
14632	6392	8067	5945	21802	23549	16224	16785	14760	25908	82
12871	**3923**	**5866**	**3325**	**17487**	**8873**	**9301**	**8362**	**10167**	**18964**	Q
10352	2607	4638	1642	8718	5732	7336	6960	8309	16315	83
2519	1316	1228	1683	8769	3141	1965	1402	1858	2649	84
9416	**3186**	**4464**	**7315**	**20741**	**21070**	**13372**	**11493**	**6586**	**15590**	R
320	200	196	248	478	330	298	348	246	408	85
735	382	382	651	1866	2327	841	886	738	1199	86
2392	1022	1209	1856	6830	5092	3511	3607	1932	4905	87
1130	191	255	1306	2083	2503	581	1331	442	1215	88
4839	1391	2422	3254	9484	10818	8141	5321	3228	7863	89
44583	**30090**	**35958**	**13189**	**74907**	**82224**	**49844**	**63603**	**57443**	**128391**	S
1643	595	1116	174	1775	1206	1150	1332	1259	1031	90
15582	12154	15314	3139	20462	17507	13584	17158	21497	28291	91
284	154	237	131	302	310	293	291	240	315	92
601	265	556	269	966	446	396	605	621	539	93
10436	5145	6775	3714	28548	29439	16177	26332	13477	16761	94
16037	11777	11960	5762	22854	33316	18244	17885	20349	81454	95

1-7 续表 3

行业大类	代码	河南	湖北	湖南	广东	广西	海南
总计	--	**763210**	**678384**	**467954**	**1397022**	**402587**	**76095**
农、林、牧、渔业	A	**57527**	**57476**	**35753**	**37250**	**61108**	**11045**
农业	01	24262	23137	14405	15264	25229	4852
林业	02	2933	3690	2685	5973	6773	665
畜牧业	03	16884	14918	6375	3713	16015	3514
渔业	04	965	5913	1908	2926	8303	1136
农、林、牧、渔服务业	05	12483	9818	10380	9374	4788	878
采矿业	B	**6487**	**4740**	**6836**	**3979**	**3443**	**350**
煤炭开采和洗选业	06	1324	536	1183	41	62	2
石油和天然气开采业	07	30	19	5	10	9	6
黑色金属矿采选业	08	806	522	629	472	372	31
有色金属矿采选业	09	1174	249	841	319	497	129
非金属矿采选业	10	2977	3048	4001	2875	2295	154
开采辅助活动	11	96	78	61	77	42	5
其他采矿业	12	80	288	116	185	166	23
制造业	C	**127691**	**83366**	**62180**	**365811**	**31491**	**3450**
农副食品加工业	13	11098	6762	5510	6114	2425	510
食品制造业	14	4891	2428	1982	6347	1965	186
酒、饮料和精制茶制造业	15	2803	3236	1958	2161	1159	143
烟草制品业	16	32	38	117	37	4	1
纺织业	17	3855	3798	1133	10292	618	48
纺织服装、服饰业	18	3305	5117	1235	25180	913	83
皮革、毛皮、羽毛及其制品和制鞋业	19	2463	971	1031	14988	500	5
木材加工和木、竹、藤、棕、草制品业	20	7603	1971	3143	5407	3988	234
家具制造业	21	3426	1550	1408	12839	700	117
造纸和纸制品业	22	1947	1413	1606	12475	891	74
印刷和记录媒介复制业	23	3085	2257	1771	13736	952	223
文教、工美、体育和娱乐用品制造业	24	3620	1240	1190	15194	842	98
石油加工和炼焦	25	378	180	125	487	92	20
化学原料和化学制品制造业	26	5792	4125	5340	13400	1769	176
医药制造业	27	1487	1244	777	1480	468	139
化学纤维制造业	28	140	85	53	371	12	7
橡胶和塑料制品业	29	4409	3250	1788	31710	1065	137
非金属矿物制品业	30	25880	11749	11692	17223	4736	631
黑色金属冶炼和压延加工业	31	3067	1014	1520	2142	595	23
有色金属冶炼和压延加工业	32	1878	667	1410	2951	363	33
金属制品业	33	6573	5057	2956	41945	1410	142
通用设备制造业	34	9050	5189	3799	17754	1085	40

单位：个

重庆	四川	贵州	云南	西藏	陕西	甘肃	青海	宁夏	新疆	代码
454877	**490038**	**265382**	**372760**	**26512**	**358073**	**196182**	**58654**	**65679**	**196453**	--
80942	**40698**	**46519**	**59970**	**617**	**29688**	**32849**	**11249**	**10336**	**17640**	A
39360	16892	22503	32478	196	10883	11142	3510	4012	4542	01
3010	2819	2112	3360	34	2156	2203	1143	705	647	02
21710	13198	18274	17547	331	12684	16433	5931	3815	7192	03
12050	2304	2103	1069	9	775	315	121	264	241	04
4812	5485	1527	5516	47	3190	2756	544	1540	5018	05
2654	**4959**	**7361**	**6690**	**230**	**4663**	**2308**	**1001**	**779**	**3029**	B
913	1318	2140	1654	2	1032	282	95	499	519	06
44	40	10	9		82	22	5	10	33	07
98	412	374	668	21	323	291	110	12	583	08
36	533	469	1637	83	451	326	165	4	481	09
1459	2484	4200	2470	114	1246	1133	563	229	996	10
67	114	77	76	4	1429	157	15	20	280	11
37	58	91	176	6	100	97	48	5	137	12
55432	**57055**	**33898**	**23311**	**1178**	**38398**	**16692**	**4575**	**6510**	**17087**	C
4036	4607	2775	2552	243	2838	2241	521	787	1910	13
1526	2620	1292	1256	60	1895	667	170	372	669	14
1132	3786	3782	2399	70	1217	553	120	183	575	15
14	10	23	45		6	6		3	1	16
2163	1075	472	340	71	695	237	67	326	595	17
2035	1039	904	292	60	430	135	119	96	423	18
1279	913	411	118	22	126	210	45	128	90	19
1896	1662	1953	1381	45	719	254	116	117	322	20
2458	1929	1166	500	79	695	209	60	93	200	21
913	1168	491	501	9	790	214	24	94	315	22
1309	2241	572	710	24	1257	866	109	215	403	23
1159	641	1916	633	102	500	609	313	70	495	24
89	205	127	114		325	77	13	67	316	25
1659	2992	1361	1222	58	1944	811	320	478	1264	26
408	963	431	370	40	773	492	89	64	167	27
25	65	7	10		47	12	4	6	43	28
2019	2411	853	905	7	1377	643	100	287	1554	29
6096	9921	8939	4336	195	6763	4643	1045	1330	3838	30
717	1037	538	613	2	560	363	144	182	335	31
530	612	374	618	6	1090	233	114	95	175	32
5145	3113	1853	1443	32	2205	1012	479	538	1304	33
3836	4554	794	740	1	4108	494	147	276	492	34

1-7 续表 4

行业大类	代码	河南	湖北	湖南	广东	广西	海南
专用设备制造业	35	7560	4883	3398	22247	1330	82
汽车制造业	36	2858	5831	881	2532	997	47
铁路、船舶、航空航天和其他运输设备制造业	37	988	662	476	1871	234	43
电气机械和器材制造业	38	4276	3174	2274	36878	860	62
计算机、通信和其他电子设备制造业	39	1357	1732	1471	34819	644	36
仪器仪表制造业	40	1115	944	527	5081	146	14
其他制造业	41	1428	1744	834	4949	283	24
废弃资源综合利用业	42	825	435	484	1383	242	16
金属制品、机械和设备修理业	43	502	620	291	1818	203	56
电力、热力、燃气及水生产和供应业	D	**2892**	**3968**	**5419**	**10013**	**2885**	**422**
电力、热力生产和供应业	44	1193	2068	3902	7823	2071	254
燃气生产和供应业	45	422	472	292	403	133	44
水的生产和供应业	46	1277	1428	1225	1787	681	124
建筑业	E	**22488**	**31367**	**12226**	**36124**	**10729**	**5151**
房屋建筑业	47	5595	5962	3273	5141	1672	516
土木工程建筑业	48	4423	5345	2295	4783	1436	691
建筑安装业	49	2653	5025	1439	6807	1233	661
建筑装饰和其他建筑业	50	9817	15035	5219	19393	6388	3283
批发和零售业	F	**172392**	**183287**	**97477**	**391401**	**106962**	**15881**
批发业	51	85761	86448	50875	256539	55967	8669
零售业	52	86631	96839	46602	134862	50995	7212
交通运输、仓储和邮政业	G	**14402**	**18409**	**7907**	**35068**	**8512**	**1631**
铁路运输业	53	197	209	108	239	62	13
道路运输业	54	8303	10233	4663	12485	4833	728
水上运输业	55	172	800	351	1588	557	209
航空运输业	56	72	74	42	178	41	27
管道运输业	57	16	27	14	20	10	1
装卸搬运和运输代理业	58	2073	4269	1386	16886	1854	396
仓储业	59	2557	1488	553	1931	706	131
邮政业	60	1012	1309	790	1741	449	126
住宿和餐饮业	H	**14547**	**13308**	**9786**	**24390**	**5172**	**1908**
住宿业	61	4748	3679	3595	9160	2213	1136
餐饮业	62	9799	9629	6191	15230	2959	772
信息传输、软件和信息技术服务业	I	**11964**	**19146**	**8401**	**38168**	**6486**	**1541**
电信、广播电视和卫星传输服务	63	1128	1230	1069	1313	600	94
互联网和相关服务	64	2097	2219	1851	4573	883	294
软件和信息技术服务业	65	8739	15697	5481	32282	5003	1153

单位：个

重庆	四川	贵州	云南	西藏	陕西	甘肃	青海	宁夏	新疆	代码
2920	3061	681	541	3	2672	563	109	212	642	35
3885	1133	179	172	1	396	47	9	32	83	36
3735	440	94	26		439	32	9	12	24	37
1622	2079	720	487	9	1993	460	119	146	473	38
1096	1235	261	78	1	993	71	15	17	31	39
694	418	110	133		632	70	12	47	40	40
499	498	495	373	8	346	201	94	128	75	41
207	326	185	237	6	170	139	46	55	85	42
330	301	139	166	24	397	128	43	54	148	43
2294	**6135**	**2125**	**2882**	**164**	**2493**	**1774**	**621**	**500**	**1776**	D
1384	3803	1430	2007	140	1374	1386	510	373	1390	44
248	740	187	206	4	268	165	34	59	165	45
662	1592	508	669	20	851	223	77	68	221	46
12375	**13673**	**7913**	**14632**	**2201**	**18887**	**4529**	**2143**	**1889**	**4764**	E
3296	4265	1761	2952	1335	4643	1362	503	497	1199	47
1044	1841	1121	2153	737	3971	982	537	375	969	48
1333	1824	845	1924	49	2640	710	261	283	865	49
6702	5743	4186	7603	80	7633	1475	842	734	1731	50
125316	**80348**	**47828**	**99551**	**2471**	**87319**	**36704**	**9654**	**16248**	**50653**	F
51841	44595	21563	48678	793	41533	20392	4762	8791	34611	51
73475	35753	26265	50873	1678	45786	16312	4892	7457	16042	52
7840	**10788**	**4392**	**6720**	**335**	**7908**	**3361**	**1033**	**1455**	**6146**	G
71	145	45	56	3	115	73	22	18	88	53
4514	7004	2734	3772	222	4838	1881	663	1018	3401	54
448	258	108	81		28	8	12	7	3	55
53	93	29	65	15	83	33	7	10	72	56
9	17	12	7	1	47	5		2	23	57
1842	2056	580	1620	26	1035	488	174	181	1690	58
535	677	381	398	26	1178	661	101	71	545	59
368	538	503	721	42	584	212	54	148	324	60
21802	**10241**	**8149**	**8134**	**602**	**8371**	**3544**	**1179**	**979**	**1746**	H
3456	4014	2630	3182	444	3320	1567	607	422	1044	61
18346	6227	5519	4952	158	5051	1977	572	557	702	62
11706	**7850**	**3042**	**9055**	**175**	**7021**	**1756**	**767**	**869**	**2896**	I
500	834	309	534	98	701	254	97	64	386	63
1867	1121	816	1212	16	1351	455	151	164	396	64
9339	5895	1917	7309	61	4969	1047	519	641	2114	65

1-7 续表 5

行业大类	代码	河南	湖北	湖南	广东	广西	海南
金融业	J	**4159**	**4114**	**2996**	**9547**	**2972**	**562**
货币金融服务	66	1750	1411	965	2245	828	296
资本市场服务	67	686	1404	1011	4538	1384	112
保险业	68	1093	751	575	1325	368	89
其他金融业	69	630	548	445	1439	392	65
房地产业	K	**22377**	**22570**	**13880**	**54716**	**13475**	**6642**
房地产业	70	22377	22570	13880	54716	13475	6642
租赁和商务服务业	L	**45465**	**68232**	**30928**	**165240**	**35285**	**8321**
租赁业	71	4821	4221	2249	4689	2291	784
商务服务业	72	40644	64011	28679	160551	32994	7537
科学研究和技术服务业	M	**36961**	**30688**	**16851**	**46376**	**15433**	**2342**
研究和试验发展	73	1389	3063	3338	8182	1106	250
专业技术服务业	74	10765	13907	6618	29799	7278	1556
科技推广和应用服务业	75	24807	13718	6895	8395	7049	536
水利、环境和公共设施管理业	N	**6094**	**6110**	**4441**	**7237**	**3496**	**568**
水利管理业	76	1560	2069	1762	1604	1537	128
生态保护和环境治理业	77	627	757	493	996	295	72
公共设施管理业	78	3907	3284	2186	4637	1664	368
居民服务、修理和其他服务业	O	**11089**	**15665**	**10065**	**23892**	**6487**	**1381**
居民服务业	79	4648	6039	3721	8994	2196	446
机动车、电子产品和日用产品修理业	80	4035	4671	2891	9607	2320	561
其他服务业	81	2406	4955	3453	5291	1971	374
教育	P	**44940**	**20637**	**21891**	**40628**	**21541**	**3653**
教育	82	44940	20637	21891	40628	21541	3653
卫生和社会工作	Q	**38881**	**12415**	**16082**	**11399**	**6059**	**1194**
卫生	83	36075	9810	13642	8915	4703	1010
社会工作	84	2806	2605	2440	2484	1356	184
文化、体育和娱乐业	R	**17609**	**12279**	**14899**	**18220**	**7962**	**1798**
新闻和出版业	85	469	445	267	526	223	84
广播、电视、电影和影视录音制作业	86	1033	1035	1035	1585	1035	203
文化艺术业	87	7650	3845	3089	4388	1717	352
体育	88	676	850	542	2521	521	222
娱乐业	89	7781	6104	9966	9200	4466	937
公共管理、社会保障和社会组织	S	**105245**	**70607**	**89936**	**77563**	**53089**	**8255**
中国共产党机关	90	1787	1306	2004	1370	2023	166
国家机构	91	31204	21439	26307	20730	21022	2649
人民政协、民主党派	92	290	275	305	393	274	73
社会保障	93	1232	874	776	419	1519	47
群众团体、社会团体和其他成员组织	94	12528	16042	14438	25578	12007	1836
基层群众自治组织	95	58204	30671	46106	29073	16244	3484

单位：个

重庆	四川	贵州	云南	西藏	陕西	甘肃	青海	宁夏	新疆	代码
3478	**3338**	**2163**	**3516**	**106**	**2810**	**2221**	**414**	**1798**	**2315**	**J**
1190	1303	1010	1698	61	1361	1414	246	986	874	66
1455	810	634	917	17	617	371	65	383	620	67
448	770	240	513	25	566	311	54	68	286	68
385	455	279	388	3	266	125	49	361	535	69
12134	**14505**	**8751**	**10950**	**229**	**12816**	**4978**	**1634**	**1707**	**7024**	**K**
12134	14505	8751	10950	229	12816	4978	1634	1707	7024	70
36399	**33398**	**17043**	**31253**	**1160**	**21989**	**9350**	**3685**	**4206**	**14495**	**L**
3630	2420	2084	1995	90	2243	1086	413	458	1129	71
32769	30978	14959	29258	1070	19746	8264	3272	3748	13366	72
10497	**19315**	**5710**	**12532**	**539**	**12392**	**4874**	**1775**	**1529**	**7035**	**M**
720	1254	389	1065	62	1055	374	140	126	416	73
7037	9392	3777	6159	383	7042	3105	1248	983	4777	74
2740	8669	1544	5308	94	4295	1395	387	420	1842	75
2552	**4290**	**1904**	**2965**	**82**	**3668**	**1507**	**595**	**494**	**1530**	**N**
568	1493	583	998	31	1039	513	217	147	520	76
436	559	185	423	11	452	183	134	47	236	77
1548	2238	1136	1544	40	2177	811	244	300	774	78
12848	**7714**	**6403**	**9186**	**210**	**6999**	**2723**	**947**	**1131**	**3168**	**O**
6836	3162	2490	2577	68	2444	938	380	338	952	79
3797	3344	2744	2870	111	3173	1296	362	466	1453	80
2215	1208	1169	3739	31	1382	489	205	327	763	81
11938	**26097**	**12180**	**10956**	**1042**	**16022**	**10503**	**1929**	**1900**	**7115**	**P**
11938	26097	12180	10956	1042	16022	10503	1929	1900	7115	82
5972	**18357**	**4955**	**5575**	**457**	**14703**	**4241**	**1155**	**955**	**3530**	**Q**
4093	14830	4252	4732	438	13753	3744	972	812	3006	83
1879	3527	703	843	19	950	497	183	143	524	84
9173	**15893**	**4616**	**7768**	**512**	**7052**	**4818**	**1183**	**1268**	**3900**	**R**
191	348	135	168	12	252	128	38	52	164	85
474	871	323	663	110	844	401	121	176	507	86
3304	3670	1031	2424	156	2200	1939	393	262	799	87
576	639	274	399	5	407	159	95	97	179	88
4628	10365	2853	4114	229	3349	2191	536	681	2251	89
29525	**115384**	**40430**	**47114**	**14202**	**54874**	**47450**	**13115**	**11126**	**40604**	**S**
597	3437	911	1633	909	1367	1195	387	220	1117	90
8988	33520	12294	15034	5034	17192	11432	3563	1928	12147	91
166	414	159	235	103	203	228	72	55	133	92
782	1487	179	730	7	522	162	83	44	251	93
7812	22425	6842	15086	1708	7816	16292	4329	6194	15375	94
11180	54101	20045	14396	6441	27774	18141	4681	2685	11581	95

1-8 按行业(大类)、机构类型分组的法人单位数

(2015年) 单位：个

行业大类	代码	法人单位数	企业法人	事业法人	机关法人	社会团体	其他
总计	--	**15729199**	**12593254**	**823615**	**258394**	**302205**	**1751731**
农、林、牧、渔业	A	**1204724**	**739995**	**14420**			**450309**
农业	01	538687	342759	1051			194877
林业	02	84381	59926	2942			21513
畜牧业	03	307586	196562	597			110427
渔业	04	74576	56352	232			17992
农、林、牧、渔服务业	05	199494	84396	9598			105500
采矿业	B	**103426**	**103421**				**5**
煤炭开采和洗选业	06	20517	20517				
石油和天然气开采业	07	692	692				
黑色金属矿采选业	08	15680	15680				
有色金属矿采选业	09	11161	11161				
非金属矿采选业	10	49040	49035				5
开采辅助活动	11	3735	3735				
其他采矿业	12	2601	2601				
制造业	C	**2801143**	**2800992**				**151**
农副食品加工业	13	128222	128141				81
食品制造业	14	62988	62972				16
酒、饮料和精制茶制造业	15	49110	49095				15
烟草制品业	16	485	485				
纺织业	17	133435	133435				
纺织服装、服饰业	18	158153	158146				7
皮革、毛皮、羽毛及其制品和制鞋业	19	73061	73061				
木材加工和木、竹、藤、棕、草制品业	20	88285	88283				2
家具制造业	21	62158	62157				1
造纸和纸制品业	22	65143	65138				5
印刷和记录媒介复制业	23	77283	77283				
文教、工美、体育和娱乐用品制造业	24	94499	94489				10
石油加工和炼焦	25	8052	8052				

1-8 续表 1

单位：个

行业大类	代码	法人单位数	企业法人	事业法人	机关法人	社会团体	其他
化学原料和化学制品制造业	26	119314	119308				6
医药制造业	27	23467	23467				
化学纤维制造业	28	7072	7072				
橡胶和塑料制品业	29	166293	166293				
非金属矿物制品业	30	256674	256667				7
黑色金属冶炼和压延加工业	31	41596	41596				
有色金属冶炼和压延加工业	32	29670	29670				
金属制品业	33	239597	239597				
通用设备制造业	34	264152	264152				
专用设备制造业	35	180811	180810				1
汽车制造业	36	67573	67573				
铁路、船舶、航空航天和其他运输设备制造业	37	32082	32082				
电气机械和器材制造业	38	169224	169224				
计算机、通信和其他电子设备制造业	39	92146	92146				
仪器仪表制造业	40	36432	36432				
其他制造业	41	44503	44503				
废弃资源综合利用业	42	12190	12190				
金属制品、机械和设备修理业	43	17473	17473				
电力、热力、燃气及水生产和供应业	**D**	**87486**	**85990**	**713**			**783**
电力、热力生产和供应业	44	57183	56464	342			377
燃气生产和供应业	45	8003	7912	11			80
水的生产和供应业	46	22300	21614	360			326
建筑业	**E**	**574128**	**574114**				**14**
房屋建筑业	47	107716	107702				14
土木工程建筑业	48	99915	99915				
建筑安装业	49	97529	97529				
建筑装饰和其他建筑业	50	268968	268968				

1-8 续表 2

单位：个

行业大类	代码	法人单位数	企业法人	事业法人	机关法人	社会团体	其他
批发和零售业	**F**	**4199026**	**4197662**	**10**			**1354**
批发业	51	2562461	2561313	1			1147
零售业	52	1636565	1636349	9			207
交通运输、仓储和邮政业	**G**	**378705**	**368906**	**7743**			**2056**
铁路运输业	53	3556	3374	122			60
道路运输业	54	204700	197899	6054			747
水上运输业	55	13594	13046	478			70
航空运输业	56	1968	1879	89			
管道运输业	57	414	414				
装卸搬运和运输代理业	58	101016	100700	69			247
仓储业	59	34914	33465	715			734
邮政业	60	18543	18129	216			198
住宿和餐饮业	**H**	**274283**	**270441**	**736**			**3106**
住宿业	61	91185	89619	577			989
餐饮业	62	183098	180822	159			2117
信息传输、软件和信息技术服务业	**I**	**387842**	**380228**	**5559**			**2055**
电信、广播电视和卫星传输服务	63	19144	15056	3574			514
互联网和相关服务	64	50630	49455	520			655
软件和信息技术服务业	65	318068	315717	1465			886
金融业	**J**	**109711**	**104213**	**1868**	**1**	**21**	**3608**
货币金融服务	66	38302	34340	1248	1	21	2692
资本市场服务	67	37404	36986	248			170
保险业	68	16919	16558	225			136
其他金融业	69	17086	16329	147			610
房地产业	**K**	**466100**	**459706**	**3846**			**2548**
房地产业	70	466100	459706	3846			2548
租赁和商务服务业	**L**	**1440572**	**1315261**	**30355**			**94956**
租赁业	71	93522	91122	143			2257
商务服务业	72	1347050	1224139	30212			92699

1-8 续表 3

单位：个

行业大类	代码	法人单位数	企业法人	事业法人	机关法人	社会团体	其他
科学研究和技术服务业	M	**661022**	**523736**	**72405**			**64881**
研究和试验发展	73	77575	67867	6097			3611
专业技术服务业	74	296416	253352	39026			4038
科技推广和应用服务业	75	287031	202517	27282			57232
水利、环境和公共设施管理业	N	**108069**	**65981**	**37895**		**19**	**4174**
水利管理业	76	27287	5688	19509			2090
生态保护和环境治理业	77	12718	8885	3427		19	387
公共设施管理业	78	68064	51408	14959			1697
居民服务、修理和其他服务业	O	**298958**	**277682**	**6519**			**14757**
居民服务业	79	115033	98799	5137			11097
机动车、电子产品和日用产品修理业	80	100916	99699	268			949
其他服务业	81	83009	79184	1114			2711
教育	P	**461451**	**61974**	**235929**			**163548**
教育	82	461451	61974	235929			163548
卫生和社会工作	Q	**271571**	**32696**	**102938**		**2652**	**133285**
卫生	83	219111	29068	86010			104033
社会工作	84	52460	3628	16928		2652	29252
文化、体育和娱乐业	R	**297274**	**230020**	**40244**		**1915**	**25095**
新闻和出版业	85	9299	5196	3732			371
广播、电视、电影和影视录音制作业	86	25773	19309	6146			318
文化艺术业	87	96696	55712	27165			13819
体育	88	23858	15220	2243		1915	4480
娱乐业	89	141648	134583	958			6107
公共管理、社会保障和社会组织	S	**1603708**	**236**	**262435**	**258393**	**297598**	**785046**
中国共产党机关	90	36454		2536	33918		
国家机构	91	462511		244373	218138		
人民政协、民主党派	92	6862		525	6337		
社会保障	93	16396	236	15001			1159
群众团体、社会团体和其他成员组织	94	379218				297598	81620
基层群众自治组织	95	702267					702267

1-9 按行业(大类)、开业(成立)

行业大类	代码	法人单位数	1949年及以前	1950-1977年
总计	--	**15729199**	**85900**	**428702**
农、林、牧、渔业	**A**	**1204724**	**221**	**6859**
农业	01	538687	57	1254
林业	02	84381	54	2505
畜牧业	03	307586	30	452
渔业	04	74576	5	281
农、林、牧、渔服务业	05	199494	75	2367
采矿业	**B**	**103426**	**47**	**851**
煤炭开采和洗选业	06	20517	22	451
石油和天然气开采业	07	692	1	3
黑色金属矿采选业	08	15680	9	53
有色金属矿采选业	09	11161	4	84
非金属矿采选业	10	49040	11	246
开采辅助活动	11	3735		10
其他采矿业	12	2601		4
制造业	**C**	**2801143**	**617**	**11667**
农副食品加工业	13	128222	33	848
食品制造业	14	62988	16	326
酒、饮料和精制茶制造业	15	49110	44	408
烟草制品业	16	485	13	17
纺织业	17	133435	26	432
纺织服装、服饰业	18	158153	12	292
皮革、毛皮、羽毛及其制品和制鞋业	19	73061	12	156
木材加工和木、竹、藤、棕、草制品业	20	88285	6	223
家具制造业	21	62158	4	102
造纸和纸制品业	22	65143	17	205
印刷和记录媒介复制业	23	77283	77	657
文教、工美、体育和娱乐用品制造业	24	94499	8	263
石油加工和炼焦	25	8052	11	54
化学原料和化学制品制造业	26	119314	33	744
医药制造业	27	23467	26	245
化学纤维制造业	28	7072	1	13
橡胶和塑料制品业	29	166293	5	357
非金属矿物制品业	30	256674	45	1532
黑色金属冶炼和压延加工业	31	41596	7	282
有色金属冶炼和压延加工业	32	29670	11	110
金属制品业	33	239597	30	699
通用设备制造业	34	264152	66	1196

时间分组的法人单位数

单位：个

1978-1991年	1992-1995年	1996年	1997年	1998年	1999年	2000年	代码
774462	**336785**	**105736**	**103983**	**168973**	**167021**	**251333**	--
7150	**3652**	**1275**	**1269**	**3543**	**2467**	**5560**	A
1200	873	336	358	960	752	1705	01
1444	500	148	137	390	259	700	02
713	647	281	321	960	699	1454	03
422	382	124	124	325	215	463	04
3371	1250	386	329	908	542	1238	05
2749	**2295**	**939**	**865**	**1517**	**1232**	**2178**	B
1063	780	327	313	431	348	518	06
13	18	7	11	14	21	21	07
223	230	98	72	172	152	299	08
335	285	114	120	170	172	274	09
1069	919	372	335	684	506	995	10
31	39	13	11	33	21	44	11
15	24	8	3	13	12	27	12
57269	**77555**	**25319**	**27112**	**43521**	**43177**	**65296**	C
2557	3226	1273	1326	2521	2303	3536	13
1337	1936	705	716	1232	1113	1645	14
1436	1470	593	664	1117	1060	1497	15
37	21	3	5	10	12	9	16
2257	3092	1049	1280	2011	2101	3913	17
1901	3480	1074	1138	1671	1918	3413	18
1050	2065	669	607	900	964	1337	19
1046	1334	528	506	954	934	1604	20
614	1117	450	516	741	735	1062	21
1495	2006	736	745	1123	1143	1580	22
4201	4195	1204	1387	1976	1639	2570	23
1705	2630	792	797	1308	1375	2074	24
206	295	88	93	165	156	219	25
3461	4786	1543	1675	2792	2680	3976	26
691	1086	338	339	569	490	710	27
120	195	71	72	93	116	244	28
3270	4874	1597	1708	2773	2885	4219	29
7839	8089	2745	2393	4465	3885	5854	30
1441	1750	483	563	906	871	1225	31
647	950	295	345	525	515	777	32
4160	5649	1803	1988	3195	3452	4869	33
5249	6931	2227	2495	3948	3851	5730	34

1-9 续表 1

行业大类	代码	法人单位数	1949年及以前	1950-1977年
专用设备制造业	35	180811	32	810
汽车制造业	36	67573	16	313
铁路、船舶、航空航天和其他运输设备制造业	37	32082	25	230
电气机械和器材制造业	38	169224	24	568
计算机、通信和其他电子设备制造业	39	92146	4	155
仪器仪表制造业	40	36432	8	232
其他制造业	41	44503	2	63
废弃资源综合利用业	42	12190	1	20
金属制品、机械和设备修理业	43	17473	2	115
电力、热力、燃气及水生产和供应业	**D**	**87486**	**136**	**2936**
电力、热力生产和供应业	44	57183	79	2100
燃气生产和供应业	45	8003	6	13
水的生产和供应业	46	22300	51	823
建筑业	**E**	**574128**	**95**	**4453**
房屋建筑业	47	107716	58	3187
土木工程建筑业	48	99915	19	917
建筑安装业	49	97529	10	221
建筑装饰和其他建筑业	50	268968	8	128
批发和零售业	**F**	**4199026**	**1138**	**15810**
批发业	51	2562461	376	7202
零售业	52	1636565	762	8608
交通运输、仓储和邮政业	**G**	**378705**	**278**	**4320**
铁路运输业	53	3556	29	97
道路运输业	54	204700	108	2275
水上运输业	55	13594	15	320
航空运输业	56	1968		9
管道运输业	57	414	1	2
装卸搬运和运输代理业	58	101016	24	348
仓储业	59	34914	69	1193
邮政业	60	18543	32	76
住宿和餐饮业	**H**	**274283**	**70**	**1265**
住宿业	61	91185	37	804
餐饮业	62	183098	33	461
信息传输、软件和信息技术服务业	**I**	**387842**	**47**	**615**
电信、广播电视和卫星传输服务	63	19144	36	554
互联网和相关服务	64	50630	6	13
软件和信息技术服务业	65	318068	5	48

单位：个

1978-1991年	1992-1995年	1996年	1997年	1998年	1999年	2000年	代码
2935	3951	1307	1486	2408	2296	3603	35
1192	1801	563	653	929	1000	1390	36
753	1063	321	356	517	565	769	37
2893	4643	1490	1667	2341	2668	3696	38
907	2148	590	723	1009	1049	1745	39
846	1403	419	476	665	727	982	40
451	697	191	223	360	372	620	41
129	135	44	53	96	112	160	42
443	537	128	117	201	190	268	43
6733	**3329**	**1073**	**1135**	**1734**	**1575**	**2152**	**D**
4263	2111	735	761	1207	1109	1407	44
150	181	60	66	102	119	162	45
2320	1037	278	308	425	347	583	46
10792	**13591**	**3902**	**4247**	**6382**	**6101**	**7676**	**E**
5772	4670	1118	1185	1843	1518	1875	47
2296	2644	626	727	1176	1087	1368	48
1449	2426	782	925	1283	1344	1606	49
1275	3851	1376	1410	2080	2152	2827	50
32079	**42108**	**16440**	**19041**	**32609**	**34284**	**51588**	**F**
17384	25014	9730	11468	19952	21407	32034	51
14695	17094	6710	7573	12657	12877	19554	52
7766	**6755**	**2153**	**2400**	**4077**	**3561**	**5003**	**G**
165	93	36	25	42	43	58	53
4032	3429	1135	1320	1964	1922	2696	54
754	492	127	152	244	206	261	55
44	67	25	17	35	23	33	56
8	11	1	5	3	3	11	57
1093	1401	540	513	751	733	1128	58
1545	1175	259	301	598	450	600	59
125	87	30	67	440	181	216	60
5068	**4737**	**1763**	**1880**	**2837**	**2802**	**4132**	**H**
3551	2699	924	972	1386	1271	1711	61
1517	2038	839	908	1451	1531	2421	62
1771	**2282**	**859**	**1070**	**1741**	**2378**	**4288**	**I**
1153	664	167	201	357	533	687	63
76	132	85	66	134	198	513	64
542	1486	607	803	1250	1647	3088	65

1-9 续表 2

行业大类	代码	法人单位数	1949年及以前	1950-1977年
金融业	J	**109711**	**150**	**650**
货币金融服务	66	38302	116	623
资本市场服务	67	37404	4	5
保险业	68	16919	30	14
其他金融业	69	17086		8
房地产业	K	**466100**	**64**	**2370**
房地产业	70	466100	64	2370
租赁和商务服务业	L	**1440572**	**649**	**5037**
租赁业	71	93522	5	101
商务服务业	72	1347050	644	4936
科学研究和技术服务业	M	**661022**	**313**	**11964**
研究和试验发展	73	77575	64	1527
专业技术服务业	74	296416	160	6948
科技推广和应用服务业	75	287031	89	3489
水利、环境和公共设施管理业	N	**108069**	**245**	**6470**
水利管理业	76	27287	130	4777
生态保护和环境治理业	77	12718	16	462
公共设施管理业	78	68064	99	1231
居民服务、修理和其他服务业	O	**298958**	**50**	**1303**
居民服务业	79	115033	33	929
机动车、电子产品和日用产品修理业	80	100916	9	235
其他服务业	81	83009	8	139
教育	P	**461451**	**23892**	**82502**
教育	82	461451	23892	82502
卫生和社会工作	Q	**271571**	**2347**	**49408**
卫生	83	219111	2198	47299
社会工作	84	52460	149	2109
文化、体育和娱乐业	R	**297274**	**952**	**7924**
新闻和出版业	85	9299	119	416
广播、电视、电影和影视录音制作业	86	25773	84	1688
文化艺术业	87	96696	724	5458
体育	88	23858	17	274
娱乐业	89	141648	8	88
公共管理、社会保障和社会组织	S	**1603708**	**54589**	**212298**
中国共产党机关	90	36454	2539	8062
国家机构	91	462511	8856	51103
人民政协、民主党派	92	6862	253	1359
社会保障	93	16396	29	200
群众团体、社会团体和其他成员组织	94	379218	8190	15888
基层群众自治组织	95	702267	34722	135686

单位：个

1978-1991年	1992-1995年	1996年	1997年	1998年	1999年	2000年	代码
2359	**1437**	**985**	**731**	**674**	**541**	**751**	J
1975	888	558	360	368	272	274	66
90	313	99	95	118	137	235	67
208	158	302	252	156	77	146	68
86	78	26	24	32	55	96	69
7016	**15018**	**3577**	**4112**	**6512**	**6583**	**9429**	K
7016	15018	3577	4112	6512	6583	9429	70
24381	**20129**	**5514**	**6431**	**9037**	**12142**	**16801**	L
356	600	250	241	374	391	627	71
24025	19529	5264	6190	8663	11751	16174	72
22150	**11481**	**3425**	**3189**	**5052**	**4916**	**7801**	M
2268	917	261	262	433	412	784	73
11320	7038	2207	2026	3121	3226	4720	74
8562	3526	957	901	1498	1278	2297	75
10438	**3861**	**1166**	**1156**	**1659**	**1348**	**2161**	N
5685	1514	430	420	592	376	589	76
852	310	89	91	146	154	236	77
3901	2037	647	645	921	818	1336	78
3989	**4409**	**1497**	**1723**	**2650**	**2729**	**4132**	O
1677	1454	488	661	1071	1052	1728	79
1785	2353	847	845	1228	1289	1740	80
527	602	162	217	351	388	664	81
56538	**18241**	**5883**	**5529**	**7925**	**6658**	**10672**	P
56538	18241	5883	5529	7925	6658	10672	82
37868	**12608**	**3825**	**2796**	**4882**	**3705**	**6361**	Q
30958	10572	3244	2317	4047	2979	5296	83
6910	2036	581	479	835	726	1065	84
14529	**4851**	**1421**	**1373**	**2103**	**1929**	**4395**	R
1643	783	158	118	157	176	267	85
2518	880	213	172	274	191	318	86
9159	2077	627	592	782	604	1097	87
671	447	133	154	193	189	343	88
538	664	290	337	697	769	2370	89
463817	**88446**	**24720**	**17924**	**30518**	**28893**	**40957**	S
11498	2102	677	554	562	361	644	90
108168	33189	9462	8242	10579	7178	11544	91
2802	330	146	105	128	71	165	92
1918	1059	293	211	255	252	657	93
53881	18939	6002	4417	7742	6190	9694	94
285550	32827	8140	4395	11252	14841	18253	95

1-9 续表 3

行业大类	代码	2001年	2002年	2003年	2004年	2005年	2006年	2007年
总计	--	**301154**	**336631**	**398203**	**410022**	**468604**	**535610**	**539544**
农、林、牧、渔业	A	**5665**	**5390**	**7343**	**6760**	**11033**	**13297**	**22262**
农业	01	1747	1632	2272	2058	3219	4255	7649
林业	02	564	639	792	675	1069	1440	1573
畜牧业	03	1656	1504	2160	2030	3455	4101	7485
渔业	04	425	426	543	535	846	883	1366
农、林、牧、渔服务业	05	1273	1189	1576	1462	2444	2618	4189
采矿业	B	**2658**	**2797**	**4366**	**5480**	**6378**	**6933**	**6311**
煤炭开采和洗选业	06	647	677	1163	1400	1495	1176	1044
石油和天然气开采业	07	13	22	16	19	29	28	25
黑色金属矿采选业	08	398	407	792	1316	1400	1262	1250
有色金属矿采选业	09	309	351	486	597	798	1053	984
非金属矿采选业	10	1176	1239	1794	2014	2478	3148	2752
开采辅助活动	11	76	65	84	99	112	185	162
其他采矿业	12	39	36	31	35	66	81	94
制造业	C	**80549**	**92925**	**114278**	**112482**	**120854**	**144415**	**134265**
农副食品加工业	13	4096	4344	5349	5307	6121	6571	6272
食品制造业	14	1897	1828	2198	2184	2420	2779	2722
酒、饮料和精制茶制造业	15	1508	1663	1839	1795	2023	2299	2221
烟草制品业	16	13	5	19	13	14	25	9
纺织业	17	4251	5988	7149	6098	6274	7369	6214
纺织服装、服饰业	18	3965	4629	5622	5559	6115	7234	6698
皮革、毛皮、羽毛及其制品和制鞋业	19	1671	1907	2243	2229	2583	3069	2854
木材加工和木、竹、藤、棕、草制品业	20	1940	2178	2845	3012	3621	4735	4591
家具制造业	21	1291	1417	1817	2043	2197	2815	2626
造纸和纸制品业	22	2010	2376	2918	2746	2900	3479	3326
印刷和记录媒介复制业	23	3255	3681	4631	4188	3849	4501	3609
文教、工美、体育和娱乐用品制造业	24	2556	2954	3615	3586	3822	4732	4263
石油加工和炼焦	25	283	325	439	452	381	441	436
化学原料和化学制品制造业	26	4810	5181	6268	6014	6477	7422	6118
医药制造业	27	905	986	1167	1121	1121	1118	905
化学纤维制造业	28	253	349	417	392	339	511	399
橡胶和塑料制品业	29	5516	6480	7432	7210	7927	9737	9111
非金属矿物制品业	30	6913	7524	10140	9374	10603	13759	12201
黑色金属冶炼和压延加工业	31	1550	1917	2889	2798	2720	2675	2447
有色金属冶炼和压延加工业	32	1058	1150	1333	1425	1570	1959	1847
金属制品业	33	6331	7608	9066	9135	9901	11854	11266
通用设备制造业	34	7327	8795	10712	11140	11679	13817	13549

单位：个

2008年	2009年	2010年	2011年	2012年	2013年	2014年	2015年	无开业年份	代码
626833	**823777**	**1047283**	**1213783**	**1349896**	**1533830**	**1715343**	**1938476**	**67315**	--
44332	**77574**	**87631**	**107992**	**156546**	**198289**	**200220**	**222916**	**5478**	A
14655	26206	33984	44619	63657	87012	109955	125321	2951	01
2432	5729	5528	7384	10903	12114	13641	13301	460	02
15370	23215	23960	28358	43014	49097	43647	51995	982	03
2526	4157	4805	8101	10849	12562	10844	13005	362	04
9349	18267	19354	19530	28123	37504	22133	19294	723	05
7081	**7479**	**7713**	**7850**	**7969**	**6648**	**5524**	**5031**	**535**	B
1267	1320	1250	1245	1149	951	717	655	108	06
36	42	41	48	51	52	90	65	6	07
1408	1076	1178	1194	961	786	540	333	71	08
779	717	671	746	745	527	390	337	113	09
3223	3891	4062	4132	4496	3742	2875	2681	200	10
250	257	284	274	325	348	530	470	12	11
118	176	227	211	242	242	382	490	25	12
134683	**164152**	**206571**	**221409**	**219841**	**238659**	**229925**	**223004**	**11598**	C
7063	7594	7946	8901	10488	11113	8660	10383	391	13
2954	3055	3384	4663	5584	5389	5214	7385	306	14
2369	2487	2754	3073	4088	4206	3213	4793	490	15
13	14	25	62	49	35	25	37		16
5430	6900	9631	9623	8599	11309	10689	11394	356	17
6293	8364	12746	13674	13230	17383	15259	15677	806	18
2753	3740	5613	6181	5966	9010	9203	5935	344	19
4617	5573	6974	7104	7862	8937	7641	9285	235	20
2717	3450	4798	5161	6079	6678	7204	6180	344	21
3069	4162	4847	4692	4765	5306	4954	4345	198	22
3377	4141	4776	4643	4287	3979	3175	3164	121	23
4078	5194	6743	7521	8250	9512	8484	7907	330	24
442	524	513	496	570	484	469	448	62	25
6078	6981	7233	7373	7430	6754	6464	6452	569	26
928	1228	1370	1522	1587	1647	1447	1798	123	27
274	355	580	595	408	446	411	391	27	28
8466	10225	12313	12534	12252	13022	11762	10079	539	29
14080	16504	19175	21639	21741	21515	17866	15832	961	30
2451	2462	2633	2521	2087	1932	1374	1499	113	31
1712	1739	2014	2223	2143	2030	1678	1505	109	32
11359	14095	18242	19702	19646	21951	22222	20390	984	33
13524	15559	20555	22462	19251	20208	21809	21278	794	34

1-9 续表 4

行业大类	代码	2001年	2002年	2003年	2004年	2005年	2006年	2007年
专用设备制造业	35	4655	5407	6829	7070	7577	9175	8484
汽车制造业	36	1839	2335	2965	2949	2944	3451	3317
铁路、船舶、航空航天和其他运输设备制造业	37	906	1058	1196	1274	1369	1691	1685
电气机械和器材制造业	38	4745	5399	6515	6366	6663	8334	8170
计算机、通信和其他电子设备制造业	39	2442	2751	3192	3514	3755	4420	4531
仪器仪表制造业	40	1223	1291	1580	1519	1521	1779	1661
其他制造业	41	777	799	1050	983	1215	1382	1332
废弃资源综合利用业	42	218	257	389	478	582	579	678
金属制品、机械和设备修理业	43	345	343	454	508	571	703	723
电力、热力、燃气及水生产和供应业	D	**2498**	**3147**	**4356**	**4229**	**4255**	**4449**	**3603**
电力、热力生产和供应业	44	1742	2212	3261	3176	3123	3193	2399
燃气生产和供应业	45	201	230	299	269	281	307	293
水的生产和供应业	46	555	705	796	784	851	949	911
建筑业	E	**10650**	**11819**	**13283**	**14869**	**16478**	**18142**	**17759**
房屋建筑业	47	3183	3123	2562	2816	3278	3708	3329
土木工程建筑业	48	1861	2071	2599	2703	2965	3078	3071
建筑安装业	49	2174	2270	2653	2999	3235	3534	3364
建筑装饰和其他建筑业	50	3432	4355	5469	6351	7000	7822	7995
批发和零售业	F	**62702**	**72489**	**92362**	**96045**	**109895**	**133971**	**138291**
批发业	51	39608	46009	59529	62443	70628	85600	89751
零售业	52	23094	26480	32833	33602	39267	48371	48540
交通运输、仓储和邮政业	G	**6572**	**7382**	**9202**	**11774**	**14117**	**14999**	**14859**
铁路运输业	53	67	60	69	93	136	123	103
道路运输业	54	3783	4186	4885	6079	6558	7538	7519
水上运输业	55	349	456	547	695	724	680	765
航空运输业	56	57	62	69	84	70	90	79
管道运输业	57	6	6	11	11	10	14	17
装卸搬运和运输代理业	58	1428	1679	2335	3446	4918	4735	4455
仓储业	59	704	760	1055	1018	1279	1385	1381
邮政业	60	178	173	231	348	422	434	540
住宿和餐饮业	H	**4454**	**4942**	**6259**	**6939**	**8754**	**10391**	**10894**
住宿业	61	1793	1978	2531	2837	3452	4321	4511
餐饮业	62	2661	2964	3728	4102	5302	6070	6383
信息传输、软件和信息技术服务业	I	**5175**	**5618**	**7691**	**9074**	**10088**	**11656**	**11876**
电信、广播电视和卫星传输服务	63	922	740	836	897	849	829	626
互联网和相关服务	64	575	662	1093	1261	1288	1677	1742
软件和信息技术服务业	65	3678	4216	5762	6916	7951	9150	9508

单位：个

2008年	2009年	2010年	2011年	2012年	2013年	2014年	2015年	无开业年份	代码
8667	11421	14864	15535	15067	15301	16495	14709	727	35
3054	3858	5358	5396	5002	5611	5882	5467	288	36
1686	2065	2491	2385	2218	2411	2578	2306	164	37
8218	10690	13693	14889	14106	14513	14218	11880	835	38
4516	5930	8123	8660	8653	9258	7515	5924	632	39
1576	2055	2465	2851	2908	2984	2675	2481	105	40
1330	1905	2442	2606	2939	3097	8261	10892	514	41
720	807	975	1160	1065	1044	1180	1224	84	42
869	1075	1295	1562	1521	1594	1898	1964	47	43
3891	**4363**	**4515**	**4409**	**4704**	**4474**	**5487**	**7779**	**524**	D
2350	2544	2610	2538	2612	2405	3411	5476	359	44
397	489	550	574	727	733	839	892	63	45
1144	1330	1355	1297	1365	1336	1237	1411	102	46
19834	**28576**	**37059**	**43533**	**46234**	**50577**	**91653**	**94162**	**2261**	E
3509	5306	6583	7123	8029	8457	13492	11591	401	47
3517	5173	6603	7678	8370	8874	15049	15043	400	48
3815	5153	6410	7294	7533	7546	14485	14714	304	49
8993	12944	17463	21438	22302	25700	48627	52814	1156	50
165545	**239969**	**314901**	**381909**	**412832**	**476269**	**582632**	**660975**	**13142**	F
106228	154309	203320	240735	253989	277498	353682	366781	7784	51
59317	85660	111581	141174	158843	198771	228950	294194	5358	52
17053	**22426**	**28681**	**29955**	**31084**	**36142**	**45831**	**51119**	**1196**	G
164	186	270	281	268	317	461	360	10	53
8995	12176	14900	16048	16821	19409	26032	30308	582	54
673	808	850	817	716	784	1148	957	54	55
67	88	124	128	162	223	209	195	8	56
17	26	42	31	39	40	54	43	2	57
4916	5813	7337	8318	8994	10398	12576	12836	301	58
1462	1951	2542	2586	2550	2953	3420	3485	193	59
759	1378	2616	1746	1534	2018	1931	2935	46	60
12893	**14107**	**18564**	**21870**	**27569**	**34069**	**29195**	**38062**	**767**	H
5163	4975	6446	7148	8397	9123	6795	8058	302	61
7730	9132	12118	14722	19172	24946	22400	30004	465	62
13517	**18138**	**22877**	**29079**	**33920**	**43174**	**61033**	**88521**	**1354**	I
944	977	1042	1065	1196	1089	1206	1548	26	63
1794	2172	2834	3416	3994	4651	7620	14342	286	64
10779	14989	19001	24598	28730	37434	52207	72631	1042	65

1-9 续表 5

行业大类	代码	2001年	2002年	2003年	2004年	2005年	2006年	2007年
金融业	J	**930**	**1490**	**2021**	**1894**	**2629**	**2933**	**3858**
货币金融服务	66	267	430	526	449	935	1011	1544
资本市场服务	67	282	268	368	397	428	567	767
保险业	68	270	692	992	889	1108	1109	1230
其他金融业	69	111	100	135	159	158	246	317
房地产业	K	**11706**	**13227**	**16186**	**16135**	**17871**	**21057**	**23928**
房地产业	70	11706	13227	16186	16135	17871	21057	23928
租赁和商务服务业	L	**18535**	**20130**	**25771**	**31176**	**37006**	**40872**	**43622**
租赁业	71	860	878	1138	1373	1737	2110	2197
商务服务业	72	17675	19252	24633	29803	35269	38762	41425
科学研究和技术服务业	M	**9951**	**11365**	**13425**	**14405**	**17159**	**19498**	**20367**
研究和试验发展	73	861	949	1150	1286	1415	1808	1786
专业技术服务业	74	5853	6780	8233	8964	10139	11342	11214
科技推广和应用服务业	75	3237	3636	4042	4155	5605	6348	7367
水利、环境和公共设施管理业	N	**2419**	**2807**	**3156**	**2966**	**3347**	**3452**	**3416**
水利管理业	76	621	710	645	606	696	708	607
生态保护和环境治理业	77	259	331	392	370	434	464	451
公共设施管理业	78	1539	1766	2119	1990	2217	2280	2358
居民服务、修理和其他服务业	O	**4736**	**5354**	**7187**	**7664**	**8704**	**9874**	**9676**
居民服务业	79	1891	2196	2932	3121	3500	3745	3654
机动车、电子产品和日用产品修理业	80	2035	2215	3051	3150	3478	4190	3856
其他服务业	81	810	943	1204	1393	1726	1939	2166
教育	P	**10561**	**11096**	**12600**	**12358**	**14359**	**14365**	**12205**
教育	82	10561	11096	12600	12358	14359	14365	12205
卫生和社会工作	Q	**6633**	**6177**	**7221**	**6936**	**9008**	**9146**	**8523**
卫生	83	5541	5016	5742	5545	7348	7332	6429
社会工作	84	1092	1161	1479	1391	1660	1814	2094
文化、体育和娱乐业	R	**5430**	**7002**	**9952**	**9509**	**12103**	**15156**	**14798**
新闻和出版业	85	249	238	315	369	349	310	256
广播、电视、电影和影视录音制作业	86	423	540	459	572	727	746	672
文化艺术业	87	1328	1291	1617	1514	2509	2446	2477
体育	88	392	479	675	627	854	937	961
娱乐业	89	3038	4454	6886	6427	7664	10717	10432
公共管理、社会保障和社会组织	S	**49330**	**51474**	**41544**	**39327**	**44566**	**41004**	**39031**
中国共产党机关	90	987	1465	605	425	444	343	349
国家机构	91	16882	20957	14495	12814	17078	13070	12091
人民政协、民主党派	92	142	162	105	80	77	75	57
社会保障	93	737	864	1417	744	870	935	893
群众团体、社会团体和其他成员组织	94	8834	9538	10468	10405	13416	15930	15535
基层群众自治组织	95	21748	18488	14454	14859	12681	10651	10106

单位：个

2008年	2009年	2010年	2011年	2012年	2013年	2014年	2015年	无开业年份	代码
4970	**5982**	**7727**	**10056**	**11220**	**13345**	**15489**	**16490**	**399**	J
1830	2771	3499	4141	4359	4352	3348	3354	52	66
994	1447	2332	3515	4283	6026	7202	7215	217	67
1739	994	871	1081	1211	1067	983	1312	28	68
407	770	1025	1319	1367	1900	3956	4609	102	69
20720	**29031**	**40144**	**40360**	**35400**	**42262**	**44167**	**37426**	**1799**	K
20720	29031	40144	40360	35400	42262	44167	37426	1799	70
57299	**73587**	**96757**	**120922**	**141453**	**158442**	**215644**	**252409**	**6826**	L
2957	4662	6499	8234	9721	11256	16336	20273	346	71
54342	68925	90258	112688	131732	147186	199308	232136	6480	72
26339	**36322**	**45403**	**53830**	**63115**	**73556**	**81918**	**102010**	**2068**	M
2155	3221	4430	5743	6482	7370	13613	17969	409	73
12150	15426	19525	23453	25828	28859	32893	34314	677	74
12034	17675	21448	24634	30805	37327	35412	49727	982	75
4312	**5289**	**5956**	**7013**	**8295**	**8476**	**9065**	**8912**	**684**	N
920	844	881	1058	1473	1220	969	797	19	76
573	688	752	889	1018	988	1230	1466	57	77
2819	3757	4323	5066	5804	6268	6866	6649	608	78
11812	**15296**	**19035**	**22954**	**26619**	**33637**	**40041**	**53062**	**825**	O
4608	5570	7116	8955	11080	13900	14511	18868	293	79
4484	5629	7093	8364	9268	11130	9784	12645	213	80
2720	4097	4826	5635	6271	8607	15746	21549	319	81
15104	**16391**	**21142**	**22069**	**25065**	**25593**	**14350**	**16019**	**334**	P
15104	16391	21142	22069	25065	25593	14350	16019	334	82
10868	**10955**	**14416**	**13438**	**15049**	**15018**	**6571**	**7584**	**228**	Q
8381	8461	11373	9938	10811	10000	3772	4404	108	83
2487	2494	3043	3500	4238	5018	2799	3180	120	84
15410	**17999**	**20567**	**21535**	**25785**	**24736**	**22041**	**34958**	**816**	R
363	410	455	481	556	461	299	346	5	85
871	1075	1593	1846	2078	2043	2205	3505	80	86
3196	4173	5571	6703	8960	9511	9909	14055	316	87
1161	1411	1556	1831	2130	2406	2394	3539	84	88
9819	10930	11392	10674	12061	10315	7234	13513	331	89
41170	**36141**	**47624**	**53600**	**57196**	**50464**	**14557**	**18037**	**16481**	S
333	314	667	487	481	336	43	54	2122	90
12286	11275	17722	16529	17947	12895	2739	3372	12038	91
61	47	86	91	141	87	9	15	268	92
791	510	728	860	1054	604	248	261	6	93
17199	17648	21234	24929	30210	29474	10685	12449	321	94
10500	6347	7187	10704	7363	7068	833	1886	1726	95

1-10 按地区分组的法人单位数

单位：个

地 区	法人单位数(2014年)	#多产业法人单位	法人单位数(2015年)	#多产业法人单位
全 国	**13701440**	**509451**	**15729199**	**529279**
北 京	660703	22502	704629	23032
天 津	264151	4898	320203	6256
河 北	530948	14450	630137	16572
山 西	304890	23729	382169	25047
内蒙古	208636	8300	231915	8423
辽 宁	500312	12074	552428	12591
吉 林	172127	4492	181344	4497
黑龙江	209042	8619	225311	8703
上 海	434106	24990	448591	25547
江 苏	1344793	29329	1551446	30782
浙 江	1235667	33312	1346362	33855
安 徽	467775	18968	564967	20179
福 建	566075	26737	664420	27531
江 西	326563	9890	385517	10346
山 东	1042834	29594	1269898	31524
河 南	623772	13985	763210	14167
湖 北	567795	26327	678384	26924
湖 南	424939	19631	467954	19543
广 东	1295271	50768	1397022	51776
广 西	334563	18240	402587	19653
海 南	63619	3114	76095	3486
重 庆	378003	13742	454877	14466
四 川	462084	21144	490038	21339
贵 州	209860	10526	265382	11037
云 南	279007	16296	372760	17621
西 藏	26143	1723	26512	1731
陕 西	310150	15793	358073	15787
甘 肃	173848	10782	196182	10832
青 海	52074	3692	58654	3754
宁 夏	54607	2071	65679	2359
新 疆	177083	9733	196453	9919

1-11　农、林、牧、渔业按地区分组的法人单位数

单位：个

地　区	法人单位数(2014年)	#多产业法人单位	法人单位数(2015年)	#多产业法人单位
全　国	**951045**	**4344**	**1204724**	**4738**
北　京	9474	113	9551	117
天　津	5739	14	7908	15
河　北	44777	96	58834	141
山　西	66666	111	78524	152
内蒙古	31322	162	37307	168
辽　宁	27981	83	32287	98
吉　林	20467	72	21479	72
黑龙江	28504	231	32838	231
上　海	6689	66	6737	68
江　苏	37928	130	44605	122
浙　江	62483	296	64569	302
安　徽	51112	203	67845	215
福　建	33397	192	41418	207
江　西	31064	117	40974	130
山　东	48678	86	69181	122
河　南	45427	60	57527	65
湖　北	44612	212	57476	230
湖　南	22396	114	35753	123
广　东	32259	284	37250	297
广　西	49601	344	61108	364
海　南	9897	129	11045	148
重　庆	59258	234	80942	255
四　川	32780	151	40698	160
贵　州	32131	63	46519	76
云　南	36078	256	59970	301
西　藏	615	4	617	3
陕　西	21203	45	29688	54
甘　肃	25308	104	32849	108
青　海	9446	38	11249	42
宁　夏	7846	35	10336	45
新　疆	15907	299	17640	307

1-12 采矿业按地区分组的法人单位数

单位：个

地 区	法人单位数(2014年)	#多产业法人单位	法人单位数(2015年)	#多产业法人单位
全 国	**101673**	**2142**	**103426**	**2271**
北 京	126	9	124	9
天 津	136	9	142	13
河 北	7081	164	6547	210
山 西	5938	152	6410	173
内蒙古	5097	108	5186	101
辽 宁	6039	70	6117	86
吉 林	1452	22	1477	21
黑龙江	1965	46	2064	47
上 海	1	1	1	1
江 苏	743	20	759	20
浙 江	1387	26	1339	27
安 徽	2595	68	2616	71
福 建	3101	46	3241	48
江 西	4114	48	4168	46
山 东	3759	79	3726	84
河 南	6353	58	6487	59
湖 北	4757	130	4740	138
湖 南	7154	56	6836	61
广 东	3731	98	3979	106
广 西	3386	97	3443	105
海 南	341	13	350	15
重 庆	2557	182	2654	169
四 川	5445	203	4959	198
贵 州	6917	51	7361	51
云 南	6492	193	6690	206
西 藏	230	8	230	8
陕 西	4027	40	4663	41
甘 肃	2162	23	2308	26
青 海	967	31	1001	31
宁 夏	738	8	779	16
新 疆	2882	83	3029	84

1-13 制造业按地区分组的法人单位数

单位：个

地区	法人单位数(2014年)	#多产业法人单位	法人单位数(2015年)	#多产业法人单位
全国	**2616671**	**43353**	**2801143**	**44815**
北京	34084	1765	34144	1815
天津	50541	843	54114	1026
河北	110020	1056	126557	1328
山西	23769	657	27601	777
内蒙古	17424	432	18575	464
辽宁	91540	1051	97001	1117
吉林	24865	242	26010	237
黑龙江	27546	344	27666	344
上海	81777	3068	82529	3091
江苏	405636	4846	434394	4934
浙江	417132	7642	423211	7245
安徽	81904	1063	92414	1157
福建	119932	1598	132615	1718
江西	53806	411	60422	445
山东	208334	2814	235765	3064
河南	116185	532	127691	567
湖北	76294	1428	83366	1493
湖南	61075	687	62180	669
广东	351166	7043	365811	7124
广西	28087	971	31491	1092
海南	3148	99	3450	114
重庆	50578	1162	55432	1202
四川	57888	1151	57055	1158
贵州	26912	276	33898	325
云南	20034	790	23311	844
西藏	1148	45	1178	47
陕西	35125	409	38398	450
甘肃	15466	310	16692	318
青海	4135	125	4575	127
宁夏	5477	116	6510	142
新疆	15643	377	17087	381

1-14 电力、热力、燃气及水生产和供应业按地区分组的法人单位数

单位：个

地 区	法人单位数(2014年)	#多产业法人单位	法人单位数(2015年)	#多产业法人单位
全 国	**79679**	**4600**	**87486**	**4703**
北 京	640	39	659	39
天 津	589	26	655	35
河 北	2140	112	2747	126
山 西	1552	113	2183	138
内蒙古	1905	156	2325	159
辽 宁	2169	114	2419	111
吉 林	1441	86	1551	88
黑龙江	1510	135	1626	138
上 海	185	16	191	18
江 苏	2953	133	3389	135
浙 江	4633	225	4856	231
安 徽	2674	202	3183	202
福 建	6860	207	7073	209
江 西	4042	172	4532	170
山 东	2947	183	3734	185
河 南	2402	138	2892	140
湖 北	3553	267	3968	278
湖 南	5506	191	5419	188
广 东	9906	362	10013	365
广 西	2750	280	2885	277
海 南	390	44		
			422	47
重 庆	2161	181	2294	179
四 川	6248	408	6135	405
贵 州	1877	150	2125	156
云 南	2561	235	2882	249
西 藏	150	21	164	22
陕 西	2056	96	2493	96
甘 肃	1567	129	1774	128
青 海	528	31	621	31
宁 夏	359	30	500	38
新 疆	1425	118	1776	120

1-15 建筑业按地区分组的法人单位数

单位：个

地区	法人单位数(2014年)	#多产业法人单位	法人单位数(2015年)	#多产业法人单位
全国	**464975**	**20661**	**574128**	**22843**
北京	19019	1086	20087	1126
天津	12415	276	15517	343
河北	17486	589	23139	717
山西	8751	494	12500	590
内蒙古	5599	221	6801	231
辽宁	24239	745	27161	774
吉林	6485	137	6992	138
黑龙江	6831	257	7402	250
上海	16250	1070	16781	1102
江苏	62563	2298	76873	2550
浙江	32730	2251	37693	2448
安徽	22319	906	27029	1089
福建	17719	1275	22420	1374
江西	10902	397	14359	483
山东	44962	999	58283	1179
河南	15510	441	22488	467
湖北	23631	871	31367	979
湖南	8831	478	12226	487
广东	31623	1989	36124	2040
广西	7515	630	10729	739
海南	3969	101	5151	126
重庆	10247	558	12375	613
四川	12056	870	13673	954
贵州	4969	183	7913	230
云南	11047	415	14632	565
西藏	2193	15	2201	15
陕西	14488	316	18887	383
甘肃	3552	186	4529	204
青海	1727	116	2143	119
宁夏	1440	97	1889	112
新疆	3907	394	4764	416

1-16 批发和零售业按地区分组的法人单位数

单位：个

地　区	法人单位数（2014年）	#多产业法人单位	法人单位数（2015年）	#多产业法人单位
全　国	**3513338**	**96581**	**4199026**	**102520**
北　京	197293	7426	206521	7517
天　津	80350	987	98551	1352
河　北	131451	2973	165475	3663
山　西	62599	2626	94250	3115
内蒙古	48765	1189	55958	1300
辽　宁	137479	2333	155775	2478
吉　林	36877	632	40125	642
黑龙江	45135	1178	49972	1200
上　海	148697	10003	153401	10183
江　苏	392798	7848	466828	8057
浙　江	335289	8480	374162	8325
安　徽	107659	2881	136555	3213
福　建	155845	4451	193733	4664
江　西	63083	1066	80263	1208
山　东	310631	4401	403965	5051
河　南	118451	2221	172392	2289
湖　北	151599	2851	183287	3095
湖　南	90441	1227	97477	1293
广　东	354617	11387	391401	11690
广　西	84623	4166	106962	4643
海　南	12427	633	15881	717
重　庆	104519	2980	125316	3230
四　川	71240	3354	80348	3474
贵　州	36267	1177	47828	1321
云　南	66547	2675	99551	3123
西　藏	2253	104	2471	109
陕　西	70968	1509	87319	1576
甘　肃	31611	1114	36704	1124
青　海	8169	426	9654	449
宁　夏	12454	391	16248	484
新　疆	43201	1892	50653	1935

1-17 交通运输、仓储和邮政业按地区分组的法人单位数

单位：个

地区	法人单位数(2014年)	#多产业法人单位	法人单位数(2015年)	#多产业法人单位
全国	**323044**	**15304**	**378705**	**16652**
北京	14437	695	14754	712
天津	13246	223	15560	323
河北	11511	329	14280	415
山西	6731	348	8635	428
内蒙古	5622	293	6403	324
辽宁	14438	453	16442	482
吉林	4290	154	4643	155
黑龙江	4912	228	5782	253
上海	15560	1456	15963	1491
江苏	34062	941	40424	994
浙江	20161	1180	22591	1229
安徽	12573	572	15307	655
福建	13425	633	15702	676
江西	10462	351	12533	375
山东	27638	580	33779	691
河南	11185	265	14402	286
湖北	14207	670	18409	773
湖南	6605	245	7907	287
广东	32194	2277	35068	2324
广西	6647	566	8512	684
海南	1355	107	1631	129
重庆	6615	515	7840	560
四川	9609	568	10788	585
贵州	3300	179	4392	233
云南	5210	429	6720	467
西藏	337	44	335	43
陕西	6290	238	7908	245
甘肃	2989	210	3361	226
青海	879	91	1033	96
宁夏	1115	59	1455	87
新疆	5439	405	6146	424

1-18　住宿和餐饮业按地区分组的法人单位数

单位：个

地区	法人单位数(2014年)	#多产业法人单位	法人单位数(2015年)	#多产业法人单位
全　国	**235337**	**10890**	**274283**	**11953**
北　京	16649	1324	17141	1343
天　津	3781	168	4658	238
河　北	5101	283	6000	379
山　西	3885	208	5056	250
内蒙古	3137	149	3428	167
辽　宁	7500	239	8333	268
吉　林	2019	46	2109	44
黑龙江	2499	85	2661	84
上　海	12958	1216	13238	1233
江　苏	14353	691	16420	761
浙　江	17271	1182	19122	1281
安　徽	7192	366	9009	437
福　建	9158	393	10556	416
江　西	4085	77	4920	95
山　东	14296	395	17774	465
河　南	12223	201	14547	207
湖　北	12083	353	13308	398
湖　南	9435	152	9786	162
广　东	22232	1372	24390	1462
广　西	4103	257	5172	330
海　南	1655	108	1908	121
重　庆	16608	378	21802	445
四　川	9310	378	10241	396
贵　州	5043	49	8149	65
云　南	4915	255	8134	308
西　藏	537	16	602	17
陕　西	7128	225	8371	237
甘　肃	2936	148	3544	148
青　海	948	47	1179	49
宁　夏	765	31	979	39
新　疆	1532	98	1746	108

1-19　信息传输、软件和信息技术服务业按地区分组的法人单位数

单位：个

地　区	法人单位数(2014年)	#多产业法人单位	法人单位数(2015年)	#多产业法人单位
全　国	**289162**	**7740**	**387842**	**8480**
北　京	46848	1025	47988	1082
天　津	9386	89	12589	143
河　北	5233	138	8114	165
山　西	2955	121	5915	159
内蒙古	2427	92	3208	96
辽　宁	11279	192	14937	211
吉　林	2933	86	3214	87
黑龙江	3350	108	4164	109
上　海	14876	955	15863	990
江　苏	30926	536	41381	621
浙　江	25388	545	36445	609
安　徽	8843	196	13734	221
福　建	11738	231	16932	260
江　西	4287	97	6905	112
山　东	16620	238	25610	278
河　南	6306	127	11964	134
湖　北	10810	203	19146	237
湖　南	5984	167	8401	170
广　东	32964	1285	38168	1335
广　西	3851	152	6486	191
海　南	976	29	1541	38
重　庆	8239	225	11706	247
四　川	6047	240	7850	251
贵　州	1907	64	3042	77
云　南	5318	178	9055	212
西　藏	172	34	175	33
陕　西	5163	118	7021	122
甘　肃	1210	80	1756	84
青　海	532	43	767	46
宁　夏	521	28	869	36
新　疆	2073	118	2896	124

1-20 金融业按地区分组的法人单位数

单位：个

地 区	法人单位数(2014年)	#多产业法人单位	法人单位数(2015年)	#多产业法人单位
全 国	**91583**	**15329**	**109711**	**15964**
北 京	4834	376	5117	386
天 津	3344	261	4218	307
河 北	4580	651	4687	732
山 西	2133	459	2375	498
内蒙古	2264	476	2488	487
辽 宁	3571	622	4078	650
吉 林	1430	352	1524	351
黑龙江	2038	446	2215	448
上 海	2029	359	2258	379
江 苏	5840	893	6908	900
浙 江	5498	880	8005	958
安 徽	3717	606	4478	639
福 建	3535	457	4432	478
江 西	3076	441	3467	454
山 东	5514	1011	6952	1080
河 南	3226	721	4159	724
湖 北	3192	574	4114	599
湖 南	2304	525	2996	535
广 东	7226	1147	9547	1181
广 西	2321	447	2972	488
海 南	502	87	562	100
重 庆	3242	455	3478	461
四 川	3195	750	3338	748
贵 州	1761	297	2163	321
云 南	3022	562	3516	587
西 藏	107	38	106	34
陕 西	2453	439	2810	429
甘 肃	1755	379	2221	375
青 海	376	100	414	102
宁 夏	1475	114	1798	123
新 疆	2023	404	2315	410

1-21 房地产业按地区分组的法人单位数

单位：个

地 区	法人单位数(2014年)	#多产业法人单位	法人单位数(2015年)	#多产业法人单位
全 国	**419618**	**23217**	**466100**	**24804**
北 京	18244	1627	18833	1661
天 津	7256	249	8472	325
河 北	15593	754	18376	929
山 西	8035	479	9678	605
内蒙古	6885	310	7150	315
辽 宁	18170	517	19375	549
吉 林	5400	109	5623	99
黑龙江	6753	186	7108	195
上 海	16068	1364	16553	1387
江 苏	36490	1809	40553	1909
浙 江	28067	1673	29342	1695
安 徽	15438	994	17223	1137
福 建	14794	942	16047	975
江 西	9457	386	10783	422
山 东	28633	974	32596	1087
河 南	17160	316	22377	327
湖 北	19929	996	22570	1064
湖 南	12376	260	13880	281
广 东	51159	3792	54716	3878
广 西	11513	1080	13475	1200
海 南	5526	239	6642	301
重 庆	10814	1103	12134	1145
四 川	13620	864	14505	867
贵 州	7367	234	8751	286
云 南	9591	675	10950	785
西 藏	214	10	229	12
陕 西	11233	272	12816	301
甘 肃	4439	197	4978	203
青 海	1477	106	1634	115
宁 夏	1529	116	1707	152
新 疆	6388	584	7024	597

1-22 租赁和商务服务业按地区分组的法人单位数

单位：个

地区	法人单位数(2014年)	#多产业法人单位	法人单位数(2015年)	#多产业法人单位
全　国	**1161947**	**26299**	**1440572**	**29970**
北　京	140269	2477	150385	2606
天　津	29363	351	36907	564
河　北	29344	624	40060	835
山　西	16412	538	24183	675
内蒙古	13677	284	16216	330
辽　宁	41114	708	48462	833
吉　林	10231	197	11703	209
黑龙江	11440	182	14050	209
上　海	55448	2803	59133	2949
江　苏	109728	2368	142838	2772
浙　江	98892	2332	120967	2741
安　徽	39947	831	52265	1022
福　建	48347	993	62383	1086
江　西	24079	306	33561	421
山　东	74033	1013	101010	1307
河　南	29737	308	45465	346
湖　北	44965	742	68232	903
湖　南	24417	462	30928	504
广　东	152560	4368	165240	4510
广　西	25498	1042	35285	1253
海　南	5819	175	8321	237
重　庆	29351	586	36399	661
四　川	30079	704	33398	733
贵　州	12131	228	17043	281
云　南	21345	586	31253	806
西　藏	1158	12	1160	13
陕　西	17573	274	21989	300
甘　肃	7123	196	9350	204
青　海	2920	118	3685	122
宁　夏	2994	84	4206	104
新　疆	11953	407	14495	434

1-23　科学研究和技术服务业按地区分组的法人单位数

单位：个

地区	法人单位数(2014年)	#多产业法人单位	法人单位数(2015年)	#多产业法人单位
全　国	**544309**	**13808**	**661022**	**15143**
北　京	75727	1326	92262	1395
天　津	18593	174	28149	283
河　北	15365	297	19522	381
山　西	7966	304	9640	351
内蒙古	6379	137	6910	147
辽　宁	20888	329	23503	359
吉　林	5601	93	6006	98
黑龙江	6729	133	8349	142
上　海	19994	905	21533	942
江　苏	52997	1129	65696	1243
浙　江	35096	1182	43731	1287
安　徽	15405	494	20225	546
福　建	17502	644	21860	696
江　西	8546	183	9574	219
山　东	48629	478	59213	582
河　南	27150	201	36961	221
湖　北	24724	620	30688	694
湖　南	13860	332	16851	351
广　东	42616	1799	46376	1853
广　西	12613	707	15433	777
海　南	1835	78	2342	97
重　庆	8777	287	10497	330
四　川	17782	419	19315	448
贵　州	4756	167	5710	189
云　南	9847	487	12532	574
西　藏	540	24	539	24
陕　西	11219	222	12392	225
甘　肃	4144	175	4874	183
青　海	1581	97	1775	103
宁　夏	1325	53	1529	58
新　疆	6123	332	7035	345

1-24 水利、环境和公共设施管理业按地区分组的法人单位数

单位：个

地区	法人单位数(2014年)	#多产业法人单位	法人单位数(2015年)	#多产业法人单位
全国	**97522**	**3272**	**108069**	**3358**
北京	3989	115	4170	121
天津	1703	42	1904	39
河北	3707	88	4269	88
山西	2705	90	3072	92
内蒙古	2362	79	2502	84
辽宁	4186	82	4430	81
吉林	1606	22	1675	22
黑龙江	1820	61	1860	66
上海	2061	73	2068	67
江苏	8711	193	9159	198
浙江	6565	250	7155	249
安徽	3709	162	4301	177
福建	3975	156	4419	163
江西	2755	65	3018	71
山东	5898	115	6534	127
河南	4614	92	6094	94
湖北	5573	273	6110	267
湖南	3965	126	4441	125
广东	6789	273	7237	283
广西	3129	125	3496	121
海南	475	25	568	28
重庆	2181	93	2552	98
四川	4091	141	4290	135
贵州	1510	45	1904	49
云南	2655	123	2965	140
西藏	81	3	82	3
陕西	3116	72	3668	76
甘肃	1290	111	1507	114
青海	507	17	595	18
宁夏	436	32	494	33
新疆	1358	128	1530	129

1-25　居民服务、修理和其他服务业按地区分组的法人单位数

单位：个

地　区	法人单位数（2014年）	#多产业法人单位	法人单位数（2015年）	#多产业法人单位
全　国	**242251**	**5883**	**298958**	**6408**
北　京	19429	778	19774	773
天　津	7663	132	9070	151
河　北	7695	167	10454	205
山　西	4778	107	9963	139
内蒙古	3697	69	4661	74
辽　宁	9339	138	10606	155
吉　林	3528	30	3622	28
黑龙江	3001	43	3199	48
上　海	12302	736	12568	741
江　苏	20725	414	26282	438
浙　江	15590	442	17458	476
安　徽	7797	174	10042	197
福　建	9326	256	11346	285
江　西	5517	64	7082	85
山　东	16531	171	22923	210
河　南	8029	74	11089	75
湖　北	13000	171	15665	192
湖　南	7789	75	10065	78
广　东	21772	848	23892	886
广　西	4709	179	6487	223
海　南	1073	32	1381	36
重　庆	10199	146	12848	182
四　川	6620	165	7714	180
贵　州	4451	44	6403	66
云　南	5289	155	9186	174
西　藏	210	7	210	7
陕　西	5652	91	6999	101
甘　肃	2275	52	2723	56
青　海	746	19	947	21
宁　夏	794	22	1131	34
新　疆	2725	82	3168	92

1-26 教育按地区分组的法人单位数

单位：个

地 区	法人单位数(2014年)	#多产业法人单位	法人单位数(2015年)	#多产业法人单位
全 国	**444038**	**31955**	**461451**	**31927**
北 京	11260	303	11339	307
天 津	4254	273	4307	278
河 北	20277	946	20754	978
山 西	10345	1148	10826	1151
内蒙古	6894	295	7189	285
辽 宁	14196	920	14632	922
吉 林	6313	600	6392	596
黑龙江	8092	501	8067	499
上 海	5895	148	5945	151
江 苏	20279	1121	21802	1140
浙 江	22464	947	23549	958
安 徽	15349	1757	16224	1762
福 建	16174	1119	16785	1115
江 西	14149	1329	14760	1304
山 东	24931	2131	25908	2133
河 南	42309	1595	44940	1595
湖 北	19842	2426	20637	2369
湖 南	21751	2084	21891	2056
广 东	39650	1415	40628	1418
广 西	20043	1062	21541	1069
海 南	3435	256	3653	255
重 庆	10854	1405	11938	1421
四 川	25604	2422	26097	2415
贵 州	11290	1403	12180	1409
云 南	10521	1525	10956	1536
西 藏	1042	235	1042	236
陕 西	15706	703	16022	698
甘 肃	10410	999	10503	983
青 海	1876	217	1929	217
宁 夏	1867	140	1900	142
新 疆	6966	530	7115	529

1-27 卫生和社会工作按地区分组的法人单位数

单位：个

地 区	法人单位数（2014年）	#多产业法人单位	法人单位数（2015年）	#多产业法人单位
全 国	**265537**	**16329**	**271571**	**16285**
北 京	3885	245	4002	245
天 津	1654	170	1758	174
河 北	9762	341	9919	363
山 西	5487	728	5760	732
内蒙古	4999	219	5063	230
辽 宁	12909	302	12871	308
吉 林	3874	110	3923	111
黑龙江	5855	559	5866	560
上 海	3289	111	3325	113
江 苏	16153	1162	17487	1160
浙 江	8041	966	8873	966
安 徽	8994	1226	9301	1226
福 建	8201	354	8362	352
江 西	10130	366	10167	355
山 东	18638	1356	18964	1357
河 南	37933	316	38881	311
湖 北	12353	1175	12415	1160
湖 南	16014	807	16082	797
广 东	11075	935	11399	927
广 西	5745	437	6059	439
海 南	1141	96	1194	92
重 庆	5744	561	5972	563
四 川	18868	933	18357	897
贵 州	4537	685	4955	685
云 南	5376	1016	5575	1019
西 藏	467	31	457	31
陕 西	14651	294	14703	285
甘 肃	4222	453	4241	450
青 海	1118	118	1155	118
宁 夏	934	53	955	50
新 疆	3488	204	3530	209

1-28 文化、体育和娱乐业按地区分组的法人单位数

单位：个

地　区	法人单位数（2014年）	#多产业法人单位	法人单位数（2015年）	#多产业法人单位
全　国	**263384**	**3961**	**297274**	**4224**
北　京	27309	403	30574	408
天　津	3179	49	4821	66
河　北	7901	98	8614	121
山　西	6073	109	7360	121
内蒙古	3357	58	3722	60
辽　宁	8745	87	9416	90
吉　林	3142	41	3186	43
黑龙江	4133	63	4464	64
上　海	6864	250	7315	254
江　苏	18371	245	20741	264
浙　江	17680	306	21070	341
安　徽	11029	106	13372	120
福　建	9927	158	11493	169
江　西	6084	63	6586	68
山　东	13593	143	15590	157
河　南	15757	121	17609	120
湖　北	11787	192	12279	193
湖　南	14328	123	14899	129
广　东	16988	481	18220	506
广　西	7302	101	7962	106
海　南	1605	35	1798	38
重　庆	6896	97	9173	114
四　川	15232	150	15893	148
贵　州	3476	51	4616	62
云　南	6212	140	7768	153
西　藏	485	17	512	18
陕　西	6322	72	7052	78
甘　肃	3774	83	4818	90
青　海	1056	34	1183	37
宁　夏	1149	13	1268	14
新　疆	3628	72	3900	72

1-29　公共管理、社会保障和社会组织按地区分组的法人单位数

单位：个

地　区	法人单位数 (2014年)	#多产业法人单位	法人单位数 (2015年)	#多产业法人单位
全　国	**1596327**	**163783**	**1603708**	**162221**
北　京	17187	1370	17204	1370
天　津	10959	562	10903	581
河　北	81924	4744	81789	4796
山　西	58110	14937	58238	14901
内蒙古	36824	3571	36823	3401
辽　宁	44530	3089	44583	3019
吉　林	30173	1461	30090	1456
黑龙江	36929	3833	35958	3816
上　海	13163	390	13189	387
江　苏	73537	2552	74907	2564
浙　江	81300	2507	82224	2487
安　徽	49519	6161	49844	6093
福　建	63119	12632	63603	12640
江　西	56925	3951	57443	3883
山　东	128569	12427	128391	12365
河　南	103815	6198	105245	6140
湖　北	70884	12173	70607	11862
湖　南	90708	11520	89936	11247
广　东	74744	9613	77563	9591
广　西	51127	5597	53089	5552
海　南	8050	828	8255	847
重　庆	29163	2594	29525	2591
四　川	116370	7273	115384	7187
贵　州	39258	5180	40430	5155
云　南	46947	5601	47114	5572
西　藏	14204	1055	14202	1056
陕　西	55777	10358	54874	10090
甘　肃	47615	5833	47450	5808
青　海	13086	1918	13115	1911
宁　夏	11389	649	11126	650
新　疆	40422	3206	40604	3203

第二部分

企业法人单位综合资料

2-1 按行业(中类)、

(2015年)

行业中类	代码	企业单位数	北京	天津	河北	山西	内蒙古
总计	--	**12593254**	**663135**	**296954**	**487926**	**243379**	**155636**
农、林、牧、渔业	A	**739995**	**6504**	**4714**	**40037**	**22850**	**16532**
农业	01	342759	3686	2455	19230	10148	5886
谷物种植	011	67743	280	772	6147	3199	2341
豆类、油料和薯类种植	012	12291	28	62	1385	222	847
棉、麻、糖、烟草种植	013	6971	4	25	421	24	28
蔬菜、食用菌及园艺作物种植	014	110828	2001	1182	6507	3064	1142
水果种植	015	67401	1031	299	2252	943	172
坚果、含油果、香料和饮料作物种植	016	22836	99	5	631	315	6
中药材种植	017	27571	72	28	747	858	181
其他农业	019	27118	171	82	1140	1523	1169
林业	02	59926	806	368	3131	3498	1100
林木育种和育苗	021	45748	730	333	2643	2862	790
造林和更新	022	7702	42	17	376	532	258
森林经营和管护	023	4299	34	15	92	82	31
木材和竹材采运	024	1167		2	10	6	18
林产品采集	025	1010		1	10	16	3
畜牧业	03	196562	1493	863	10432	7377	7079
牲畜饲养	031	136959	777	565	8057	5674	6254
家禽饲养	032	43269	519	230	1637	1282	458
狩猎和捕捉动物	033	1019	1	2	33	10	10
其他畜牧业	039	15315	196	66	705	411	357
渔业	04	56352	239	591	647	209	215
水产养殖	041	54004	234	569	630	203	205
水产捕捞	042	2348	5	22	17	6	10
农、林、牧、渔服务业	05	84396	280	437	6597	1618	2252
农业服务业	051	66426	216	374	5257	1431	1604
林业服务业	052	5268	30	11	312	105	140
畜牧服务业	053	9041	16	31	986	77	488
渔业服务业	054	3661	18	21	42	5	20
采矿业	B	**103421**	**124**	**142**	**6547**	**6410**	**5186**
煤炭开采和洗选业	06	20517	16	14	542	3395	1166
烟煤和无烟煤开采洗选	061	18620	16	3	500	3169	844
褐煤开采洗选	062	597		1	8	46	247
其他煤炭采选	069	1300		10	34	180	75
石油和天然气开采业	07	692	9	15	3	42	80
石油开采	071	428	7	13	3	1	49
天然气开采	072	264	2	2		41	31
黑色金属矿采选业	08	15680	20	16	3758	1085	1211
铁矿采选	081	13958	20	12	3726	1051	1179
锰矿、铬矿采选	082	945			8	26	10
其他黑色金属矿采选	089	777		4	24	8	22
有色金属矿采选业	09	11161	2	4	355	212	499

地区分组的企业法人单位数

单位：个

辽宁	吉林	黑龙江	上海	江苏	浙江	安徽	福建	江西	山东	代码
453377	**123843**	**149370**	**417855**	**1388252**	**1189601**	**454812**	**556220**	**277496**	**1048450**	--
18665	**9761**	**12876**	**1980**	**22141**	**43997**	**40092**	**31854**	**23810**	**49926**	A
6978	3663	7062	1167	9338	25347	19220	16530	11561	26574	01
2746	1735	4859	99	2393	3237	8513	1025	2879	9740	011
397	141	673	12	156	680	366	422	549	463	012
41	17	36	1	55	84	166	123	161	355	013
2043	1006	912	875	4292	9422	4541	7364	2800	8229	014
1137	142	190	135	966	7219	1771	2573	2206	4114	015
81	20	23	2	241	2542	1267	2668	820	578	016
247	338	204	8	316	1830	1437	730	497	610	017
286	264	165	35	919	333	1159	1625	1649	2485	019
1578	628	461	350	1550	3872	3946	3478	2859	3246	02
1364	405	239	316	1410	3367	3407	2164	1768	3062	021
112	47	52	13	45	138	284	594	448	97	022
79	128	116	18	52	135	154	434	445	69	023
18	43	44	1	28	83	58	194	127	8	024
5	5	10	2	15	149	43	92	71	10	025
5296	3201	2426	224	3541	5710	7818	4501	5192	7491	03
3308	2062	1886	138	2047	2858	4754	3099	3475	4754	031
1442	849	289	64	1173	1930	2546	1009	1200	1934	032
14	7	11		31	8	63	7	32	20	033
532	283	240	22	290	914	455	386	485	783	039
1830	323	278	132	2736	5661	2614	4795	1930	2925	04
1744	311	267	124	2640	5452	2501	4643	1886	2708	041
86	12	11	8	96	209	113	152	44	217	042
2983	1946	2649	107	4976	3407	6494	2550	2268	9690	05
2210	1758	2231	74	4002	3030	5205	1715	1752	7274	051
104	35	63	17	340	140	287	276	268	410	052
505	130	317	5	320	140	739	112	166	1393	053
164	23	38	11	314	97	263	447	82	613	054
6117	**1477**	**2064**	**1**	**759**	**1338**	**2616**	**3241**	**4168**	**3726**	B
717	244	928		39	14	220	327	681	612	06
670	186	851		31	4	177	271	613	569	061
10	38	27		1	3	6	1	12	22	062
37	20	50		7	7	37	55	56	21	069
16	79	25	1	13	3	7	1	7	57	07
9	70	23		10	1	2	1	1	45	071
7	9	2	1	3	2	5		6	12	072
1824	194	67		74	24	461	325	399	498	08
1733	188	65		66	24	427	299	369	472	081
71				1		13	19	4	6	082
20	6	2		7		21	7	26	20	089
837	154	68		30	81	290	343	615	277	09

2-1 续表 1

行业中类	代码	企业单位数	北京	天津	河北	山西	内蒙古
常用有色金属矿采选	091	7772	1	3	138	173	355
贵金属矿采选	092	2186	1	1	194	34	114
稀有稀土金属矿采选	093	1203			23	5	30
非金属矿采选业	10	49035	66	42	1741	1452	1948
土砂石开采	101	41712	62	33	1381	1322	1638
化学矿开采	102	1712			13	13	36
采盐	103	545		7	69		12
石棉及其他非金属矿采选	109	5066	4	2	278	117	262
开采辅助活动	11	3735	10	43	81	107	109
煤炭开采和洗选辅助活动	111	586		4	11	64	44
石油和天然气开采辅助活动	112	2366	10	32	27	15	26
其他开采辅助活动	119	783		7	43	28	39
其他采矿业	12	2601	1	8	67	117	173
其他采矿业	120	2601	1	8	67	117	173
制造业	**C**	**2800992**	**34134**	**54114**	**126557**	**27587**	**18573**
农副食品加工业	13	128141	947	1216	4917	2181	2646
谷物磨制	131	27953	75	105	743	548	443
饲料加工	132	14833	335	272	901	235	356
植物油加工	133	11520	51	101	458	129	178
制糖业	134	942	3	8	38	6	22
屠宰及肉类加工	135	20966	224	164	1026	329	1012
水产品加工	136	11624	16	76	218	4	9
蔬菜、水果和坚果加工	137	18406	128	239	628	374	310
其他农副食品加工	139	21897	115	251	905	556	316
食品制造业	14	62972	994	1134	2754	1342	1030
焙烤食品制造	141	16703	319	198	634	346	270
糖果、巧克力及蜜饯制造	142	5754	77	145	553	167	33
方便食品制造	143	11165	130	131	406	170	135
乳制品制造	144	1894	38	41	76	48	201
罐头食品制造	145	3692	25	68	228	69	29
调味品、发酵制品制造	146	8210	135	161	333	284	151
其他食品制造	149	15554	270	390	524	258	211
酒、饮料和精制茶制造业	15	49095	395	286	1399	809	674
酒的制造	151	16425	118	102	677	297	388
饮料制造	152	16759	264	180	706	499	283
精制茶加工	153	15911	13	4	16	13	3
烟草制品业	16	485	1	2	3	4	3
烟叶复烤	161	236				3	1
卷烟制造	162	102	1	2	3	1	2
其他烟草制品制造	169	147					
纺织业	17	133435	458	1204	6598	316	583
棉纺织及印染精加工	171	48655	79	380	3046	140	22
毛纺织及染整精加工	172	7803	49	92	998	12	400
麻纺织及染整精加工	173	1519	1	10	15	5	7

单位：个

辽宁	吉林	黑龙江	上海	江苏	浙江	安徽	福建	江西	山东	代码
595	69	32		24	45	227	253	260	65	091
171	72	29		5	8	43	34	72	206	092
71	13	7		1	28	20	56	283	6	093
2518	675	823		541	1180	1488	2153	2085	2083	10
1936	601	741		441	1076	1233	1913	1764	1540	101
112	4	2		19	3	24	26	27	7	102
24				30	7	1	24	2	233	103
446	70	80		51	94	230	190	292	303	109
149	86	127		55	12	88	18	146	106	11
18	19	11		22	1	42		35	18	111
101	54	103		21	4	11	2	8	41	112
30	13	13		12	7	35	16	103	47	119
56	45	26		7	24	62	74	235	93	12
56	45	26		7	24	62	74	235	93	120
97001	**26010**	**27666**	**82529**	**434394**	**423147**	**92414**	**132614**	**60411**	**235765**	**C**
6736	3761	5410	604	6889	6008	6605	6437	3605	15266	13
1328	1446	2867	29	1741	303	2501	489	1302	1506	131
1167	595	534	134	862	459	445	545	373	1739	132
250	149	388	41	412	295	864	263	388	1153	133
21	4	26	4	25	42	17	28	15	68	134
1097	427	536	160	1181	790	999	653	434	2792	135
1336	89	26	43	970	1759	132	2176	82	2552	136
864	434	428	58	749	1581	650	1514	323	3472	137
673	617	605	135	949	779	997	769	688	1984	139
2481	1059	1128	985	3846	3000	2880	4188	1574	6255	14
847	293	178	280	873	933	980	1226	326	1335	141
82	11	26	77	196	215	161	598	89	595	142
312	201	275	148	607	482	642	540	359	918	143
68	25	126	12	102	49	30	40	39	200	144
199	27	49	32	258	250	122	536	86	434	145
363	134	141	129	546	235	299	381	95	862	146
610	368	333	307	1264	836	646	867	580	1911	149
1402	1044	1106	198	1935	2838	2703	4943	1188	2900	15
778	614	640	42	811	604	647	486	340	1360	151
618	427	457	146	790	736	807	717	482	1265	152
6	3	9	10	334	1498	1249	3740	366	275	153
9	19	14	2	10	7	25	14	10	25	16
3	10	9				5	9	2	9	161
3	6	3	2	3	4	6	3	4	8	162
3	3	2		7	3	14	2	4	8	169
1966	229	358	2282	36386	34550	3021	5365	2424	11910	17
517	53	59	511	13629	10431	1266	1332	1234	5841	171
105	27	19	148	2050	1163	147	120	69	667	172
15	11	145	8	312	87	79	15	126	85	173

2-1 续表 2

行业中类	代码	企业单位数	北京	天津	河北	山西	内蒙古
丝绢纺织及印染精加工	174	3693	8	24	11	8	2
化纤织造及印染精加工	175	12115	4	28	158	10	6
针织或钩针编织物及其制品制造	176	22455	75	201	427	41	77
家用纺织制成品制造	177	20694	146	239	1340	60	40
非家用纺织制成品制造	178	16501	96	230	603	40	29
纺织服装、服饰业	18	158146	2670	1888	2916	344	407
机织服装制造	181	101663	2246	1476	1845	206	197
针织或钩针编织服装制造	182	22583	232	105	263	20	105
服饰制造	183	33900	192	307	808	118	105
皮革、毛皮、羽毛及其制品和制鞋业	19	73061	242	415	5651	107	182
皮革鞣制加工	191	3456	5	21	281	10	14
皮革制品制造	192	23946	101	162	2893	27	53
毛皮鞣制及制品加工	193	5630	38	40	1852	23	64
羽毛(绒)加工及制品制造	194	2390	9	5	145	9	34
制鞋业	195	37639	89	187	480	38	17
木材加工和木、竹、藤、棕、草制品业	20	88283	852	870	2485	367	690
木材加工	201	35234	96	187	583	160	421
人造板制造	202	17638	77	69	435	55	98
木制品制造	203	25643	667	585	1375	131	148
竹、藤、棕、草等制品制造	204	9768	12	29	92	21	23
家具制造业	21	62157	1417	1120	2336	322	161
木质家具制造	211	42477	1143	721	1605	231	120
竹、藤家具制造	212	1023	4	1	16	13	1
金属家具制造	213	6805	134	148	451	35	15
塑料家具制造	214	1109	3	13	16	7	10
其他家具制造	219	10743	133	237	248	36	15
造纸和纸制品业	22	65138	921	1561	2369	370	185
纸浆制造	221	569	1	17	24	1	6
造纸	222	16264	166	517	630	93	45
纸制品制造	223	48305	754	1027	1715	276	134
印刷和记录媒介复制业	23	77283	1562	1330	3159	853	494
印刷	231	70205	1263	1157	2759	733	406
装订及印刷相关服务	232	6792	281	168	386	119	86
记录媒介复制	233	286	18	5	14	1	2
文教、工美、体育和娱乐用品制造业	24	94489	742	1704	3332	449	181
文教办公用品制造	241	9338	81	121	256	23	7
乐器制造	242	2280	88	219	193	10	8
工艺美术品制造	243	60719	448	1122	1822	379	156
体育用品制造	244	8431	63	173	526	31	5
玩具制造	245	11455	37	34	422	5	1
游艺器材及娱乐用品制造	246	2266	25	35	113	1	4
石油加工和炼焦	25	8052	201	236	543	339	147
精炼石油产品制造	251	6478	200	224	438	50	60
炼焦	252	1574	1	12	105	289	87

单位：个

辽宁	吉林	黑龙江	上海	江苏	浙江	安徽	福建	江西	山东	代码
229	2	6	43	582	1465	151	54	48	166	174
60	5	9	94	5806	4256	136	210	61	427	175
344	49	28	442	4490	8171	268	2262	378	1200	176
294	47	61	472	5168	5186	433	564	351	1944	177
402	35	31	564	4349	3791	541	808	157	1580	178
4645	443	287	6076	26553	32752	6544	12489	6388	12385	18
3805	314	188	3905	16413	19038	4478	9336	3685	6766	181
272	29	32	1316	3078	6895	464	1083	894	1910	182
568	100	67	855	7062	6819	1602	2070	1809	3709	183
939	109	195	1047	4696	20325	1694	9245	1770	3144	19
44	4	46	10	167	588	115	334	91	216	191
250	30	37	586	1624	5044	531	1717	604	1133	192
196	24	73	33	250	1313	103	57	77	411	193
41	24	4	40	297	362	424	60	113	135	194
408	27	35	378	2358	13018	521	7077	885	1249	195
2722	1765	2572	2029	11175	7322	4360	5508	2363	12393	20
984	924	1493	408	4070	1365	1900	1527	860	5113	201
374	273	314	125	3358	776	934	940	305	4142	202
1258	491	676	1461	3319	3239	1000	1236	476	2505	203
106	77	89	35	428	1942	526	1805	722	633	204
1513	417	525	3138	5061	6891	2345	2962	2108	4413	21
1213	327	410	2327	3729	4276	1719	1907	1569	3490	211
6	4	1	12	38	195	83	97	79	45	212
91	19	32	231	433	1328	204	379	80	294	213
28	14	22	16	86	189	47	68	28	91	214
175	53	60	552	775	903	292	511	352	493	219
1632	369	402	3021	8829	11403	1417	3746	1073	4916	22
13	5	8		38	23	9	47	27	53	221
325	121	150	366	2493	1623	496	896	335	1376	222
1294	243	244	2655	6298	9757	912	2803	711	3487	223
2187	929	816	2453	9301	10978	2813	3225	1505	5948	23
2002	778	686	2192	8692	10345	2567	3033	1370	5490	231
180	145	130	251	580	623	225	181	129	436	232
5	6		10	29	10	21	11	6	22	233
1459	272	325	1733	11892	22315	2851	8557	1776	8284	24
143	46	107	414	1186	3628	227	302	409	379	241
66	10	16	111	385	218	19	75	9	185	242
1105	193	177	728	6442	13365	1611	7012	998	5792	243
95	10	16	201	1316	1978	254	768	143	1221	244
28	9	3	225	2192	2447	667	356	179	617	245
22	4	6	54	371	679	73	44	38	90	246
1010	122	234	150	680	384	140	170	108	973	25
962	109	198	150	634	382	116	162	90	855	251
48	13	36		46	2	24	8	18	118	252

2-1 续表 3

行业中类	代码	企业单位数	北京	天津	河北	山西	内蒙古
化学原料和化学制品制造业	26	119308	1973	2813	6391	1678	1252
基础化学原料制造	261	19056	162	438	1472	422	508
肥料制造	262	13966	159	148	936	421	270
农药制造	263	2794	29	58	200	55	19
涂料、油墨、颜料及类似产品制造	264	21460	689	764	1024	177	95
合成材料制造	265	12068	150	295	458	91	81
专用化学产品制造	266	30704	509	755	1703	396	186
炸药、火工及焰火产品制造	267	6197	1	6	44	28	49
日用化学产品制造	268	13063	274	349	554	88	44
医药制造业	27	23467	583	454	901	347	213
化学药品原料药制造	271	3139	26	67	169	40	31
化学药品制剂制造	272	2618	130	64	106	63	24
中药饮片加工	273	3854	59	23	136	33	43
中成药生产	274	3608	79	52	102	60	43
兽用药品制造	275	1730	48	34	135	72	22
生物药品制造	276	4373	146	103	121	36	37
卫生材料及医药用品制造	277	4145	95	111	132	43	13
化学纤维制造业	28	7072	30	61	263	27	11
纤维素纤维原料及纤维制造	281	1249	5	14	113	4	3
合成纤维制造	282	5823	25	47	150	23	8
橡胶和塑料制品业	29	166293	1643	3154	8773	826	548
橡胶制品业	291	29148	210	722	3100	205	60
塑料制品业	292	137145	1433	2432	5673	621	488
非金属矿物制品业	30	256667	2617	2528	12149	5765	3835
水泥、石灰和石膏制造	301	16197	118	161	1004	681	457
石膏、水泥制品及类似制品制造	302	59661	849	634	2322	875	1072
砖瓦、石材等建筑材料制造	303	108526	874	1050	4292	2506	1857
玻璃制造	304	4721	126	77	275	51	33
玻璃制品制造	305	15320	219	217	980	221	53
玻璃纤维和玻璃纤维增强塑料制品制造	306	6031	118	58	716	36	24
陶瓷制品制造	307	15990	53	44	490	164	24
耐火材料制品制造	308	13352	123	94	893	773	77
石墨及其他非金属矿物制品制造	309	16869	137	193	1177	458	238
黑色金属冶炼和压延加工业	31	41596	332	1590	3205	1171	586
炼铁	311	1802	4	29	131	179	71
炼钢	312	1086		37	85	42	29
黑色金属铸造	313	17908	145	223	1723	677	59
钢压延加工	314	17393	176	1290	1208	187	149
铁合金冶炼	315	3407	7	11	58	86	278
有色金属冶炼和压延加工业	32	29670	241	653	1458	432	445
常用有色金属冶炼	321	5730	17	93	448	198	126
贵金属冶炼	322	788	2	5	31	10	34
稀有稀土金属冶炼	323	1171	3	9	11	25	92
有色金属合金制造	324	3657	56	73	230	41	54

单位：个

辽宁	吉林	黑龙江	上海	江苏	浙江	安徽	福建	江西	山东	代码
5297	1400	1440	3381	14907	9390	3883	4010	4633	14154	26
970	248	215	300	2752	1227	619	451	629	2492	261
758	361	488	69	818	285	521	392	248	2292	262
102	42	45	26	414	115	141	64	99	380	263
963	196	188	1076	2847	2333	784	856	401	1745	264
423	113	73	394	2292	1213	496	504	204	1576	265
1561	342	317	887	4636	3017	899	918	855	4763	266
41	14	24	3	25	23	106	24	1869	77	267
479	84	90	626	1123	1177	317	801	328	829	268
874	936	388	536	2403	1363	1331	560	1135	2051	27
107	31	37	77	491	319	106	68	154	360	271
125	76	69	80	299	145	121	64	106	228	272
163	391	44	26	118	126	513	52	161	160	273
137	251	99	37	89	91	192	82	201	204	274
62	28	34	21	115	62	42	32	70	231	275
176	102	73	135	568	250	180	172	97	449	276
104	57	32	160	723	370	177	90	346	419	277
134	33	28	113	2714	1790	147	243	68	523	28
36	11	6	11	425	106	35	50	26	142	281
98	22	22	102	2289	1684	112	193	42	381	282
5352	1049	1093	6412	24165	33333	5072	6783	1887	13688	29
1176	164	146	1085	4312	3853	789	1101	333	3524	291
4176	885	947	5327	19853	29480	4283	5682	1554	10164	292
10309	3138	3149	3295	20907	14456	10617	14790	8997	21105	30
634	280	273	82	848	692	643	523	517	1234	301
1905	735	788	712	4674	3196	2965	1366	1306	4215	302
3912	1649	1644	1191	5495	4328	4647	9500	3801	9489	303
156	36	28	126	652	435	222	151	155	304	304
408	109	94	673	2542	2489	672	389	297	1155	305
226	34	57	116	1234	525	209	99	137	1083	306
191	30	38	99	1308	1076	223	2260	2076	858	307
2043	78	73	117	1594	759	222	117	135	1136	308
834	187	154	179	2560	956	814	385	573	1631	309
2987	310	267	582	7071	4336	1370	1201	446	3290	31
142	22	22	1	122	16	44	49	30	104	311
86	12	13	1	123	33	27	46	31	83	312
1756	128	100	164	3207	1628	856	628	124	1511	313
824	124	118	416	3452	2609	412	415	232	1412	314
179	24	14		167	50	31	63	29	180	315
1214	149	99	655	5109	3632	721	621	1366	1726	32
314	36	18	29	544	234	109	90	314	261	321
51	9	4	1	47	18	16	17	18	61	322
75	8	6	3	128	23	19	25	240	29	323
162	18	14	72	684	351	81	117	95	197	324

2-1 续表 4

行业中类	代码	企业单位数	北京	天津	河北	山西	内蒙古
有色金属铸造	325	2306	13	35	95	27	15
有色金属压延加工	326	16018	150	438	643	131	124
金属制品业	33	239597	3889	7776	17569	2186	1313
结构性金属制品制造	331	79703	2393	2963	4049	732	846
金属工具制造	332	26983	175	544	859	169	68
集装箱及金属包装容器制造	333	6814	137	323	322	28	22
金属丝绳及其制品制造	334	13069	48	655	6168	70	123
建筑、安全用金属制品制造	335	33662	303	917	2116	250	104
金属表面处理及热处理加工	336	12722	206	528	428	59	22
搪瓷制品制造	337	2176	7	43	54	7	3
金属制日用品制造	338	20555	236	377	388	46	18
其他金属制品制造	339	43913	384	1426	3185	825	107
通用设备制造业	34	264152	2945	6653	12618	2769	886
锅炉及原动设备制造	341	10982	180	289	717	258	176
金属加工机械制造	342	46660	587	1360	2012	481	207
物料搬运设备制造	343	11716	137	319	709	112	27
泵、阀门、压缩机及类似机械制造	344	35416	450	1443	1262	389	55
轴承、齿轮和传动部件制造	345	18207	110	232	929	71	18
烘炉、风机、衡器、包装等设备制造	346	25496	465	545	919	120	70
文化、办公用机械制造	347	3021	52	176	63	3	5
通用零部件制造	348	89254	848	1763	4916	1094	290
其他通用设备制造业	349	23400	116	526	1091	241	38
专用设备制造业	35	180810	2351	4339	8153	1476	696
采矿、冶金、建筑专用设备制造	351	29753	290	688	2531	689	228
化工、木材、非金属加工专用设备制造	352	52066	333	1334	1074	142	66
食品、饮料、烟草及饲料生产专用设备制造	353	5553	75	77	221	21	13
印刷、制药、日化及日用品生产专用设备制造	354	10536	176	231	485	44	33
纺织、服装和皮革加工专用设备制造	355	11597	49	123	205	128	6
电子和电工机械专用设备制造	356	14596	171	420	410	72	30
农、林、牧、渔专用机械制造	357	11884	96	138	814	77	184
医疗仪器设备及器械制造	358	10806	521	342	489	83	34
环保、社会公共服务及其他专用设备制造	359	34019	640	986	1924	220	102
汽车制造业	36	67573	750	1313	3169	226	154
汽车整车制造	361	1068	17	24	54	26	17
改装汽车制造	362	1256	43	12	64	19	25
低速载货汽车制造	363	112				1	2
电车制造	364	820	3	16	25	11	1
汽车车身、挂车制造	365	1174	12	20	119	23	28
汽车零部件及配件制造	366	63143	675	1241	2907	146	81
铁路、船舶、航空航天和其他运输设备制造业	37	32082	231	2080	1458	119	34
铁路运输设备制造	371	3389	121	87	337	94	17
城市轨道交通设备制造	372	208	3	4	8		
船舶及相关装置制造	373	9631	9	133	90	1	1
航空、航天器及设备制造	374	1158	65	59	18	7	9

单位：个

辽宁	吉林	黑龙江	上海	江苏	浙江	安徽	福建	江西	山东	代码
89	20	12	90	497	423	77	46	34	224	325
523	58	45	460	3209	2583	419	326	665	954	326
7436	1338	1450	10912	42052	34919	5714	8460	2602	16774	33
3443	743	801	3864	14783	5451	2857	2361	1039	6646	331
552	126	144	1337	6472	4978	686	781	293	2188	332
352	34	61	353	1371	694	216	193	66	685	333
228	17	26	240	2091	916	181	121	49	461	334
721	187	161	904	3075	11753	534	1648	406	1322	335
705	23	46	834	2532	2753	212	396	73	573	336
42	9	9	48	152	451	38	555	21	138	337
287	46	52	806	1890	4146	298	929	214	1191	338
1106	153	150	2526	9686	3777	692	1476	441	3570	339
14198	1668	2171	11277	62697	52260	6106	5750	1985	27810	34
785	195	444	221	2148	702	370	184	147	1577	341
2052	368	354	1948	10206	5620	1386	1306	461	6590	342
575	74	75	572	2540	1849	327	221	103	1145	343
2285	116	108	1725	7114	11697	720	1030	187	2580	344
1176	55	114	510	3410	5925	369	319	159	2592	345
1017	166	165	1485	5844	5711	476	488	212	2035	346
65	18	28	145	439	490	61	141	50	142	347
5504	508	747	3744	21478	19131	1782	1530	483	8339	348
739	168	136	927	9518	1135	615	531	183	2810	349
7107	1562	1857	7076	42881	23008	4918	5614	2207	16661	35
2227	314	661	376	5389	1451	1013	748	461	4308	351
1517	278	206	3198	11877	9510	1229	1834	320	3015	352
186	62	90	230	845	741	200	207	39	740	353
333	81	68	485	2145	1307	237	327	170	861	354
131	13	18	470	3594	3997	117	406	92	1044	355
484	86	114	539	3260	905	498	609	252	1170	356
459	307	378	111	1398	1034	392	344	197	2007	357
409	128	98	592	2382	1138	331	248	281	638	358
1361	293	224	1075	11991	2925	901	891	395	2878	359
1624	1807	290	2086	9503	16004	2821	1777	984	5982	36
53	18	16	15	96	100	64	28	20	143	361
61	44	26	28	90	26	60	32	22	229	362
3	3	7	1	6	2	5	3	3	19	363
7	6	3		267	9	41	9	8	188	364
52	32	8	9	113	39	53	34	9	317	365
1448	1704	230	2033	8931	15828	2598	1671	922	5086	366
1278	168	150	699	7353	4943	734	1096	468	2186	37
367	117	90	38	627	125	120	16	17	244	371
11	10	2	3	51	11	6	3	5	11	372
737	8	18	364	3390	1223	286	585	283	898	373
82	5	24	35	191	42	30	8	35	41	374

2-1 续表 5

行业中类	代码	企业单位数	北京	天津	河北	山西	内蒙古
摩托车制造	375	8095	3	44	294	5	
自行车制造	376	7435	21	1674	634	1	4
非公路休闲车及零配件制造	377	867	4	45	45	1	
潜水救捞及其他未列明运输设备制造	379	1299	5	34	32	10	3
电气机械和器材制造业	38	169224	2025	2723	6160	708	401
电机制造	381	16647	112	346	336	56	69
输配电及控制设备制造	382	56654	968	957	2146	250	141
电线、电缆、光缆及电工器材制造	383	24005	240	542	2066	112	61
电池制造	384	5355	54	124	155	31	19
家用电力器具制造	385	21825	176	169	267	27	19
非电力家用器具制造	386	5945	144	107	281	28	37
照明器具制造	387	28299	195	154	279	57	25
其他电气机械及器材制造	389	10494	136	324	630	147	30
计算机、通信和其他电子设备制造业	39	92146	1226	1888	1261	157	79
计算机制造	391	8680	185	148	118	15	11
通信设备制造	392	7902	189	169	236	23	10
广播电视设备制造	393	3224	65	47	107	7	5
雷达及配套设备制造	394	228	7	2	11		1
视听设备制造	395	5208	37	59	17	2	3
电子器件制造	396	14232	241	174	156	27	13
电子元件制造	397	36233	260	890	363	46	20
其他电子设备制造	399	16439	242	399	253	37	16
仪器仪表制造业	40	36432	1096	923	1071	164	55
通用仪器仪表制造	401	18516	639	533	722	74	32
专用仪器仪表制造	402	6165	291	174	179	33	12
钟表与计时仪器制造	403	2436	8	28	18	1	1
光学仪器及眼镜制造	404	5907	75	39	29	8	1
其他仪器仪表制造业	409	3408	83	149	123	48	9
其他制造业	41	44503	288	1041	2044	1026	246
日用杂品制造	411	12549	74	110	332	26	17
煤制品制造	412	3362	149	14	145	359	44
其他未列明制造业	419	28592	65	917	1567	641	185
废弃资源综合利用业	42	12190	82	416	670	257	167
金属废料和碎屑加工处理	421	6158	39	364	366	87	100
非金属废料和碎屑加工处理	422	6032	43	52	304	170	67
金属制品、机械和设备修理业	43	17473	430	743	782	450	269
金属制品修理	431	1036	11	47	52	15	18
通用设备修理	432	2530	112	67	123	86	35
专用设备修理	433	2435	106	76	183	104	71
铁路、船舶、航空航天等运输设备修理	434	4945	41	271	122	11	15
电气设备修理	435	1389	42	52	70	57	37
仪器仪表修理	436	337	20	17	20	5	3
其他机械和设备修理业	439	4801	98	213	212	172	90

单位：个

辽宁	吉林	黑龙江	上海	江苏	浙江	安徽	福建	江西	山东	代码
13	12	1	66	864	1552	61	381	43	159	375
30	6	10	155	1581	1712	178	76	52	335	376
7	1		8	359	198	9	9	8	53	377
31	9	5	30	290	80	44	18	25	445	379
5026	788	790	5181	29447	38315	4997	6341	2535	8155	38
518	79	108	486	3376	3878	306	2498	180	984	381
2377	346	335	1961	10903	15043	1558	1339	797	2932	382
897	136	135	968	4573	3260	1235	454	418	1227	383
108	18	33	89	759	529	209	219	209	292	384
258	46	52	409	1764	7078	577	534	160	794	385
140	43	33	106	827	1142	229	113	104	606	386
405	57	43	683	4472	6474	624	857	514	539	387
323	63	51	479	2773	911	259	327	153	781	389
1268	236	176	2189	17746	11136	2325	3385	1848	3369	39
116	24	28	194	1197	362	187	254	210	230	391
173	31	29	237	1197	935	161	347	167	288	392
46	4	5	48	584	479	54	98	68	115	393
8		4	3	34	11	19	6	3	8	394
37	6	3	57	433	671	122	128	83	98	395
251	67	27	450	2695	1399	532	723	274	483	396
354	42	30	738	7920	6543	914	1132	702	1384	397
283	62	50	462	3686	736	336	697	341	763	399
1696	266	268	1751	7625	6889	1028	1101	529	1987	40
1171	133	176	998	4225	3542	704	329	142	1139	401
280	51	51	350	1391	708	198	152	75	440	402
40	2	2	61	46	187	7	254	22	82	403
55	39	9	159	1015	2191	46	291	226	55	404
150	41	30	183	948	261	73	75	64	271	409
720	345	290	1574	7076	6115	1872	2771	2106	5010	41
128	25	23	180	1276	4690	863	1168	234	590	411
169	88	101	2	103	67	73	87	92	149	412
423	232	166	1392	5697	1358	936	1516	1780	4271	419
447	139	101	212	1403	935	798	575	470	677	42
240	43	48	125	710	397	333	165	256	329	421
207	96	53	87	693	538	465	410	214	348	422
1333	140	287	880	2082	1550	562	687	253	1805	43
56	8	18	43	105	51	25	48	16	106	431
206	26	54	131	284	196	73	56	43	197	432
168	20	84	99	221	168	83	73	35	143	433
560	10	33	297	811	907	114	251	53	501	434
78	13	34	68	140	103	57	27	12	120	435
29	4	4	29	25	14	11	12	5	18	436
236	59	60	213	496	111	199	220	89	720	439

2-1 续表 6

行业中类	代码	企业单位数	北京	天津	河北	山西	内蒙古
电力、热力、燃气及水生产和供应业	D	**85990**	**631**	**645**	**2700**	**2118**	**2292**
电力、热力生产和供应业	44	56464	430	325	1530	1204	1593
电力生产	441	45702	64	82	940	877	935
电力供应	442	4719	12	47	180	64	181
热力生产和供应	443	6043	354	196	410	263	477
燃气生产和供应业	45	7912	50	128	428	372	254
燃气生产和供应业	450	7912	50	128	428	372	254
水的生产和供应业	46	21614	151	192	742	542	445
自来水生产和供应	461	15671	66	69	411	337	313
污水处理及其再生利用	462	4742	74	87	277	131	105
其他水的处理、利用与分配	469	1201	11	36	54	74	27
建筑业	E	**574114**	**20087**	**15517**	**23139**	**12500**	**6801**
房屋建筑业	47	107702	2258	2693	3953	1672	1282
房屋建筑业	470	107702	2258	2693	3953	1672	1282
土木工程建筑业	48	99915	2293	3373	5274	2199	1256
铁路、道路、隧道和桥梁工程建筑	481	38214	643	968	2076	724	502
水利和内河港口工程建筑	482	8121	115	171	432	156	145
海洋工程建筑	483	315	3	56	2		
工矿工程建筑	484	4095	93	58	176	184	65
架线和管道工程建筑	485	11008	370	492	670	337	174
其他土木工程建筑	489	38162	1069	1628	1918	798	370
建筑安装业	49	97529	2952	3274	4064	2040	1058
电气安装	491	23443	1040	582	787	405	245
管道和设备安装	492	21392	776	734	1123	612	255
其他建筑安装业	499	52694	1136	1958	2154	1023	558
建筑装饰和其他建筑业	50	268968	12584	6177	9848	6589	3205
建筑装饰业	501	195938	10779	4817	6991	4259	2494
工程准备活动	502	20857	942	268	979	604	214
提供施工设备服务	503	6503	175	150	240	202	123
其他未列明建筑业	509	45670	688	942	1638	1524	374
批发和零售业	F	**4197662**	**206263**	**98551**	**165475**	**94206**	**55958**
批发业	51	2561313	103178	75239	102257	46132	28929
农、林、牧产品批发	511	138206	1494	1342	6189	1869	4926
食品、饮料及烟草制品批发	512	259183	9200	4525	10610	3739	2125
纺织、服装及家庭用品批发	513	346627	12749	4940	9264	2057	984
文化、体育用品及器材批发	514	87604	6898	2329	3046	822	379
医药及医疗器材批发	515	71817	5250	1250	3536	1073	495
矿产品、建材及化工产品批发	516	716145	24784	25400	37855	16602	10719
机械设备、五金产品及电子产品批发	517	608542	34862	17159	23707	11845	5842
贸易经纪与代理	518	103708	2097	3495	1568	609	1054
其他批发业	519	229481	5844	14799	6482	7516	2405
零售业	52	1636349	103085	23312	63218	48074	27029
综合零售	521	217348	7211	2424	8455	13993	3817
食品、饮料及烟草制品专门零售	522	161677	8189	1955	4754	3432	2457
纺织、服装及日用品专门零售	523	173422	15081	2172	5944	2781	1739

单位：个

辽宁	吉林	黑龙江	上海	江苏	浙江	安徽	福建	江西	山东	代码
2372	**1527**	**1589**	**189**	**3376**	**4820**	**3143**	**7061**	**4412**	**3711**	D
1549	1088	1102	62	1173	3151	1351	5899	3331	2050	44
476	415	353	38	810	2896	1083	5633	3046	1180	441
100	107	205	8	163	142	204	225	252	295	442
973	566	544	16	200	113	64	41	33	575	443
284	199	188	25	423	370	316	159	303	619	45
284	199	188	25	423	370	316	159	303	619	450
539	240	299	102	1780	1299	1476	1003	778	1042	46
320	160	205	58	1073	624	1239	790	651	533	461
182	68	85	40	617	443	195	183	94	419	462
37	12	9	4	90	232	42	30	33	90	469
27161	**6992**	**7402**	**16781**	**76873**	**37693**	**27029**	**22420**	**14359**	**58283**	E
4418	1744	1969	1920	11918	5445	4789	4986	3510	11187	47
4418	1744	1969	1920	11918	5445	4789	4986	3510	11187	470
4995	1382	1228	2434	13696	8505	4871	3968	2489	9249	48
1750	665	508	774	5166	3681	2061	1713	1211	3715	481
436	180	200	136	1034	723	333	380	212	688	482
6	2		4	19	55	1	24	2	107	483
225	43	39	46	572	287	124	150	92	333	484
710	161	173	325	1214	827	416	308	157	1133	485
1868	331	308	1149	5691	2932	1936	1393	815	3273	489
5685	1469	1348	3680	17956	5341	4220	2671	1975	11244	49
1976	382	404	1063	3137	1842	1122	853	340	1545	491
1313	460	340	820	4137	1330	695	402	266	2567	492
2396	627	604	1797	10682	2169	2403	1416	1369	7132	499
12063	2397	2857	8747	33303	18402	13149	10795	6385	26603	50
9300	1702	2063	7421	23862	13403	9026	7645	4312	16160	501
1196	195	285	231	2197	3996	1154	695	305	1347	502
253	76	82	140	741	163	525	321	134	652	503
1314	424	427	955	6503	840	2444	2134	1634	8444	509
155775	**40125**	**49972**	**153401**	**466827**	**373680**	**136554**	**193732**	**80256**	**403964**	F
105629	19537	31562	117018	338252	255014	75005	130853	43145	268215	51
6607	3369	7174	837	12281	6322	7120	3827	2284	16812	511
10831	1640	3468	7173	24725	21826	10375	19378	4297	37178	512
9426	957	1970	18157	54905	77256	6991	26252	3325	30347	513
2559	450	539	5483	9170	11666	2285	5559	867	9277	514
2911	996	1294	3589	5977	4343	3399	2046	2091	7382	515
33629	5347	7646	31117	93924	60558	21823	32619	12109	72918	516
25235	4192	5513	39193	91276	47224	14936	24439	5349	58266	517
5154	695	1541	3091	8147	17064	1872	6584	6003	6591	518
9277	1891	2417	8378	37847	8755	6204	10149	6820	29444	519
50146	20588	18410	36383	128575	118666	61549	62879	37111	135749	52
5089	1788	2041	3860	15651	5399	8901	4842	4698	21409	521
4246	1984	1793	3709	12941	15232	6577	10294	2637	12947	522
4995	1382	1398	5441	14518	19386	5476	9375	2552	11555	523

2-1 续表 7

行业中类	代码	企业单位数	北京	天津	河北	山西	内蒙古
文化、体育用品及器材专门零售	524	95125	12211	2041	3264	1925	1203
医药及医疗器材专门零售	525	130549	5663	1436	5565	3057	1633
汽车、摩托车、燃料及零配件专门零售	526	203303	4919	2934	12403	5931	5056
家用电器及电子产品专门零售	527	216145	20656	2341	7829	5047	3141
五金、家具及室内装饰材料专门零售	528	225292	16034	4283	8596	5448	4333
货摊、无店铺及其他零售业	529	213488	13121	3726	6408	6460	3650
交通运输、仓储和邮政业	**G**	**368906**	**14715**	**15468**	**13661**	**8400**	**5936**
铁路运输业	53	3374	114	137	68	156	168
铁路旅客运输	531	502	23	18	8	11	13
铁路货物运输	532	1291	37	58	21	82	60
铁路运输辅助活动	533	1581	54	61	39	63	95
道路运输业	54	197899	7967	4641	9535	6060	3735
城市公共交通运输	541	11946	330	148	547	406	294
公路旅客运输	542	10339	24	113	335	224	165
道路货物运输	543	161758	6752	4099	8017	5042	2966
道路运输辅助活动	544	13856	861	281	636	388	310
水上运输业	55	13046	36	415	272	13	9
水上旅客运输	551	1370	2	15	51	7	2
水上货物运输	552	8000	17	185	87	5	3
水上运输辅助活动	553	3676	17	215	134	1	4
航空运输业	56	1879	101	134	34	35	59
航空客货运输	561	754	37	34	12	8	19
通用航空服务	562	467	30	25	8	13	13
航空运输辅助活动	563	658	34	75	14	14	27
管道运输业	57	414	6	25	14	9	7
管道运输业	570	414	6	25	14	9	7
装卸搬运和运输代理业	58	100700	4044	7345	2316	1074	968
装卸搬运	581	18167	193	331	967	652	379
运输代理业	582	82533	3851	7014	1349	422	589
仓储业	59	33465	1856	2515	1105	735	582
谷物、棉花等农产品仓储	591	10441	165	77	405	336	310
其他仓储业	599	23024	1691	2438	700	399	272
邮政业	60	18129	591	256	317	318	408
邮政基本服务	601	1536	9	35	16	44	55
快递服务	602	16593	582	221	301	274	353
住宿和餐饮业	**H**	**270441**	**17075**	**4474**	**5934**	**4966**	**3384**
住宿业	61	89619	4873	895	2341	1877	1514
旅游饭店	611	29141	1186	266	802	416	594
一般旅馆	612	50731	3010	449	1289	1122	761
其他住宿业	619	9747	677	180	250	339	159
餐饮业	62	180822	12202	3579	3593	3089	1870
正餐服务	621	138405	8898	2288	2895	2407	1609
快餐服务	622	12573	993	301	266	188	97
饮料及冷饮服务	623	7887	940	100	69	61	27
其他餐饮业	629	21957	1371	890	363	433	137

单位：个

辽宁	吉林	黑龙江	上海	江苏	浙江	安徽	福建	江西	山东	代码
2833	840	690	2913	8901	6201	3435	3906	1480	6384	524
7154	2016	3119	2098	11652	11937	4606	3742	3554	11792	525
7578	3793	3168	3369	14551	11627	9268	8022	5315	17102	526
5887	2859	2422	4258	17058	10477	8651	6675	3400	13226	527
7065	2955	2032	6851	16003	15460	7824	7873	5060	16881	528
5299	2971	1747	3884	17300	22947	6811	8150	8415	24453	529
16033	**4456**	**5395**	**15951**	**39999**	**22241**	**15093**	**15367**	**12089**	**33520**	**G**
153	95	143	15	141	28	74	98	105	498	53
13	12	19	4	6	4	13	12	13	91	531
69	32	54	4	73	13	36	33	25	175	532
71	51	70	7	62	11	25	53	67	232	533
8470	2321	2929	3926	25918	11316	9984	6646	9459	17276	54
672	270	501	190	757	500	456	365	306	606	541
441	170	220	84	585	527	494	472	491	384	542
6925	1637	1936	3514	23697	9502	8407	5155	8259	15305	543
432	244	272	138	879	787	627	654	403	981	544
431	14	75	312	1752	1209	1180	1584	351	1062	55
62	8	30	15	71	91	77	84	37	112	551
224	2	25	179	1148	772	932	1186	248	536	552
145	4	20	118	533	346	171	314	66	414	553
85	30	63	53	79	90	35	82	18	126	56
30	11	18	26	34	38	16	37	5	51	561
17	13	17	6	14	31	8	16	1	25	562
38	6	28	21	31	21	11	29	12	50	563
18	2	6	7	31	9	7	1	12	49	57
18	2	6	7	31	9	7	1	12	49	570
4543	529	832	8605	8973	7282	2077	5048	977	9703	58
572	133	239	296	2467	1163	942	649	475	1649	581
3971	396	593	8309	6506	6119	1135	4399	502	8054	582
1694	1152	931	2068	2195	1099	1005	973	609	3900	59
523	921	676	34	451	146	514	149	315	1356	591
1171	231	255	2034	1744	953	491	824	294	2544	599
639	313	416	965	910	1208	731	935	558	906	60
61	28	49	8	49	40	55	58	68	82	601
578	285	367	957	861	1168	676	877	490	824	602
8226	**2057**	**2564**	**13138**	**16337**	**19047**	**8966**	**10346**	**4768**	**17595**	**H**
3198	941	1168	3383	4437	7174	2662	4214	2073	4506	61
887	330	456	556	1294	1751	928	1527	779	1448	611
2041	460	577	2582	2687	5171	1446	2299	1005	2505	612
270	151	135	245	456	252	288	388	289	553	619
5028	1116	1396	9755	11900	11873	6304	6132	2695	13089	62
3843	906	1083	6494	8604	9280	4779	4517	2168	9570	621
448	68	118	909	980	696	628	440	106	1587	622
190	34	41	976	456	786	244	361	72	216	623
547	108	154	1376	1860	1111	653	814	349	1716	629

2-1 续表 8

行业中类	代码	企业单位数	北京	天津	河北	山西	内蒙古
信息传输、软件和信息技术服务业	**I**	**380228**	**47827**	**12470**	**8010**	**5740**	**3011**
电信、广播电视和卫星传输服务	63	15056	1178	249	391	357	321
电信	631	11547	908	200	279	255	275
广播电视传输服务	632	3128	195	38	102	74	40
卫星传输服务	633	381	75	11	10	28	6
互联网和相关服务	64	49455	3715	1206	1084	1017	718
互联网接入及相关服务	641	5408	499	79	160	135	137
互联网信息服务	642	33921	2623	879	676	595	413
其他互联网服务	649	10126	593	248	248	287	168
软件和信息技术服务业	65	315717	42934	11015	6535	4366	1972
软件开发	651	189791	22863	6935	3772	2058	857
信息系统集成服务	652	27303	2446	730	842	567	212
信息技术咨询服务	653	53291	10796	1668	1166	798	544
数据处理和存储服务	654	5491	491	103	85	54	70
集成电路设计	655	3289	131	97	47	21	19
其他信息技术服务业	659	36552	6207	1482	623	868	270
金融业	**J**	**104213**	**5078**	**4169**	**4520**	**2323**	**2392**
货币金融服务	66	34340	749	1598	1274	1219	1222
中央银行服务	661						
货币银行服务	662	12293	125	413	387	374	418
非货币银行服务	663	22047	624	1185	887	845	804
银行监管服务	664						
资本市场服务	67	36986	2872	1158	2112	412	457
证券市场服务	671	3012	570	202	90	18	30
期货市场服务	672	493	26	16	8	4	7
证券期货监管服务	673						
资本投资服务	674	26698	2196	655	1513	291	303
其他资本市场服务	679	6783	80	285	501	99	117
保险业	68	16558	628	194	663	455	471
人身保险	681	5610	78	43	225	130	165
财产保险	682	6126	54	35	205	214	232
再保险	683	43	8	1	3	1	1
养老金	684	181	7	3	20	2	2
保险经纪与代理服务	685	3398	410	82	136	92	52
保险监管服务	686						
其他保险活动	689	1200	71	30	74	16	19
其他金融业	69	16329	829	1219	471	237	242
金融信托与管理服务	691	4548	204	157	132	30	57
控股公司服务	692	1667	157	206	42	7	10
非金融机构支付服务	693	566	59	10	41	3	10
金融信息服务	694	3103	152	58	76	19	46
其他未列明金融业	699	6445	257	788	180	178	119

单位：个

辽宁	吉林	黑龙江	上海	江苏	浙江	安徽	福建	江西	山东	代码
14463	**3040**	**4032**	**15777**	**40851**	**36048**	**13483**	**16569**	**6639**	**25400**	**I**
1016	299	329	236	883	655	730	510	313	741	63
809	183	235	179	684	519	544	415	226	588	631
192	108	88	50	178	132	169	86	82	134	632
15	8	6	7	21	4	17	9	5	19	633
1269	477	469	1244	5513	2951	2771	2923	1325	3995	64
195	55	63	221	438	181	256	271	128	347	641
789	321	253	675	4168	2481	1883	2029	852	2572	642
285	101	153	348	907	289	632	623	345	1076	649
12178	2264	3234	14297	34455	32442	9982	13136	5001	20664	65
8144	1309	2173	7951	20672	23551	5563	7060	2676	10589	651
867	181	184	1388	3641	2042	1035	1516	494	1853	652
1962	481	506	3077	4326	4628	1579	1741	783	3388	653
153	33	66	324	528	327	188	394	66	776	654
47	20	8	281	889	209	105	113	16	167	655
1005	240	297	1276	4399	1685	1512	2312	966	3891	659
3980	**1455**	**2132**	**2240**	**6540**	**7726**	**4292**	**4340**	**3277**	**6737**	**J**
1741	857	934	677	1834	1731	1603	1100	1026	1762	66
										661
445	290	356	161	543	531	514	405	579	870	662
1296	567	578	516	1291	1200	1089	695	447	892	663
										664
1069	178	577	732	2412	3420	1433	1763	1205	2333	67
96	27	69	149	170	72	86	105	92	144	671
19	6	13	39	30	33	7	56	22	17	672
										673
739	100	357	495	1618	3163	826	1395	947	1677	674
215	45	138	49	594	152	514	207	144	495	679
735	313	445	374	1100	726	695	514	451	1502	68
255	116	172	56	407	229	265	167	195	504	681
257	114	170	61	360	293	273	189	185	533	682
4		1	5	3	1		1		1	683
10	2	4	7	13	7	7	7	5	13	684
166	55	63	179	246	158	79	107	37	324	685
										686
43	26	35	66	71	38	71	43	29	127	689
435	107	176	457	1194	1849	561	963	595	1140	69
144	36	45	39	293	1037	128	143	181	113	691
39	5	8	5	91	50	35	52	16	33	692
24	5	7	54	34	19	23	29	15	20	693
79	21	49	276	336	447	182	230	105	167	694
149	40	67	83	440	296	193	509	278	807	699

2-1 续表 9

行业中类	代码	企业单位数	北京	天津	河北	山西	内蒙古
房地产业	K	**459706**	**18689**	**8374**	**18211**	**9519**	**7004**
房地产业	70	459706	18689	8374	18211	9519	7004
房地产开发经营	701	188888	4074	2062	8541	4420	3653
物业管理	702	143296	6532	3383	6281	3754	2306
房地产中介服务	703	87210	5428	2103	2819	689	792
自有房地产经营活动	704	22700	1694	214	275	448	112
其他房地产业	709	17612	961	612	295	208	141
租赁和商务服务业	L	**1315261**	**142159**	**35907**	**37661**	**22102**	**14901**
租赁业	71	91122	5875	3656	4209	2339	1966
机械设备租赁	711	87999	5442	3591	4122	2296	1934
文化及日用品出租	712	3123	433	65	87	43	32
商务服务业	72	1224139	136284	32251	33452	19763	12935
企业管理服务	721	272866	28524	6683	5376	2635	1851
法律服务	722	12085	598	370	405	132	163
咨询与调查	723	335599	49788	10244	8507	4822	3151
广告业	724	240193	18650	5306	8839	4439	3033
知识产权服务	725	9703	1921	175	203	44	50
人力资源服务	726	63861	3117	2472	2301	869	837
旅行社及相关服务	727	46593	2490	840	1701	1106	1325
安全保护服务	728	10635	445	139	451	234	221
其他商务服务业	729	232604	30751	6022	5669	5482	2304
科学研究和技术服务业	M	**523736**	**90594**	**26810**	**14593**	**6578**	**4298**
研究和试验发展	73	67867	4414	1707	1893	708	320
自然科学研究和试验发展	731	7479	273	194	238	66	36
工程和技术研究和试验发展	732	40874	1984	742	1052	428	139
农业科学研究和试验发展	733	8585	206	154	430	158	107
医学研究和试验发展	734	9967	1848	568	156	48	32
社会人文科学研究	735	962	103	49	17	8	6
专业技术服务业	74	253352	25238	8853	7197	4429	3067
气象服务	741	1073	21	12	26	33	12
地震服务	742	383	16	6	19	7	14
海洋服务	743	514	7	80	14	40	6
测绘服务	744	7721	222	109	485	230	315
质检技术服务	745	16825	674	366	958	481	294
环境与生态监测	746	4334	172	85	198	96	113
地质勘查	747	5475	290	178	238	154	311
工程技术	748	101928	9577	2086	2941	1421	1193
其他专业技术服务业	749	115099	14259	5931	2318	1967	809
科技推广和应用服务业	75	202517	60942	16250	5503	1441	911
技术推广服务	751	158170	44279	12844	4738	891	692
科技中介服务	752	9727	1894	608	247	78	71
其他科技推广和应用服务业	759	34620	14769	2798	518	472	148
水利、环境和公共设施管理业	N	**65981**	**3411**	**1337**	**3169**	**1642**	**1337**
水利管理业	76	5688	127	115	183	156	167
防洪除涝设施管理	761	583	8	5	16	8	9

单位：个

辽宁	吉林	黑龙江	上海	江苏	浙江	安徽	福建	江西	山东	代码
18734	**5536**	**6994**	**16445**	**39909**	**28872**	**17098**	**15752**	**10567**	**32454**	K
18734	5536	6994	16445	39909	28872	17098	15752	10567	32454	70
7989	2649	3099	4574	14150	9679	7213	6775	5687	14574	701
6449	1816	2417	4063	12962	6515	6028	4477	2870	10859	702
3376	874	1113	4986	8888	8279	2816	2758	1277	5179	703
512	55	190	2513	1923	3694	544	924	187	661	704
408	142	175	309	1986	705	497	818	546	1181	709
44691	**10580**	**12640**	**57272**	**133373**	**106326**	**50350**	**59000**	**31448**	**94025**	L
3547	1190	1349	2353	7374	5672	4593	3967	2805	7091	71
3379	1144	1303	2261	7106	5495	4497	3835	2724	6824	711
168	46	46	92	268	177	96	132	81	267	712
41144	9390	11291	54919	125999	100654	45757	55033	28643	86934	72
6778	1091	1665	13253	32747	31781	8252	16496	7657	12447	721
321	211	208	422	1114	743	402	479	203	1056	722
12920	2198	2728	19873	30478	29312	9905	12367	5429	27098	723
8323	2386	2266	8793	23435	15909	13217	11674	6400	17898	724
236	46	70	436	1075	1140	365	405	93	517	725
2873	631	949	2363	8890	2868	3757	1849	1114	4302	726
1993	763	862	1262	3021	3344	1919	2288	1348	3282	727
413	116	152	231	812	601	679	414	332	595	728
7287	1948	2391	8286	24427	14956	7261	9061	6067	19739	729
16933	**3917**	**6226**	**20805**	**55093**	**39614**	**16577**	**18022**	**6348**	**38915**	M
3247	578	1326	2122	13610	5867	2236	4063	460	6331	73
373	102	91	83	1599	297	263	704	56	909	731
1998	221	991	1393	8885	4424	1247	2329	219	3758	732
446	157	183	42	1021	533	383	653	95	935	733
377	89	55	596	1930	574	299	330	77	640	734
53	9	6	8	175	39	44	47	13	89	735
8235	2194	2848	13287	30157	18741	11083	9183	3806	14931	74
27	20	15	11	76	38	57	40	45	96	741
12	7	14	2	31	6	28	8	9	33	742
41	2		20	19	40	7	33	1	105	743
363	122	230	59	537	497	318	329	277	493	744
899	240	366	512	1571	1507	729	622	360	1267	745
179	49	65	125	516	375	225	161	77	353	746
204	90	118	27	160	102	205	135	152	405	747
3212	780	984	4470	12437	9618	5841	4289	1464	4122	748
3298	884	1056	8061	14810	6558	3673	3566	1421	8057	749
5451	1145	2052	5396	11326	15006	3258	4776	2082	17653	75
4064	802	1551	4504	8581	13129	2357	3654	1248	13384	751
668	90	152	191	898	720	213	225	267	555	752
719	253	349	701	1847	1157	688	897	567	3714	759
2295	**677**	**759**	**1498**	**5964**	**5539**	**3123**	**2999**	**1580**	**5297**	N
251	100	92	89	495	300	249	241	150	395	76
15	5	10	24	84	37	50	37	10	49	761

2-1 续表 10

行业中类	代码	企业单位数	北京	天津	河北	山西	内蒙古
水资源管理	762	1290	37	22	46	39	44
天然水收集与分配	763	737	15	11	23	14	16
水文服务	764	358	5	5	10	8	11
其他水利管理业	769	2720	62	72	88	87	87
生态保护和环境治理业	77	8885	341	147	297	229	214
生态保护	771	1426	22	10	36	42	79
环境治理业	772	7459	319	137	261	187	135
公共设施管理业	78	51408	2943	1075	2689	1257	956
市政设施管理	781	5887	158	181	239	73	120
环境卫生管理	782	5161	142	66	203	131	65
城乡市容管理	783	1419	26	31	43	21	24
绿化管理	784	25163	2246	681	1207	609	573
公园和游览景区管理	785	13778	371	116	997	423	174
居民服务、修理和其他服务业	**O**	**277682**	**19351**	**8638**	**9379**	**9467**	**4300**
居民服务业	79	98799	8575	2829	2796	1924	1514
家庭服务	791	19101	1339	712	1051	393	450
托儿所服务	792	473	8	17	4	7	14
洗染服务	793	4251	516	147	100	64	47
理发及美容服务	794	20019	4494	319	311	202	93
洗浴服务	795	8768	427	98	158	158	126
保健服务	796	8493	478	119	99	93	40
婚姻服务	797	8020	592	129	193	135	144
殡葬服务	798	3471	100	29	74	60	79
其他居民服务业	799	26203	621	1259	806	812	521
机动车、电子产品和日用产品修理业	80	99699	6227	2262	3458	1948	1237
汽车、摩托车修理与维护	801	73262	3204	1505	2681	1607	966
计算机和办公设备维修	802	10790	1396	360	295	139	119
家用电器修理	803	10730	1199	262	316	108	64
其他日用产品修理业	809	4917	428	135	166	94	88
其他服务业	81	79184	4549	3547	3125	5595	1549
清洁服务	811	34263	3189	976	1475	746	440
其他未列明服务业	819	44921	1360	2571	1650	4849	1109
教育	**P**	**61974**	**5610**	**902**	**1114**	**869**	**1053**
教育	82	61974	5610	902	1114	869	1053
学前教育	821	8845	93	62	83	105	87
初等教育	822	928	18	10	13	15	9
中等教育	823	1132	35	20	19	28	17
高等教育	824	260	25	8	1	2	4
特殊教育	825	405	9	11	10	4	8
技能培训、教育辅助及其他教育	829	50404	5430	791	988	715	928
卫生和社会工作	**Q**	**32696**	**1918**	**555**	**549**	**863**	**451**
卫生	83	29068	1806	506	460	773	396
医院	831	11181	513	168	248	437	183
社区医疗与卫生院	832	2881	33	20	71	32	92

单位：个

辽宁	吉林	黑龙江	上海	江苏	浙江	安徽	福建	江西	山东	代码
50	22	18	20	100	72	36	51	43	73	762
33	21	12	11	33	50	23	55	19	47	763
19	8	7	2	37	6	17	3	13	42	764
134	44	45	32	241	135	123	95	65	184	769
266	73	81	152	880	762	376	467	216	703	77
24	8	13	7	78	69	69	49	36	215	771
242	65	68	145	802	693	307	418	180	488	772
1778	504	586	1257	4589	4477	2498	2291	1214	4199	78
190	77	69	200	551	610	280	321	175	463	781
159	65	91	187	475	691	357	214	91	302	782
48	16	15	48	116	69	76	74	21	107	783
984	246	269	769	2103	1818	1183	731	476	2300	784
397	100	142	53	1344	1289	602	951	451	1027	785
9432	**3255**	**2736**	**11888**	**23173**	**16393**	**9538**	**10754**	**6547**	**21393**	**O**
3908	1260	1190	5984	7216	6015	3646	3999	2097	6168	79
642	191	217	438	1778	1320	715	875	359	1116	791
9	3	17	7	30	25	11	18	21	21	792
127	29	44	206	261	346	113	166	63	201	793
559	91	112	2452	774	1115	273	590	177	613	794
812	120	165	724	974	563	412	439	110	346	795
219	29	30	1246	342	957	286	564	94	286	796
393	79	114	357	575	686	300	291	97	534	797
285	51	112	132	240	268	249	158	56	143	798
862	667	379	422	2242	735	1287	898	1120	2908	799
3812	1080	1007	3934	8655	6630	3224	4351	1882	6932	80
3013	874	785	2439	6247	5215	2428	3312	1430	5121	801
354	107	88	567	884	507	331	442	213	641	802
266	63	70	696	1002	710	302	432	163	683	803
179	36	64	232	522	198	163	165	76	487	809
1712	915	539	1970	7302	3748	2668	2404	2568	8293	81
781	261	312	1034	3302	2872	1607	1451	750	2413	811
931	654	227	936	4000	876	1061	953	1818	5880	819
2485	**642**	**717**	**736**	**5148**	**3588**	**2703**	**2395**	**1485**	**3429**	**P**
2485	642	717	736	5148	3588	2703	2395	1485	3429	82
632	60	81	59	284	202	294	375	283	490	821
10	10	4	2	37	17	38	7	21	34	822
51	14	24	8	74	35	60	16	55	70	823
17	5	5	4	16	21	5	11	5	18	824
15	13	19	3	33	3	30	3	9	51	825
1760	540	584	660	4704	3310	2276	1983	1112	2766	829
1981	**427**	**514**	**992**	**1945**	**1972**	**779**	**1196**	**520**	**1752**	**Q**
1798	358	438	941	1564	1737	601	1084	441	1474	83
503	203	227	259	633	464	304	246	219	629	831
190	37	54	1	76	93	64	62	55	147	832

2-1 续表 11

行业中类	代码	企业单位数	北京	天津	河北	山西	内蒙古
门诊部(所)	833	12073	1059	218	94	176	72
计划生育技术服务活动	834	95		2		5	1
妇幼保健院(所、站)	835	130	4	2	4	3	2
专科疾病防治院(所、站)	836	481	33	6	6	21	8
疾病预防控制中心	837	142	2	5	3	6	6
其他卫生活动	839	2085	162	85	34	93	32
社会工作	84	3628	112	49	89	90	55
提供住宿社会工作	841	3018	77	37	74	83	48
不提供住宿社会工作	842	610	35	12	15	7	7
文化、体育和娱乐业	**R**	**230020**	**28964**	**4149**	**6665**	**5237**	**2226**
新闻和出版业	85	5196	1369	101	110	127	54
新闻业	851	331	36	6	2	5	5
出版业	852	4865	1333	95	108	122	49
广播、电视、电影和影视录音制作业	86	19309	2993	366	594	426	234
广播	861	698	44	10	19	13	13
电视	862	1378	254	26	39	38	12
电影和影视节目制作	863	8683	2038	233	244	157	82
电影和影视节目发行	864	1217	353	25	28	14	12
电影放映	865	6373	139	61	252	195	103
录音制作	866	960	165	11	12	9	12
文化艺术业	87	55712	17839	1974	1043	1505	415
文艺创作与表演	871	13300	1639	166	415	467	119
艺术表演场馆	872	848	49	11	22	21	8
图书馆与档案馆	873	467	17	6	10	6	4
文物及非物质文化遗产保护	874	1086	39	13	31	60	12
博物馆	875	440	64	14	9	9	6
烈士陵园、纪念馆	876	81	1	3	5	6	1
群众文化活动	877	6782	2799	360	107	69	49
其他文化艺术业	879	32708	13231	1401	444	867	216
体育	88	15220	2406	374	309	259	109
体育组织	881	2153	536	58	27	44	20
体育场馆	882	1110	45	19	32	16	9
休闲健身活动	883	10083	1451	226	228	153	60
其他体育	889	1874	374	71	22	46	20
娱乐业	89	134583	4357	1334	4609	2920	1414
室内娱乐活动	891	121401	2262	1086	4304	2710	1236
游乐园	892	2014	38	15	84	53	26
彩票活动	893	137	19	4	1		1
文化、娱乐、体育经纪代理	894	6255	1853	162	111	65	35
其他娱乐业	899	4776	185	67	109	92	116
公共管理、社会保障和社会组织	**S**	**236**	**1**	**18**	**5**	**2**	**1**
社会保障	93	236	1	18	5	2	1
社会保障	930	236	1	18	5	2	1

单位：个

辽宁	吉林	黑龙江	上海	江苏	浙江	安徽	福建	江西	山东	代码
953	71	104	561	648	1099	116	697	92	513	833
1	1			6	3	4	1	2	1	834
4	3	1	7	11	4	6	6	1	5	835
40	9	12	60	35	8	16	14	12	28	836
13	4	1	7	14	10	2	5	2	9	837
94	30	39	46	141	56	89	53	58	142	839
183	69	76	51	381	235	178	112	79	278	84
166	58	72	34	280	178	157	87	62	241	841
17	11	4	17	101	57	21	25	17	37	842
7014	**1909**	**3088**	**6229**	**15534**	**17551**	**10957**	**8547**	**4810**	**12544**	**R**
182	120	90	169	266	146	162	128	102	246	85
5	7	7	2	25	8	8	15	10	30	851
177	113	83	167	241	138	154	113	92	216	852
465	187	217	598	1415	2192	639	713	470	970	86
22	7	14	10	44	39	16	20	37	32	861
24	12	22	34	126	237	39	36	19	41	862
172	46	71	349	578	1373	200	342	93	398	863
34	20	9	51	84	52	34	52	24	47	864
186	86	81	129	524	468	310	219	287	406	865
27	16	20	25	59	23	40	44	10	46	866
1149	236	448	1306	3705	2889	2217	1945	916	2999	87
358	75	170	205	1030	908	1188	532	222	517	871
30	20	9	25	71	44	63	19	24	58	872
26	5	7	4	38	93	28	38	14	9	873
27	8	10	1	73	45	70	40	24	39	874
26	1	11	9	33	36	13	19	10	39	875
2	1	2		4	1	3	4	1	7	876
96	26	39	55	364	248	168	104	56	183	877
584	100	200	1007	2092	1514	684	1189	565	2147	879
519	80	120	964	1131	1665	347	829	241	758	88
78	8	10	41	163	119	44	113	26	120	881
43	12	9	47	74	92	29	81	16	54	882
333	54	90	826	749	1284	218	546	170	431	883
65	6	11	50	145	170	56	89	29	153	889
4699	1286	2213	3192	9017	10659	7592	4932	3081	7571	89
4371	1183	2036	2836	7821	9706	7031	4447	2816	6661	891
77	12	36	16	142	144	93	120	48	135	892
7	6	1	2	4	10	4	6	14	10	893
143	39	85	260	437	461	153	171	72	298	894
101	46	55	78	613	338	311	188	131	467	899
19		**4**	**3**	**16**	**9**	**5**	**11**	**2**	**14**	**S**
19		4	3	16	9	5	11	2	14	93
19		4	3	16	9	5	11	2	14	930

2-1 续表 12

行业中类	代码	河南	湖北	湖南	广东	广西	海南
总计	--	**535639**	**522899**	**321582**	**1204941**	**290980**	**55689**
农、林、牧、渔业	A	**37246**	**26456**	**28495**	**20243**	**43380**	**4799**
农业	01	14459	10952	11803	10687	16425	2256
谷物种植	011	4359	2299	2965	779	535	412
豆类、油料和薯类种植	012	513	286	1016	376	271	83
棉、麻、糖、烟草种植	013	328	519	324	150	1173	56
蔬菜、食用菌及园艺作物种植	014	4399	4040	3606	3697	2827	672
水果种植	015	1595	1037	1682	2268	8454	536
坚果、含油果、香料和饮料作物种植	016	372	783	724	855	1110	125
中药材种植	017	658	590	670	399	1074	57
其他农业	019	2235	1398	816	2163	981	315
林业	02	2366	1993	2138	2039	6218	424
林木育种和育苗	021	1929	1661	1374	1363	2811	195
造林和更新	022	225	157	301	369	2356	68
森林经营和管护	023	175	115	329	220	875	35
木材和竹材采运	024	31	34	76	51	123	10
林产品采集	025	6	26	58	36	53	116
畜牧业	03	13531	7189	5332	2930	11980	970
牲畜饲养	031	10016	4796	3669	1871	7261	600
家禽饲养	032	2632	1818	1163	725	3588	290
狩猎和捕捉动物	033	68	113	61	27	45	14
其他畜牧业	039	815	462	439	307	1086	66
渔业	04	692	2753	1570	2282	6928	571
水产养殖	041	663	2598	1452	2161	6852	523
水产捕捞	042	29	155	118	121	76	48
农、林、牧、渔服务业	05	6198	3569	7652	2305	1829	578
农业服务业	051	4761	2821	5884	1642	1365	451
林业服务业	052	334	215	613	235	239	84
畜牧服务业	053	1024	305	791	137	119	12
渔业服务业	054	79	228	364	291	106	31
采矿业	B	**6487**	**4740**	**6836**	**3979**	**3443**	**350**
煤炭开采和洗选业	06	1324	536	1183	41	62	2
烟煤和无烟煤开采洗选	061	1264	434	1063	15	34	1
褐煤开采洗选	062	10	6	10	1	16	
其他煤炭采选	069	50	96	110	25	12	1
石油和天然气开采业	07	30	19	5	10	9	6
石油开采	071	23	9	5	8	8	3
天然气开采	072	7	10		2	1	3
黑色金属矿采选业	08	806	522	629	472	372	31
铁矿采选	081	778	480	255	417	148	28
锰矿、铬矿采选	082	3	12	282	8	138	1
其他黑色金属矿采选	089	25	30	92	47	86	2
有色金属矿采选业	09	1174	249	841	319	497	129

单位：个

重庆	四川	贵州	云南	西藏	陕西	甘肃	青海	宁夏	新疆	代码
392712	**288685**	**199132**	**283491**	**9441**	**255984**	**115557**	**36105**	**44519**	**129592**	--
69960	**22174**	**40061**	**42441**	**137**	**20752**	**19185**	**6559**	**5105**	**7263**	A
34211	9410	19007	24152	56	7302	6555	2179	2221	2239	01
1139	748	426	402	2	1058	1369	327	560	398	011
773	440	276	421	3	283	621	380	90	56	012
991	243	670	532		76	29	5	5	329	013
13813	4286	5479	6581	23	2608	1699	688	571	459	014
10236	1937	5025	5813	7	1820	702	57	463	619	015
2027	567	2885	3389	5	450	100	48	11	87	016
3838	803	3393	5314	10	593	1265	397	305	102	017
1394	386	853	1700	6	414	770	277	216	189	019
2656	1988	1864	2796	26	1692	1294	775	423	363	02
2080	1568	1634	2108	20	1579	1173	715	389	289	021
295	163	103	331	3	65	94	49	28	40	022
187	158	73	154	2	31	22	7	5	27	023
37	59	35	53	1	7	3	1	1	5	024
57	40	19	150		10	2	3		2	025
18747	7405	16231	12599	35	9515	9705	3271	1760	2718	03
10642	5258	11452	9161	24	7455	8504	2871	1438	2233	031
4756	1669	3700	2881	10	1621	988	297	234	335	032
180	129	57	28		31	5	4	2	6	033
3169	349	1022	529	1	408	208	99	86	144	039
11267	1348	1903	781	4	578	180	74	160	136	04
10706	1220	1854	766	4	561	176	73	150	128	041
561	128	49	15		17	4	1	10	8	042
3079	2023	1056	2113	16	1665	1451	260	541	1807	05
2603	1474	765	1678	15	1404	1269	168	454	1539	051
131	219	72	213		145	58	41	34	97	052
187	242	170	173	1	87	115	48	46	159	053
158	88	49	49		29	9	3	7	12	054
2654	**4959**	**7361**	**6690**	**226**	**4663**	**2308**	**1001**	**779**	**3029**	B
913	1318	2140	1654	2	1032	282	95	499	519	06
842	1272	2081	1520	1	883	238	84	488	496	061
15	7	9	77	1	6	14		3		062
56	39	50	57		143	30	11	8	23	069
44	40	10	9		82	22	5	10	33	07
5	12	1	4		66	18	5	8	18	071
39	28	9	5		16	4		2	15	072
98	412	374	668	21	323	291	110	12	583	08
19	375	147	537	14	248	255	90	10	526	081
72	16	115	74	2	26	9	6		23	082
7	21	112	57	5	49	27	14	2	34	089
36	533	469	1637	83	451	326	165	4	481	09

2-1 续表 13

行业中类	代码	河南	湖北	湖南	广东	广西	海南
常用有色金属矿采选	091	588	189	644	226	414	121
贵金属矿采选	092	393	45	86	29	59	3
稀有稀土金属矿采选	093	193	15	111	64	24	5
非金属矿采选业	10	2977	3048	4001	2875	2295	154
土砂石开采	101	2652	2197	3727	2494	1943	126
化学矿开采	102	33	435	43	17	88	1
采盐	103	10	4	3	31	5	3
石棉及其他非金属矿采选	109	282	412	228	333	259	24
开采辅助活动	11	96	78	61	77	42	5
煤炭开采和洗选辅助活动	111	26	17	16	6	6	1
石油和天然气开采辅助活动	112	52	20	13	26	2	2
其他开采辅助活动	119	18	41	32	45	34	2
其他采矿业	12	80	288	116	185	166	23
其他采矿业	120	80	288	116	185	166	23
制造业	**C**	**127691**	**83366**	**62180**	**365811**	**31481**	**3450**
农副食品加工业	13	11098	6762	5510	6114	2420	510
谷物磨制	131	3999	2183	1676	691	389	14
饲料加工	132	1359	581	546	779	292	39
植物油加工	133	1397	892	617	549	293	13
制糖业	134	22	20	16	149	134	21
屠宰及肉类加工	135	1390	790	860	1216	365	107
水产品加工	136	92	306	166	1009	203	147
蔬菜、水果和坚果加工	137	709	594	583	684	220	53
其他农副食品加工	139	2130	1396	1046	1037	524	116
食品制造业	14	4891	2428	1982	6347	1964	186
焙烤食品制造	141	1443	679	498	1891	846	30
糖果、巧克力及蜜饯制造	142	253	81	135	1293	81	33
方便食品制造	143	1282	527	506	738	417	9
乳制品制造	144	113	44	40	73	35	5
罐头食品制造	145	230	140	164	196	87	13
调味品、发酵制品制造	146	630	262	138	652	130	18
其他食品制造	149	940	695	501	1504	368	78
酒、饮料和精制茶制造业	15	2803	3236	1958	2161	1157	143
酒的制造	151	816	622	485	637	294	37
饮料制造	152	1387	947	744	1192	476	96
精制茶加工	153	600	1667	729	332	387	10
烟草制品业	16	32	38	117	37	4	1
烟叶复烤	161	19	15	85	4	1	
卷烟制造	162	5	7	7	11	3	1
其他烟草制品制造	169	8	16	25	22		
纺织业	17	3855	3798	1133	10292	618	48
棉纺织及印染精加工	171	2408	2113	416	2768	107	2
毛纺织及染整精加工	172	134	79	27	877	49	
麻纺织及染整精加工	173	144	80	99	90	24	1

单位：个

重庆	四川	贵州	云南	西藏	陕西	甘肃	青海	宁夏	新疆	代码
33	424	367	1501	78	317	186	142	2	300	091
2	73	77	80	3	92	121	20	2	117	092
1	36	25	56	2	42	19	3		64	093
1459	2484	4200	2470	110	1246	1133	563	229	996	10
1359	2137	3699	2173	97	1001	980	470	217	759	101
26	137	332	166	7	108	8	6	3	16	102
3	20		6		8	4	24		15	103
71	190	169	125	6	129	141	63	9	206	109
67	114	77	76	4	1429	157	15	20	280	11
24	18	45	41	1	37	21	5	5	28	111
32	71	6			1329	121	3	14	220	112
11	25	26	35	3	63	15	7	1	32	119
37	58	91	176	6	100	97	48	5	137	12
37	58	91	176	6	100	97	48	5	137	120
55431	**57055**	**33897**	**23310**	**1142**	**38398**	**16692**	**4575**	**6510**	**17087**	**C**
4035	4607	2775	2552	233	2838	2241	521	787	1910	13
850	560	531	153	86	571	339	40	187	258	131
315	571	156	334	7	366	235	68	94	139	132
425	438	478	195	59	274	166	107	93	404	133
37	28	32	96		21	13	1	6	19	134
697	1479	432	469	42	451	292	182	117	253	135
53	32	41	30		22	7	4	6	18	136
566	674	258	580	4	507	586	15	81	540	137
1092	825	847	695	35	626	603	104	203	279	139
1526	2620	1292	1256	57	1895	667	170	372	669	14
325	601	180	348	8	443	133	19	102	119	141
81	163	50	66		396	58	2	6	31	142
363	538	527	243	12	305	86	12	75	69	143
20	51	19	40	20	129	65	35	31	79	144
58	120	19	35	1	36	20	3	9	149	145
418	679	243	177	2	287	196	25	59	45	146
261	468	254	347	14	299	109	74	90	177	149
1132	3786	3782	2399	70	1217	553	120	183	575	15
548	2174	1358	519	30	239	264	63	110	325	151
413	707	687	580	39	525	245	51	65	228	152
171	905	1737	1300	1	453	44	6	8	22	153
14	10	23	45		6	6		3	1	16
11	3	20	22		3	1		1		161
2	4	1	4		3	1		1	1	162
1	3	2	19			4		1		169
2163	1075	472	340	71	695	237	67	326	595	17
916	403	96	55	1	390	91	9	21	319	171
76	31	13	5	39	34	48	17	258	50	172
57	34	16	25	1	7	6		1	13	173

2-1 续表 14

行业中类	代码	河南	湖北	湖南	广东	广西	海南
丝绸纺织及印染精加工	174	50	53	17	200	168	
化纤织造及印染精加工	175	96	131	42	436	5	
针织或钩针编织物及其制品制造	176	326	171	190	2677	105	18
家用纺织制成品制造	177	400	488	244	1546	118	12
非家用纺织制成品制造	178	297	683	98	1698	42	15
纺织服装、服饰业	18	3305	5117	1235	25180	913	83
机织服装制造	181	1947	3873	862	16648	694	61
针织或钩针编织服装制造	182	582	246	92	4507	58	4
服饰制造	183	776	998	281	4025	161	18
皮革、毛皮、羽毛及其制品和制鞋业	19	2463	971	1031	14988	500	5
皮革鞣制加工	191	478	84	64	602	40	
皮革制品制造	192	571	315	322	7079	214	3
毛皮鞣制及制品加工	193	234	192	38	242	24	
羽毛(绒)加工及制品制造	194	166	18	37	154	111	2
制鞋业	195	1014	362	570	6911	111	
木材加工和木、竹、藤、棕、草制品业	20	7603	1971	3143	5407	3988	234
木材加工	201	5052	798	1184	1847	2165	169
人造板制造	202	1485	333	628	879	1082	24
木制品制造	203	845	669	537	2092	455	35
竹、藤、棕、草等制品制造	204	221	171	794	589	286	6
家具制造业	21	3426	1550	1408	12839	700	117
木质家具制造	211	2808	1087	1073	6609	521	80
竹、藤家具制造	212	39	39	65	165	18	3
金属家具制造	213	327	127	80	1750	51	7
塑料家具制造	214	51	37	19	252	12	2
其他家具制造	219	201	260	171	4063	98	25
造纸和纸制品业	22	1947	1413	1606	12475	891	74
纸浆制造	221	45	35	19	79	29	
造纸	222	845	363	609	2999	382	29
纸制品制造	223	1057	1015	978	9397	480	45
印刷和记录媒介复制业	23	3085	2257	1771	13736	952	223
印刷	231	2774	1926	1577	12914	832	195
装订及印刷相关服务	232	303	318	189	762	116	26
记录媒介复制	233	8	13	5	60	4	2
文教、工美、体育和娱乐用品制造业	24	3620	1240	1190	15194	841	98
文教办公用品制造	241	182	150	132	1125	42	5
乐器制造	242	171	42	20	346	7	2
工艺美术品制造	243	2879	873	792	8467	662	88
体育用品制造	244	66	64	88	1260	20	2
玩具制造	245	193	77	140	3558	106	1
游艺器材及娱乐用品制造	246	129	34	18	438	4	
石油加工和炼焦	25	378	180	125	487	92	20
精炼石油产品制造	251	297	166	98	475	85	19
炼焦	252	81	14	27	12	7	1

单位：个

重庆	四川	贵州	云南	西藏	陕西	甘肃	青海	宁夏	新疆	代码
103	184	18	54		28	3	2	1	13	174
30	58	12	6		11	5		3	10	175
190	78	61	27	8	55	17	10	6	63	176
675	216	217	145	19	118	40	16	22	73	177
116	71	39	23	3	52	27	13	14	54	178
2035	1039	904	291	54	430	135	119	96	423	18
1455	866	467	136	25	299	78	62	56	236	181
101	56	97	29	15	29	13	12	4	40	182
479	117	340	126	14	102	44	45	36	147	183
1279	913	411	118	22	126	210	45	128	90	19
43	56	9	17		13	56	10	18	20	191
244	156	82	35	5	31	51	12	12	22	192
80	33	10	12	12	30	60	17	65	27	193
49	83	5	6		9	8	4	28	8	194
863	585	305	48	5	43	35	2	5	13	195
1896	1662	1953	1381	44	719	254	116	117	322	20
675	679	1051	827	23	339	92	90	28	124	201
120	264	155	149	2	86	41	7	13	95	202
712	477	502	242	18	240	92	16	55	89	203
389	242	245	163	1	54	29	3	21	14	204
2458	1929	1166	500	78	695	209	60	93	200	21
1887	1453	866	380	74	459	138	50	63	142	211
22	28	30	11		4	1		2	1	212
167	133	72	35		105	28	4	13	32	213
29	13	12	6	1	26	2		1	8	214
353	302	186	68	3	101	40	6	14	17	219
913	1168	491	501	8	790	214	24	94	315	22
6	27	7	7		30	6			7	221
223	410	168	149	2	248	64	7	46	88	222
684	731	316	345	6	512	144	17	48	220	223
1309	2241	572	710	24	1257	866	109	215	403	23
1115	1956	489	594	24	1017	698	82	187	352	231
185	281	80	112		232	163	27	27	51	232
9	4	3	4		8	5		1		233
1159	641	1915	633	99	500	609	313	70	495	24
86	89	48	43		51	26	6	8	16	241
15	13	22	13	1	8	3		1	4	242
937	441	1789	556	98	387	571	306	56	467	243
32	36	14	8		25	8	1	2	5	244
67	37	35	8		8			2	1	245
22	25	7	5		21	1		1	2	246
89	205	127	114		325	77	13	67	316	25
72	164	42	20		131	62	8	36	173	251
17	41	85	94		194	15	5	31	143	252

2-1 续表 15

行业中类	代码	河南	湖北	湖南	广东	广西	海南
化学原料和化学制品制造业	26	5792	4125	5340	13400	1768	176
基础化学原料制造	261	1193	747	663	780	238	16
肥料制造	262	880	919	340	458	408	52
农药制造	263	232	148	116	115	81	9
涂料、油墨、颜料及类似产品制造	264	881	611	366	3640	180	11
合成材料制造	265	374	350	229	1940	59	8
专用化学产品制造	266	1718	923	721	2780	383	29
炸药、火工及焰火产品制造	267	119	126	2681	48	192	21
日用化学产品制造	268	395	301	224	3639	227	30
医药制造业	27	1487	1244	777	1480	468	139
化学药品原料药制造	271	186	201	110	95	37	15
化学药品制剂制造	272	118	125	55	178	42	65
中药饮片加工	273	191	187	121	254	65	10
中成药生产	274	263	221	131	227	154	17
兽用药品制造	275	206	45	58	143	53	6
生物药品制造	276	219	230	205	315	68	19
卫生材料及医药用品制造	277	304	235	97	268	49	7
化学纤维制造业	28	140	85	53	371	12	7
纤维素纤维原料及纤维制造	281	57	24	15	72	7	1
合成纤维制造	282	83	61	38	299	5	6
橡胶和塑料制品业	29	4409	3250	1788	31710	1065	137
橡胶制品业	291	814	520	300	4910	160	34
塑料制品业	292	3595	2730	1488	26800	905	103
非金属矿物制品业	30	25880	11749	11692	17223	4736	631
水泥、石灰和石膏制造	301	1407	923	891	818	551	50
石膏、水泥制品及类似制品制造	302	8644	3642	3005	1993	983	174
砖瓦、石材等建筑材料制造	303	8307	5334	5785	6118	2424	340
玻璃制造	304	178	232	121	669	57	12
玻璃制品制造	305	476	398	233	2104	79	20
玻璃纤维和玻璃纤维增强塑料制品制造	306	402	117	72	332	35	6
陶瓷制品制造	307	1066	216	818	3859	249	13
耐火材料制品制造	308	3447	280	243	255	46	3
石墨及其他非金属矿物制品制造	309	1953	607	524	1075	312	13
黑色金属冶炼和压延加工业	31	3067	1014	1520	2142	595	23
炼铁	311	178	63	143	78	31	1
炼钢	312	78	65	27	105	8	3
黑色金属铸造	313	1914	452	638	528	213	6
钢压延加工	314	610	338	230	1376	122	13
铁合金冶炼	315	287	96	482	55	221	
有色金属冶炼和压延加工业	32	1878	667	1410	2951	363	33
常用有色金属冶炼	321	430	166	563	336	182	8
贵金属冶炼	322	66	15	141	36	11	3
稀有稀土金属冶炼	323	113	18	102	46	22	
有色金属合金制造	324	317	113	227	325	19	2

单位：个

重庆	四川	贵州	云南	西藏	陕西	甘肃	青海	宁夏	新疆	代码
1659	2992	1361	1222	54	1944	811	320	478	1264	26
217	745	256	243	7	336	210	97	191	212	261
215	521	366	424	2	346	205	122	64	478	262
38	71	12	30		98	16	7	12	20	263
475	427	158	84	3	226	91	11	31	127	264
147	210	56	57		137	45	14	20	59	265
306	604	243	230	1	434	133	37	133	285	266
70	155	140	38	1	232	17	2	3	18	267
191	259	130	116	40	135	94	30	24	65	268
408	963	431	370	40	773	492	89	64	167	27
71	130	16	23		127	13	4	15	13	271
44	117	19	35	3	96	9	1	3	8	272
74	216	118	95	6	93	309	15	14	38	273
56	158	187	115	27	152	74	47	9	51	274
32	113	7	6	1	31	10	1	4	6	275
87	160	54	52	2	190	67	14	15	31	276
44	69	30	44	1	84	10	7	4	20	277
25	65	7	10		47	12	4	6	43	28
7	19		3		19	2	1	3	32	281
18	46	7	7		28	10	3	3	11	282
2019	2411	853	905	7	1377	643	100	287	1554	29
375	347	142	202		380	59	8	33	84	291
1644	2064	711	703	7	997	584	92	254	1470	292
6096	9921	8939	4336	188	6763	4643	1045	1330	3838	30
338	567	513	447	23	604	343	112	128	335	301
1778	2230	3879	1038	88	2061	900	308	362	962	302
2999	5328	3647	2422	71	3406	2856	544	519	2191	303
130	173	99	42	2	68	42	11	12	46	304
370	516	283	67		124	53	6	14	59	305
73	151	31	20	1	37	8	7	6	61	306
204	240	84	101	1	129	51	4	3	18	307
79	295	114	61		113	85	12	22	63	308
125	421	289	138	2	221	305	41	264	103	309
717	1037	538	613	2	560	363	144	182	335	31
18	39	42	86		29	38	3	12	75	311
18	32	13	19	1	22	17	1	13	16	312
213	406	74	119		213	87	20	30	66	313
397	379	133	233	1	220	105	29	40	143	314
71	181	276	156		76	116	91	87	35	315
530	612	374	618	6	1090	233	114	95	175	32
112	158	181	402	1	143	70	40	44	63	321
8	11	28	34	1	45	34	7	1	23	322
10	53	15	27		40	13	1	3	12	323
74	121	36	18		100	24	15	9	12	324

2-1 续表 16

行业中类	代码	河南	湖北	湖南	广东	广西	海南
有色金属铸造	325	85	54	33	205	9	2
有色金属压延加工	326	867	301	344	2003	120	18
金属制品业	33	6573	5057	2956	41945	1410	142
结构性金属制品制造	331	3435	2715	1367	9147	604	73
金属工具制造	332	512	393	404	4279	204	11
集装箱及金属包装容器制造	333	260	187	77	870	49	9
金属丝绳及其制品制造	334	314	118	71	644	29	4
建筑、安全用金属制品制造	335	791	487	288	5704	170	20
金属表面处理及热处理加工	336	139	166	99	2214	45	4
搪瓷制品制造	337	72	27	32	342	19	1
金属制日用品制造	338	317	266	176	7903	134	9
其他金属制品制造	339	733	698	442	10842	156	11
通用设备制造业	34	9050	5189	3799	17754	1085	40
锅炉及原动设备制造	341	396	417	207	444	102	2
金属加工机械制造	342	1437	1381	1041	3967	261	8
物料搬运设备制造	343	1172	260	178	742	63	3
泵、阀门、压缩机及类似机械制造	344	1081	415	410	1222	74	8
轴承、齿轮和传动部件制造	345	682	193	210	502	53	2
烘炉、风机、衡器、包装等设备制造	346	818	472	316	2882	101	5
文化、办公用机械制造	347	63	59	49	822	16	1
通用零部件制造	348	2917	1347	988	4957	335	8
其他通用设备制造业	349	484	645	400	2216	80	3
专用设备制造业	35	7560	4883	3398	22247	1330	82
采矿、冶金、建筑专用设备制造	351	2969	901	727	663	265	13
化工、木材、非金属加工专用设备制造	352	808	1021	477	11348	245	17
食品、饮料、烟草及饲料生产专用设备制造	353	476	217	155	422	77	5
印刷、制药、日化及日用品生产专用设备制造	354	435	274	223	1963	70	6
纺织、服装和皮革加工专用设备制造	355	226	127	70	580	8	
电子和电工机械专用设备制造	356	312	570	342	3217	107	9
农、林、牧、渔专用机械制造	357	1057	352	420	288	254	10
医疗仪器设备及器械制造	358	401	372	282	1209	92	10
环保、社会公共服务及其他专用设备制造	359	876	1049	702	2557	212	12
汽车制造业	36	2858	5831	881	2532	997	47
汽车整车制造	361	36	75	38	58	21	4
改装汽车制造	362	68	169	28	23	13	1
低速载货汽车制造	363	26	9	3	2	3	
电车制造	364	97	22	7	34	16	
汽车车身、挂车制造	365	73	38	49	31	12	2
汽车零部件及配件制造	366	2558	5518	756	2384	932	40
铁路、船舶、航空航天和其他运输设备制造业	37	988	662	476	1871	234	43
铁路运输设备制造	371	191	132	211	48	27	
城市轨道交通设备制造	372	7	14	9	18	3	
船舶及相关装置制造	373	42	347	141	584	122	37
航空、航天器及设备制造	374	35	42	19	47	4	3

单位：个

重庆	四川	贵州	云南	西藏	陕西	甘肃	青海	宁夏	新疆	代码
34	41	12	18		81	16	3	7	9	325
292	228	102	119	4	681	76	48	31	56	326
5145	3113	1853	1443	32	2205	1012	479	538	1304	33
2637	1506	1083	902	15	1108	649	229	396	866	331
776	267	219	126	6	227	73	18	28	68	332
82	156	27	51	1	81	37	3	8	59	333
67	93	41	29	4	33	20	166	6	36	334
549	370	177	95		341	107	27	39	96	335
265	162	32	42		99	22	8	6	29	336
32	31	11	6		16	7	1	1	1	337
308	171	92	68	4	99	28	9	14	33	338
429	357	171	124	2	201	69	18	40	116	339
3836	4554	794	740	1	4108	494	147	276	492	34
212	302	41	34		188	76	31	41	96	341
755	1046	221	275		1021	124	34	69	82	342
126	145	36	45		78	23	3	16	41	343
188	510	47	21		207	37	2	12	21	344
218	157	54	25		69	17	5	23	8	345
331	253	73	50		329	49	15	29	55	346
40	29	9	9	1	26	6	3	4	6	347
1778	1889	284	226		1970	127	40	67	164	348
188	223	29	55		220	35	14	15	19	349
2920	3061	681	541	3	2672	563	109	212	642	35
348	879	205	156		810	168	17	75	183	351
916	627	111	69	2	339	64	17	17	55	352
68	155	31	63		82	21	6	5	23	353
125	173	45	26		148	30	6	9	20	354
48	28	8	6		82	9		2	10	355
236	265	61	25		338	41	16	11	26	356
609	226	77	63		186	124	21	37	224	357
182	262	34	26	1	160	28	6	11	16	358
388	446	109	107		527	78	20	45	85	359
3885	1133	179	172	1	396	47	9	32	83	36
46	43	14	8		24	4		1	5	361
29	34	16	3		24	6	1	18	42	362
	1	3	1		1	8				363
21	7	7	4		1	5	1	2	2	364
29	29	6	4		19	4		1	9	365
3760	1019	133	152	1	327	20	7	10	25	366
3735	440	94	26		439	32	9	12	24	37
34	135	11	6		148	16	4	4	5	371
10	9		2		6	1			1	372
267	40	14	4		5	2				373
11	72	31	3		234	3		1	2	374

2-1 续表 17

行业中类	代码	河南	湖北	湖南	广东	广西	海南
摩托车制造	375	433	35	34	562	7	3
自行车制造	376	239	41	20	484	51	
非公路休闲车及零配件制造	377	26	14	6	56	3	
潜水救捞及其他未列明运输设备制造	379	15	37	36	72	17	
电气机械和器材制造业	38	4276	3174	2274	36878	860	62
电机制造	381	539	306	258	1420	86	3
输配电及控制设备制造	382	1308	1085	789	7987	298	23
电线、电缆、光缆及电工器材制造	383	954	505	346	4308	147	15
电池制造	384	279	160	139	1608	34	
家用电力器具制造	385	253	184	176	8230	75	5
非电力家用器具制造	386	179	213	119	871	71	6
照明器具制造	387	472	340	212	11002	81	8
其他电气机械及器材制造	389	292	381	235	1452	68	2
计算机、通信和其他电子设备制造业	39	1357	1732	1471	34819	644	36
计算机制造	391	146	200	168	4207	98	11
通信设备制造	392	153	244	165	2536	66	7
广播电视设备制造	393	86	43	60	1187	21	1
雷达及配套设备制造	394	5	8	6	66	2	1
视听设备制造	395	49	41	28	3216	30	
电子器件制造	396	238	387	199	5232	53	5
电子元件制造	397	445	391	549	12136	242	5
其他电子设备制造	399	235	418	296	6239	132	6
仪器仪表制造业	40	1115	944	527	5081	146	14
通用仪器仪表制造	401	640	485	280	1440	62	5
专用仪器仪表制造	402	223	237	129	742	28	8
钟表与计时仪器制造	403	16	17	3	1603	10	
光学仪器及眼镜制造	404	164	85	54	996	22	1
其他仪器仪表制造业	409	72	120	61	300	24	
其他制造业	41	1428	1744	834	4949	283	24
日用杂品制造	411	436	241	228	1441	62	5
煤制品制造	412	615	128	288	47	21	1
其他未列明制造业	419	377	1375	318	3461	200	18
废弃资源综合利用业	42	825	435	484	1383	242	16
金属废料和碎屑加工处理	421	457	222	296	757	149	5
非金属废料和碎屑加工处理	422	368	213	188	626	93	11
金属制品、机械和设备修理业	43	502	620	291	1818	203	56
金属制品修理	431	40	43	27	157	11	2
通用设备修理	432	95	104	56	270	33	2
专用设备修理	433	144	81	43	167	46	4
铁路、船舶、航空航天等运输设备修理	434	30	108	34	511	47	40
电气设备修理	435	59	72	27	131	18	2
仪器仪表修理	436	9	20	5	29	7	
其他机械和设备修理业	439	125	192	99	553	41	6

单位：个

重庆	四川	贵州	云南	西藏	陕西	甘肃	青海	宁夏	新疆	代码
3379	109	13	5		6	2		1	8	375
18	61	12	5		17	5	3	3	7	376
3	6	3			3					377
13	8	10	1		20	3	2	3	1	379
1622	2079	720	487	9	1993	460	119	146	473	38
222	167	36	26		160	37	5	14	36	381
489	833	186	132	5	913	223	36	60	234	382
252	409	87	114	2	350	65	13	22	92	383
59	97	24	19		51	10	15	6	6	384
162	148	91	16		98	17	14	3	23	385
63	109	75	116	1	76	55	20	13	18	386
231	165	187	21	1	105	28	11	8	49	387
144	151	34	43		240	25	5	20	15	389
1096	1235	261	78	1	993	71	15	17	31	39
273	133	29	18		100	10	4	2	2	391
153	157	37	20		152	11		2	7	392
16	42	3	4		23	3	1	1	1	393
	14	1			7	1				394
25	27	13	7		8	3		2	3	395
99	234	40	6	1	195	14	7	6	4	396
355	427	82	9		232	13	2		7	397
175	201	56	14		276	16	1	4	7	399
694	418	110	133		632	70	12	47	40	40
364	204	28	37		318	40	6	27	21	401
85	85	29	10		158	20	3	6	17	402
13	6	4			5					403
123	63	34	77		42	4		4		404
109	60	15	9		109	6	3	10	2	409
499	498	495	373	8	346	201	94	128	75	41
134	100	61	34	1	36	12	3	8	11	411
87	154	69	61	1	100	78	37	20	13	412
278	244	365	278	6	210	111	54	100	51	419
207	326	185	237	6	170	139	46	55	85	42
117	156	77	130	1	84	41	18	17	29	421
90	170	108	107	5	86	98	28	38	56	422
330	301	139	166	24	397	128	43	54	148	43
24	35	10	10	1	24	18	6	8	1	431
52	72	16	14	2	58	17	8	8	34	432
49	28	34	24	19	63	31	9	15	44	433
64	27	12	24		35	7	1	2	6	434
22	35	10	7		53	9	8	8	18	435
7	5	1	5		19	3	2	1	8	436
112	99	56	82	2	145	43	9	12	37	439

2-1 续表 18

行业中类	代码	河南	湖北	湖南	广东	广西	海南
电力、热力、燃气及水生产和供应业	D	**2819**	**3841**	**5287**	**9725**	**2824**	**407**
电力、热力生产和供应业	44	1163	2018	3829	7609	2046	248
电力生产	441	739	1636	3515	7285	1850	213
电力供应	442	288	312	276	251	164	33
热力生产和供应	443	136	70	38	73	32	2
燃气生产和供应业	45	412	453	289	398	133	44
燃气生产和供应业	450	412	453	289	398	133	44
水的生产和供应业	46	1244	1370	1169	1718	645	115
自来水生产和供应	461	980	1136	1006	1197	528	79
污水处理及其再生利用	462	217	181	123	451	98	30
其他水的处理、利用与分配	469	47	53	40	70	19	6
建筑业	E	**22488**	**31367**	**12226**	**36124**	**10729**	**5151**
房屋建筑业	47	5595	5962	3273	5141	1672	516
房屋建筑业	470	5595	5962	3273	5141	1672	516
土木工程建筑业	48	4423	5345	2295	4783	1436	691
铁路、道路、隧道和桥梁工程建筑	481	1607	1931	992	1533	470	143
水利和内河港口工程建筑	482	368	385	295	405	146	48
海洋工程建筑	483	3		1	19	4	4
工矿工程建筑	484	320	231	79	168	67	13
架线和管道工程建筑	485	522	468	239	489	194	77
其他土木工程建筑	489	1603	2330	689	2169	555	406
建筑安装业	49	2653	5025	1439	6807	1233	661
电气安装	491	747	1122	335	2146	264	222
管道和设备安装	492	499	812	258	1459	152	94
其他建筑安装业	499	1407	3091	846	3202	817	345
建筑装饰和其他建筑业	50	9817	15035	5219	19393	6388	3283
建筑装饰业	501	6899	9995	3527	16154	5368	2824
工程准备活动	502	501	1128	384	1292	248	264
提供施工设备服务	503	291	436	234	286	225	26
其他未列明建筑业	509	2126	3476	1074	1661	547	169
批发和零售业	F	**172391**	**183286**	**97477**	**391400**	**106500**	**15881**
批发业	51	85760	86447	50875	256539	55542	8669
农、林、牧产品批发	511	11365	8055	5187	5747	4479	456
食品、饮料及烟草制品批发	512	8950	9486	6909	19969	6295	1208
纺织、服装及家庭用品批发	513	6789	9088	4330	41478	5108	1183
文化、体育用品及器材批发	514	2323	2473	1380	11649	1424	475
医药及医疗器材批发	515	2721	2753	1765	6312	1935	525
矿产品、建材及化工产品批发	516	27622	24187	15130	49652	19001	2291
机械设备、五金产品及电子产品批发	517	17073	19717	10700	77368	11820	1944
贸易经纪与代理	518	2590	3104	1589	19711	2579	198
其他批发业	519	6327	7584	3885	24653	2901	389
零售业	52	86631	96839	46602	134861	50958	7212
综合零售	521	16881	19687	7347	9564	8047	719
食品、饮料及烟草制品专门零售	522	8173	8845	4815	10223	4967	592
纺织、服装及日用品专门零售	523	8373	10569	5923	14722	3805	746

单位：个

重庆	四川	贵州	云南	西藏	陕西	甘肃	青海	宁夏	新疆	代码
2277	**6042**	**2103**	**2871**	**154**	**2460**	**1732**	**613**	**497**	**1752**	D
1377	3775	1423	2006	132	1368	1370	508	372	1382	44
1275	3479	1222	1800	103	1059	966	453	278	1001	441
89	266	186	191	27	192	154	14	16	75	442
13	30	15	15	2	117	250	41	78	306	443
248	737	186	206	4	266	161	33	59	165	45
248	737	186	206	4	266	161	33	59	165	450
652	1530	494	659	18	826	201	72	66	205	46
527	1330	405	538	17	675	164	53	40	147	461
100	160	62	90		119	27	16	21	47	462
25	40	27	31	1	32	10	3	5	11	469
12375	**13673**	**7913**	**14632**	**2187**	**18887**	**4529**	**2143**	**1889**	**4764**	E
3296	4265	1761	2952	1321	4643	1362	503	497	1199	47
3296	4265	1761	2952	1321	4643	1362	503	497	1199	470
1044	1841	1121	2153	737	3971	982	537	375	969	48
391	770	558	913	76	1557	426	226	135	329	481
72	151	88	165	13	243	131	60	65	145	482
	1		1		1					483
55	77	40	124	6	239	52	32	22	83	484
105	268	104	279	21	344	129	67	63	172	485
421	574	331	671	621	1587	244	152	90	240	489
1333	1824	845	1924	49	2640	710	261	283	865	49
371	596	213	385	9	707	140	89	112	262	491
323	414	110	216	11	692	195	57	59	211	492
639	814	522	1323	29	1241	375	115	112	392	499
6702	5743	4186	7603	80	7633	1475	842	734	1731	50
4641	4301	3434	5519	50	5495	1066	619	603	1209	501
157	302	322	368	7	775	141	104	48	208	502
259	215	65	85	2	259	40	22	13	68	503
1645	925	365	1631	21	1104	228	97	70	246	509
125312	**80346**	**47794**	**99550**	**2411**	**87317**	**36704**	**9654**	**16248**	**50652**	F
51838	44595	21529	48677	790	41531	20392	4762	8791	34611	51
4073	3413	965	2453	60	3477	2459	224	689	2651	511
7612	6731	3217	4831	130	5943	2299	480	896	3137	512
4923	2903	1691	2707	38	2260	1160	246	577	2566	513
1228	818	563	1045	27	1078	612	158	167	855	514
1688	2239	654	1247	62	1414	1526	172	272	900	515
17577	15367	7866	14450	226	12729	6486	1916	3347	11248	516
11049	9422	4341	6805	173	11324	3991	959	2033	10785	517
930	887	709	2474	24	1315	299	245	267	1222	518
2758	2815	1523	12665	50	1991	1560	362	543	1247	519
73474	35751	26265	50873	1621	45786	16312	4892	7457	16041	52
9735	3955	3095	14617	193	6755	2910	639	1147	2479	521
8435	4070	3439	5157	241	5227	1532	697	762	1355	522
11265	2895	1692	3058	110	3358	1025	380	513	1193	523

2-1 续表 19

行业中类	代码	河南	湖北	湖南	广东	广西	海南
文化、体育用品及器材专门零售	524	6052	4393	2041	8024	1995	506
医药及医疗器材专门零售	525	5551	5862	3712	13020	7230	329
汽车、摩托车、燃料及零配件专门零售	526	12414	10103	6740	14185	5650	821
家用电器及电子产品专门零售	527	13337	11351	5927	25427	6535	1356
五金、家具及室内装饰材料专门零售	528	9614	11281	6025	22608	6661	1694
货摊、无店铺及其他零售业	529	6236	14748	4072	17088	6068	449
交通运输、仓储和邮政业	**G**	**13678**	**17710**	**7528**	**34382**	**8092**	**1562**
铁路运输业	53	178	194	101	235	58	13
铁路旅客运输	531	24	48	16	25	8	3
铁路货物运输	532	69	59	32	73	15	4
铁路运输辅助活动	533	85	87	53	137	35	6
道路运输业	54	7953	9817	4409	12059	4528	681
城市公共交通运输	541	640	796	564	707	302	92
公路旅客运输	542	525	903	635	774	318	61
道路货物运输	543	5869	7408	2741	9555	3601	494
道路运输辅助活动	544	919	710	469	1023	307	34
水上运输业	55	160	741	320	1528	509	200
水上旅客运输	551	27	123	79	155	55	23
水上货物运输	552	109	417	153	810	365	147
水上运输辅助活动	553	24	201	88	563	89	30
航空运输业	56	69	69	41	172	36	25
航空客货运输	561	21	28	13	108	14	11
通用航空服务	562	22	16	11	35	15	6
航空运输辅助活动	563	26	25	17	29	7	8
管道运输业	57	16	27	14	20	10	1
管道运输业	570	16	27	14	20	10	1
装卸搬运和运输代理业	58	2031	4242	1375	16842	1849	394
装卸搬运	581	706	1458	431	1438	573	51
运输代理业	582	1325	2784	944	15404	1276	343
仓储业	59	2331	1353	520	1800	659	127
谷物、棉花等农产品仓储	591	1299	443	195	230	231	36
其他仓储业	599	1032	910	325	1570	428	91
邮政业	60	940	1267	748	1726	443	121
邮政基本服务	601	96	136	66	86	36	13
快递服务	602	844	1131	682	1640	407	108
住宿和餐饮业	**H**	**14176**	**13066**	**9568**	**23899**	**5130**	**1869**
住宿业	61	4641	3609	3509	8943	2191	1113
旅游饭店	611	1470	1218	1250	3104	916	698
一般旅馆	612	2806	1923	1781	5118	992	328
其他住宿业	619	365	468	478	721	283	87
餐饮业	62	9535	9457	6059	14956	2939	756
正餐服务	621	7731	7633	4711	10575	1829	557
快餐服务	622	897	535	308	1359	253	37
饮料及冷饮服务	623	150	237	349	941	165	70
其他餐饮业	629	757	1052	691	2081	692	92

单位：个

重庆	四川	贵州	云南	西藏	陕西	甘肃	青海	宁夏	新疆	代码
3483	1527	970	2501	130	2285	1329	414	413	835	524
2003	3657	1641	2234	194	3558	990	313	432	799	525
6926	7485	4956	6299	195	5251	2356	703	1268	2915	526
9948	5723	3544	4631	227	7079	2502	732	1023	2876	527
14360	4140	4012	4840	130	7184	2021	533	1090	2401	528
7319	2299	2916	7536	201	5089	1647	481	809	1188	529
7724	**10262**	**4217**	**6349**	**263**	**7481**	**3122**	**898**	**1425**	**5889**	**G**
66	139	43	54	3	107	69	21	15	85	53
21	43	2	11		14	14	2	1	10	531
17	55	14	30	2	48	31	11	6	53	532
28	41	27	13	1	45	24	8	8	22	533
4445	6602	2593	3433	156	4557	1721	542	999	3221	54
193	577	327	248	38	438	277	71	98	230	541
236	595	352	279	32	332	210	58	53	247	542
3700	4798	1666	2537	75	3380	1048	349	796	2528	543
316	632	248	369	11	407	186	64	52	216	544
428	214	101	75		27	7	11	7	3	55
56	71	49	41		13	3	9	2		551
293	84	33	25		9	2		3	1	552
79	59	19	9		5	2	2	2	2	553
52	87	28	63	15	80	33	6	9	70	56
20	46	10	32	13	19	12	2	4	25	561
13	19	7	9		42	3	2	2	28	562
19	22	11	22	2	19	18	2	3	17	563
9	17	12	7	1	47	5		2	23	57
9	17	12	7	1	47	5		2	23	570
1839	2048	575	1616	24	1030	486	174	179	1680	58
495	553	192	384	1	233	163	63	75	244	581
1344	1495	383	1232	23	797	323	111	104	1436	582
523	638	366	385	22	1067	600	91	67	497	59
59	197	91	66	20	551	405	36	33	171	591
464	441	275	319	2	516	195	55	34	326	599
362	517	499	716	42	566	201	53	147	310	60
68	42	49	144	10	36	26	14	6	51	601
294	475	450	572	32	530	175	39	141	259	602
21632	**9973**	**8051**	**8023**	**571**	**8342**	**3483**	**1148**	**965**	**1668**	**H**
3428	3936	2597	3128	423	3312	1533	588	415	997	61
1364	1330	969	973	214	1142	490	172	170	441	611
1548	2127	1225	1720	170	1769	812	326	225	457	612
516	479	403	435	39	401	231	90	20	99	619
18204	6037	5454	4895	148	5030	1950	560	550	671	62
15191	4822	4752	4120	104	4060	1565	464	461	489	621
538	229	102	99	3	190	81	13	25	79	622
385	390	121	166	25	190	75	22	14	14	623
2090	596	479	510	16	590	229	61	50	89	629

2-1 续表 20

行业中类	代码	河南	湖北	湖南	广东	广西	海南
信息传输、软件和信息技术服务业	**I**	**11481**	**18516**	**7997**	**37682**	**6059**	**1514**
电信、广播电视和卫星传输服务	63	881	827	803	1114	261	89
电信	631	628	646	536	905	238	72
广播电视传输服务	632	241	153	248	182	21	16
卫星传输服务	633	12	28	19	27	2	1
互联网和相关服务	64	1954	2129	1785	4477	843	289
互联网接入及相关服务	641	223	246	142	600	117	26
互联网信息服务	642	1414	1368	1391	2971	537	212
其他互联网服务	649	317	515	252	906	189	51
软件和信息技术服务业	65	8646	15560	5409	32091	4955	1136
软件开发	651	5761	10369	2824	21293	2413	666
信息系统集成服务	652	630	1339	673	2566	741	219
信息技术咨询服务	653	1475	2019	999	4445	1196	129
数据处理和存储服务	654	88	165	98	838	85	21
集成电路设计	655	46	124	40	674	24	10
其他信息技术服务业	659	646	1544	775	2275	496	91
金融业	**J**	**3762**	**3978**	**2889**	**9408**	**2919**	**520**
货币金融服务	66	1458	1320	906	2174	796	261
中央银行服务	661						
货币银行服务	662	739	575	408	660	300	90
非货币银行服务	663	719	745	498	1514	496	171
银行监管服务	664						
资本市场服务	67	673	1391	988	4504	1379	110
证券市场服务	671	81	89	73	392	25	8
期货市场服务	672	15	23	25	52	2	4
证券期货监管服务	673						
资本投资服务	674	511	878	690	3086	1077	86
其他资本市场服务	679	66	401	200	974	275	12
保险业	68	1041	734	557	1312	357	88
人身保险	681	404	294	244	362	119	25
财产保险	682	407	281	227	406	179	30
再保险	683	2	2	2	3		
养老金	684	11	8	3	14	5	2
保险经纪与代理服务	685	162	90	65	398	39	25
保险监管服务	686						
其他保险活动	689	55	59	16	129	15	6
其他金融业	69	590	533	438	1418	387	61
金融信托与管理服务	691	220	150	178	476	177	15
控股公司服务	692	15	45	49	256	31	3
非金融机构支付服务	693	13	22	24	50	9	2
金融信息服务	694	117	100	49	191	50	6
其他未列明金融业	699	225	216	138	445	120	35

单位：个

重庆	四川	贵州	云南	西藏	陕西	甘肃	青海	宁夏	新疆	代码
11574	**7296**	**2932**	**8835**	**129**	**6903**	**1658**	**728**	**847**	**2717**	**I**
457	497	239	394	53	627	207	79	58	262	63
383	320	202	306	49	484	152	69	52	206	631
67	169	37	83	4	123	48	9	6	53	632
7	8		5		20	7	1		3	633
1832	1025	802	1174	16	1337	435	144	157	379	64
178	130	116	150		163	28	29	35	60	641
1216	729	505	662	12	918	351	87	93	246	642
438	166	181	362	4	256	56	28	29	73	649
9285	5774	1891	7267	60	4939	1016	505	632	2076	65
6668	3645	927	4469	14	2719	425	244	319	862	651
442	516	155	965	12	493	119	68	77	290	652
1171	1067	466	767	19	957	220	143	153	622	653
144	59	94	39	3	83	34	6	18	58	654
33	73	4	17	1	53	6	3		11	655
827	414	245	1010	11	634	212	41	65	233	659
3273	**3146**	**2107**	**3375**	**93**	**2342**	**1617**	**357**	**975**	**2251**	**J**
1006	1197	967	1603	50	948	844	211	442	830	66
										661
503	510	314	510	47	416	322	94	97	297	662
503	687	653	1093	3	532	522	117	345	533	663
										664
1444	794	627	907	16	610	364	62	373	611	67
104	59	36	118	3	37	28	6	8	25	671
14	9	6	12		10	7	2	2	7	672
										673
942	547	502	636	13	406	179	48	316	506	674
384	179	83	141		157	150	6	47	73	679
446	746	238	509	24	549	298	46	67	280	68
201	295	74	149	5	177	106	14	33	101	681
173	287	130	244	17	223	153	26	22	146	682
	1		1		1	1				683
4	8	1	4		6	2	1	1	2	684
50	130	16	89	2	95	20	4	7	20	685
										686
18	25	17	22		47	16	1	4	11	689
377	409	275	356	3	235	111	38	93	530	69
87	150	91	54	1	81	36	8	22	63	691
46	41	9	18		19	2	4	1	372	692
27	15	21	12		8	3	2	2	3	693
58	85	30	71	2	37	22	6	11	25	694
159	118	124	201		90	48	18	57	67	699

2-1 续表 21

行业中类	代码	河南	湖北	湖南	广东	广西	海南
房地产业	**K**	**22221**	**22295**	**13732**	**53349**	**13340**	**6625**
房地产业	70	22221	22295	13732	53349	13340	6625
房地产开发经营	701	12219	9245	7750	15987	6543	3173
物业管理	702	5915	7465	3946	18800	2964	1242
房地产中介服务	703	3324	3810	1410	10708	2786	1527
自有房地产经营活动	704	416	813	198	4537	454	160
其他房地产业	709	347	962	428	3317	593	523
租赁和商务服务业	**L**	**41838**	**64459**	**28643**	**127798**	**32430**	**7815**
租赁业	71	3946	3953	2217	4667	2242	780
机械设备租赁	711	3849	3785	2130	4415	2162	749
文化及日用品出租	712	97	168	87	252	80	31
商务服务业	72	37892	60506	26426	123131	30188	7035
企业管理服务	721	4732	9881	6540	37558	8940	1304
法律服务	722	515	556	410	1443	226	85
咨询与调查	723	9881	17139	5240	35063	5961	1372
广告业	724	9016	11769	4985	19504	6696	1652
知识产权服务	725	239	191	163	1345	176	27
人力资源服务	726	2087	3952	1746	4266	1099	238
旅行社及相关服务	727	1718	2160	1410	3064	1442	800
安全保护服务	728	513	579	379	895	324	73
其他商务服务业	729	9191	14279	5553	19993	5324	1484
科学研究和技术服务业	**M**	**25983**	**19168**	**11941**	**41996**	**8756**	**1952**
研究和试验发展	73	941	2631	2917	7530	726	163
自然科学研究和试验发展	731	76	439	453	687	112	23
工程和技术研究和试验发展	732	412	1280	1780	5571	314	45
农业科学研究和试验发展	733	300	387	456	402	208	54
医学研究和试验发展	734	129	466	186	804	79	37
社会人文科学研究	735	24	59	42	66	13	4
专业技术服务业	74	9065	11203	4892	27555	4585	1364
气象服务	741	29	76	52	53	26	15
地震服务	742	40	23	5	16	14	2
海洋服务	743	7	23	7	42	10	6
测绘服务	744	388	264	176	318	277	68
质检技术服务	745	518	489	352	1335	462	124
环境与生态监测	746	145	181	118	306	98	9
地质勘查	747	252	196	135	185	102	30
工程技术	748	3578	5088	1951	11740	1842	668
其他专业技术服务业	749	4108	4863	2096	13560	1754	442
科技推广和应用服务业	75	15977	5334	4132	6911	3445	425
技术推广服务	751	15372	4132	3392	5504	2815	347
科技中介服务	752	256	398	319	516	187	25
其他科技推广和应用服务业	759	349	804	421	891	443	53
水利、环境和公共设施管理业	**N**	**3835**	**2916**	**1931**	**4597**	**1349**	**358**
水利管理业	76	332	374	236	337	161	28
防洪除涝设施管理	761	39	29	23	37	26	2

单位：个

重庆	四川	贵州	云南	西藏	陕西	甘肃	青海	宁夏	新疆	代码
12055	**14292**	**8682**	**10837**	**224**	**12733**	**4923**	**1620**	**1660**	**6960**	K
12055	14292	8682	10837	224	12733	4923	1620	1660	6960	70
4447	7165	4970	5382	106	5731	2330	712	739	3250	701
3202	4262	2120	3045	67	4509	1649	646	648	2104	702
3908	2183	889	1707	22	1370	736	160	225	1068	703
218	279	254	408	22	475	131	67	35	287	704
280	403	449	295	7	648	77	35	13	251	709
35073	**27645**	**16188**	**29621**	**1092**	**20815**	**8725**	**3408**	**3935**	**13341**	L
3585	2379	2061	1981	82	2202	1076	410	449	1106	71
3497	2323	2029	1928	79	2158	1047	397	437	1061	711
88	56	32	53	3	44	29	13	12	45	712
31488	25266	14127	27640	1010	18613	7649	2998	3486	12235	72
3703	5829	2912	7170	287	2545	750	408	446	2625	721
360	480	201	256	9	292	139	34	41	211	722
8659	5045	2431	6577	379	3754	1222	487	750	2819	723
9783	5482	3431	4560	137	5993	2632	607	916	2462	724
209	150	47	144	1	130	19	11	10	65	725
2929	2204	997	1075	14	1428	645	453	468	1068	726
1061	1344	1207	1563	111	1176	649	387	181	776	727
169	400	274	360	8	316	147	64	54	245	728
4615	4332	2627	5935	64	2979	1446	547	620	1964	729
8228	**8054**	**4199**	**8785**	**265**	**8823**	**3068**	**1144**	**1100**	**4951**	M
572	904	235	900	43	797	201	90	80	255	73
43	65	21	134		61	20	12	8	41	731
251	446	69	297	17	322	77	48	25	110	732
155	194	95	385	7	275	50	18	30	66	733
111	193	38	73	19	124	37	7	13	32	734
12	6	12	11		15	17	5	4	6	735
5833	4642	3083	4525	190	5648	2369	830	749	3570	74
7	35	51	60	2	61	22	5	13	37	741
15	7	5	12		17	8	3	1	3	742
					2			2		743
140	361	202	308	2	269	94	43	35	190	744
234	378	322	452	27	378	194	87	91	536	745
92	90	95	90	4	115	53	35	21	93	746
103	169	122	263	25	402	85	75	35	527	747
2022	2147	1279	1696	113	2317	1045	417	332	1258	748
3220	1455	1007	1644	17	2087	868	165	219	926	749
1823	2508	881	3360	32	2378	498	224	271	1126	75
1152	2128	646	2371	27	1960	364	164	202	876	751
297	142	106	249	1	137	41	38	25	113	752
374	238	129	740	4	281	93	22	44	137	759
1797	**1748**	**1194**	**1543**	**33**	**2145**	**630**	**280**	**285**	**713**	N
163	190	153	148	5	195	82	24	27	123	76
8	6	6	12	1	15	2	1		9	761

2-1 续表 22

行业中类	代码	河南	湖北	湖南	广东	广西	海南
水资源管理	762	68	77	32	74	31	9
天然水收集与分配	763	50	34	41	46	20	4
水文服务	764	24	26	10	19	6	3
其他水利管理业	769	151	208	130	161	78	10
生态保护和环境治理业	77	433	460	320	759	179	44
生态保护	771	174	107	56	53	27	8
环境治理业	772	259	353	264	706	152	36
公共设施管理业	78	3070	2082	1375	3501	1009	286
市政设施管理	781	245	243	216	525	101	27
环境卫生管理	782	185	212	106	412	84	29
城乡市容管理	783	59	57	55	292	15	4
绿化管理	784	1526	921	635	1628	384	134
公园和游览景区管理	785	1055	649	363	644	425	92
居民服务、修理和其他服务业	**O**	**10157**	**14248**	**9449**	**21914**	**6142**	**1334**
居民服务业	79	3963	5048	3231	7298	1950	413
家庭服务	791	702	1073	431	949	521	85
托儿所服务	792	27	24	30	82	27	
洗染服务	793	144	168	149	256	89	22
理发及美容服务	794	482	675	814	2130	364	81
洗浴服务	795	832	138	289	726	45	8
保健服务	796	314	295	248	1415	228	45
婚姻服务	797	388	329	208	345	144	38
殡葬服务	798	165	155	110	159	58	20
其他居民服务业	799	909	2191	952	1236	474	114
机动车、电子产品和日用产品修理业	80	3905	4574	2856	9497	2299	555
汽车、摩托车修理与维护	801	2859	3249	1906	6522	1743	372
计算机和办公设备维修	802	464	463	249	1205	216	99
家用电器修理	803	386	547	537	1279	257	54
其他日用产品修理业	809	196	315	164	491	83	30
其他服务业	81	2289	4626	3362	5119	1893	366
清洁服务	811	1259	1516	858	3239	717	294
其他未列明服务业	819	1030	3110	2504	1880	1176	72
教育	**P**	**4799**	**3177**	**2584**	**5786**	**2072**	**473**
教育	82	4799	3177	2584	5786	2072	473
学前教育	821	1479	520	740	816	830	87
初等教育	822	331	49	32	140	30	7
中等教育	823	163	47	83	101	23	6
高等教育	824	17	9	17	35	3	5
特殊教育	825	34	13	15	28	10	3
技能培训、教育辅助及其他教育	829	2775	2539	1697	4666	1176	365
卫生和社会工作	**Q**	**4149**	**1651**	**1159**	**2182**	**635**	**175**
卫生	83	3847	1433	1025	2039	529	149
医院	831	565	527	472	447	202	66
社区医疗与卫生院	832	932	136	189	177	43	20

单位：个

重庆	四川	贵州	云南	西藏	陕西	甘肃	青海	宁夏	新疆	代码
45	47	50	41	1	60	31	3	12	36	762
31	30	25	17		19	6	3	1	27	763
11	21	3	7	1	14	7	2	2	9	764
68	86	69	71	2	87	36	15	12	42	769
392	245	128	209	4	252	62	90	26	78	77
33	41	24	30	3	42	18	36	6	11	771
359	204	104	179	1	210	44	54	20	67	772
1242	1313	913	1186	24	1698	486	166	232	512	78
109	164	123	119	4	146	59	21	20	58	781
187	219	81	157	3	116	32	27	18	54	782
33	27	30	22		45	7	7	6	25	783
537	581	289	663	9	949	187	85	155	285	784
376	322	390	225	8	442	201	26	33	90	785
12377	**6662**	**6148**	**8817**	**171**	**6689**	**2526**	**898**	**1060**	**2846**	**O**
6473	2301	2303	2353	49	2222	772	344	285	673	79
1127	510	702	422	7	420	175	122	73	186	791
28	12	8	5		9	1			8	792
500	113	116	101	1	95	34	8	8	17	793
1735	371	366	344	10	266	95	20	34	57	794
176	119	203	199	9	223	82	26	14	47	795
357	191	142	117	1	168	31	9	21	29	796
912	283	134	157		226	67	36	48	86	797
177	107	132	109		97	56	20	24	46	798
1461	595	500	899	21	718	231	103	63	197	799
3767	3279	2712	2841	104	3145	1280	356	454	1436	80
2714	2747	2415	2518	93	2511	1057	284	367	1078	801
426	273	136	136	6	295	94	42	44	199	802
462	202	123	90	2	245	73	16	20	101	803
165	57	38	97	3	94	56	14	23	58	809
2137	1082	1133	3623	18	1322	474	198	321	737	81
1410	685	548	857	10	595	233	125	117	191	811
727	397	585	2766	8	727	241	73	204	546	819
2229	**2211**	**1543**	**1176**	**43**	**1222**	**832**	**148**	**164**	**639**	**P**
2229	2211	1543	1176	43	1222	832	148	164	639	82
191	237	325	107	10	133	105	12	17	46	821
9	17	34	6	1	15	6		1	5	822
16	42	43	13		36	20	2		11	823
4	6	2	4		7	1			3	824
22	8	9	4		31	3	1		3	825
1987	1901	1130	1042	32	1000	697	133	146	571	829
1128	**1508**	**1128**	**816**	**36**	**680**	**327**	**125**	**140**	**443**	**Q**
896	1371	1035	777	34	594	300	118	132	412	83
415	903	761	602	22	314	164	70	113	302	831
70	45	90	22	2	46	32	20	1	29	832

2-1 续表 23

行业中类	代码	河南	湖北	湖南	广东	广西	海南
门诊部(所)	833	2179	584	204	1210	201	32
计划生育技术服务活动	834	32	19	1	2	6	
妇幼保健院(所、站)	835	13	7	5	11	4	3
专科疾病防治院(所、站)	836	34	21	9	26	11	4
疾病预防控制中心	837	8	6	4	9	3	4
其他卫生活动	839	84	133	141	157	59	20
社会工作	84	302	218	134	143	106	26
提供住宿社会工作	841	267	196	117	117	70	24
不提供住宿社会工作	842	35	22	17	26	36	2
文化、体育和娱乐业	**R**	**10399**	**8632**	**11652**	**14658**	**5690**	**1453**
新闻和出版业	85	283	245	126	343	70	52
新闻业	851	44	23	11	19	6	1
出版业	852	239	222	115	324	64	51
广播、电视、电影和影视录音制作业	86	709	710	591	1336	385	167
广播	861	59	59	34	86	15	4
电视	862	64	43	65	89	8	10
电影和影视节目制作	863	184	239	139	483	129	89
电影和影视节目发行	864	34	38	27	80	26	8
电影放映	865	328	281	304	528	187	50
录音制作	866	40	50	22	70	20	6
文化艺术业	87	1987	1648	1341	2401	556	173
文艺创作与表演	871	717	436	388	830	147	66
艺术表演场馆	872	65	37	42	45	25	1
图书馆与档案馆	873	19	33	6	32	9	3
文物及非物质文化遗产保护	874	166	53	39	28	18	2
博物馆	875	25	12	9	13	7	4
烈士陵园、纪念馆	876	18	6	3	4	2	1
群众文化活动	877	228	218	350	440	75	14
其他文化艺术业	879	749	853	504	1009	273	82
体育	88	329	515	357	1874	298	185
体育组织	881	40	90	49	235	55	49
体育场馆	882	28	44	31	232	33	29
休闲健身活动	883	240	312	232	1269	160	89
其他体育	889	21	69	45	138	50	18
娱乐业	89	7091	5514	9237	8704	4381	876
室内娱乐活动	891	6561	4950	8785	7770	4131	737
游乐园	892	131	89	75	209	82	11
彩票活动	893	4	9	1	16		5
文化、娱乐、体育经纪代理	894	211	172	239	439	84	82
其他娱乐业	899	184	294	137	270	84	41
公共管理、社会保障和社会组织	**S**	**39**	**27**	**8**	**8**	**9**	**1**
社会保障	93	39	27	8	8	9	1
社会保障	930	39	27	8	8	9	1

单位：个

重庆	四川	贵州	云南	西藏	陕西	甘肃	青海	宁夏	新疆	代码
333	315	122	100	8	155	75	18	10	54	833
1		3		1			2	1		834
6	3	5	3		2	1	1	1	2	835
6	22	9	5		16	4	1		5	836
	4	7	1		6		1			837
65	79	38	44	1	55	24	5	6	20	839
232	137	93	39	2	86	27	7	8	31	84
213	117	74	34	2	75	20	6	7	25	841
19	20	19	5		11	7	1	1	6	842
7613	**11634**	**3609**	**5813**	**264**	**5322**	**3495**	**805**	**935**	**2622**	**R**
113	124	59	67	3	173	71	14	35	46	85
7	5	6	17		12	4		1	4	851
106	119	53	50	3	161	67	14	34	42	852
394	461	234	442	12	670	269	76	153	221	86
14	14	4	8	2	18	9	5	10	17	861
15	19	8	12		29	17	4	9	27	862
182	92	55	220	6	278	86	32	26	67	863
21	12	12	17		67	19	2	5	10	864
127	299	142	164	4	252	118	23	37	83	865
35	25	13	21		26	20	10	66	17	866
2218	848	355	1136	31	959	984	174	85	230	87
1027	301	132	327	23	327	417	39	24	88	871
46	16	9	16		36	16		5	15	872
19	15	4	4	1	8	6	2		1	873
23	29	25	34		53	35	69	7	13	874
8	11	4	4	1	19	11	4	2	7	875
					4	2				876
293	121	40	93	2	87	53	13	9	23	877
802	355	141	658	4	425	444	47	38	83	879
395	330	162	225	1	231	62	41	34	70	88
38	47	28	38		31	9	14	6	17	881
36	36	9	16		26	1	4	2	5	882
238	210	107	123	1	154	44	20	24	41	883
83	37	18	48		20	8	3	2	7	889
4493	9871	2799	3943	217	3289	2109	500	628	2055	89
4000	9559	2647	3643	198	3016	1950	461	581	1906	891
80	67	41	38	2	66	37	5	17	25	892
3	1		3		2		2		2	893
215	125	37	99	5	70	29	16	9	78	894
195	119	74	160	12	135	93	16	21	44	899
	5	**5**	**7**		**10**	**1**	**1**		**5**	**S**
	5	5	7		10	1	1		5	93
	5	5	7		10	1	1		5	930

2-2 按行业(中类)、东中西部以及东北地区分组的企业法人单位数

(2015年)

单位：个

行业中类	代码	企业单位数	东部地区	中部地区	西部地区	东北地区
总计	--	**12593254**	**7309023**	**2355807**	**2201834**	**726590**
农、林、牧、渔业	A	**739995**	**226195**	**178949**	**293549**	**41302**
农业	01	342759	117270	78143	129643	17703
谷物种植	011	67743	24884	24214	9305	9340
豆类、油料和薯类种植	012	12291	3667	2952	4461	1211
棉、麻、糖、烟草种植	013	6971	1274	1522	4081	94
蔬菜、食用菌及园艺作物种植	014	110828	44241	22450	40176	3961
水果种植	015	67401	21393	9234	35305	1469
坚果、含油果、香料和饮料作物种植	016	22836	7746	4281	10685	124
中药材种植	017	27571	4797	4710	17275	789
其他农业	019	27118	9268	8780	8355	715
林业	02	59926	19264	16800	21195	2667
林木育种和育苗	021	45748	15583	13001	15156	2008
造林和更新	022	7702	1759	1947	3785	211
森林经营和管护	023	4299	1104	1300	1572	323
木材和竹材采运	024	1167	387	332	343	105
林产品采集	025	1010	431	220	339	20
畜牧业	03	196562	38155	46439	101045	10923
牲畜饲养	031	136959	24766	32384	72553	7256
家禽饲养	032	43269	9511	10641	20537	2580
狩猎和捕捉动物	033	1019	143	347	497	32
其他畜牧业	039	15315	3735	3067	7458	1055
渔业	04	56352	20579	9768	23574	2431
水产养殖	041	54004	19684	9303	22695	2322
水产捕捞	042	2348	895	465	879	109
农、林、牧、渔服务业	05	84396	30927	27799	18092	7578
农业服务业	051	66426	24035	21854	14338	6199
林业服务业	052	5268	1855	1822	1389	202
畜牧服务业	053	9041	3152	3102	1835	952
渔业服务业	054	3661	1885	1021	530	225
采矿业	B	**103421**	**20207**	**31257**	**42299**	**9658**
煤炭开采和洗选业	06	20517	1607	7339	9682	1889
烟煤和无烟煤开采洗选	061	18620	1410	6720	8783	1707
褐煤开采洗选	062	597	37	90	395	75
其他煤炭采选	069	1300	160	529	504	107
石油和天然气开采业	07	692	118	110	344	120
石油开采	071	428	91	41	194	102
天然气开采	072	264	27	69	150	18
黑色金属矿采选业	08	15680	5218	3902	4475	2085
铁矿采选	081	13958	5064	3360	3548	1986
锰矿、铬矿采选	082	945	43	340	491	71
其他黑色金属矿采选	089	777	111	202	436	28
有色金属矿采选业	09	11161	1540	3381	5181	1059

2-2 续表 1

单位：个

行业中类	代码	企业单位数	东部地区	中部地区	西部地区	东北地区
常用有色金属矿采选	091	7772	876	2081	4119	696
贵金属矿采选	092	2186	481	673	760	272
稀有稀土金属矿采选	093	1203	183	627	302	91
非金属矿采选业	10	49035	10835	15051	19133	4016
土砂石开采	101	41712	9066	12895	16473	3278
化学矿开采	102	1712	86	575	933	118
采盐	103	545	404	20	97	24
石棉及其他非金属矿采选	109	5066	1279	1561	1630	596
开采辅助活动	11	3735	407	576	2390	362
煤炭开采和洗选辅助活动	111	586	63	200	275	48
石油和天然气开采辅助活动	112	2366	165	119	1824	258
其他开采辅助活动	119	783	179	257	291	56
其他采矿业	12	2601	482	898	1094	127
其他采矿业	120	2601	482	898	1094	127
制造业	**C**	**2800992**	**1892515**	**453649**	**304151**	**150677**
农副食品加工业	13	128141	48908	35761	27565	15907
谷物磨制	131	27953	5696	12209	4407	5641
饲料加工	132	14833	6065	3539	2933	2296
植物油加工	133	11520	3336	4287	3110	787
制糖业	134	942	386	96	409	51
屠宰及肉类加工	135	20966	8313	4802	5791	2060
水产品加工	136	11624	8966	782	425	1451
蔬菜、水果和坚果加工	137	18406	9106	3233	4341	1726
其他农副食品加工	139	21897	7040	6813	6149	1895
食品制造业	14	62972	29689	15097	13518	4668
焙烤食品制造	141	16703	7719	4272	3394	1318
糖果、巧克力及蜜饯制造	142	5754	3782	886	967	119
方便食品制造	143	11165	4109	3486	2782	788
乳制品制造	144	1894	636	314	725	219
罐头食品制造	145	3692	2040	811	566	275
调味品、发酵制品制造	146	8210	3452	1708	2412	638
其他食品制造	149	15554	7951	3620	2672	1311
酒、饮料和精制茶制造业	15	49095	17198	12697	15648	3552
酒的制造	151	16425	4874	3207	6312	2032
饮料制造	152	16759	6092	4866	4299	1502
精制茶加工	153	15911	6232	4624	5037	18
烟草制品业	16	485	102	226	115	42
烟叶复烤	161	236	22	129	63	22
卷烟制造	162	102	38	30	22	12
其他烟草制品制造	169	147	42	67	30	8
纺织业	17	133435	109093	14547	7242	2553
棉纺织及印染精加工	171	48655	38019	7577	2430	629
毛纺织及染整精加工	172	7803	6164	468	1020	151
麻纺织及染整精加工	173	1519	624	533	191	171

2-2 续表 2 单位：个

行业中类	代码	企业单位数	东部地区	中部地区	西部地区	东北地区
丝绢纺织及印染精加工	174	3693	2553	327	576	237
化纤织造及印染精加工	175	12115	11419	476	146	74
针织或钩针编织物及其制品制造	176	22455	19963	1374	697	421
家用纺织制成品制造	177	20694	16617	1976	1699	402
非家用纺织制成品制造	178	16501	13734	1816	483	468
纺织服装、服饰业	18	158146	122992	22933	6846	5375
机织服装制造	181	101663	77734	15051	4571	4307
针织或钩针编织服装制造	182	22583	19393	2298	559	333
服饰制造	183	33900	25865	5584	1716	735
皮革、毛皮、羽毛及其制品和制鞋业	19	73061	59758	8036	4024	1243
皮革鞣制加工	191	3456	2224	842	296	94
皮革制品制造	192	23946	20342	2370	917	317
毛皮鞣制及制品加工	193	5630	4236	667	434	293
羽毛(绒)加工及制品制造	194	2390	1209	767	345	69
制鞋业	195	37639	31747	3390	2032	470
木材加工和木、竹、藤、棕、草制品业	20	88283	48275	19807	13142	7059
木材加工	201	35234	15365	9954	6514	3401
人造板制造	202	17638	10825	3740	2112	961
木制品制造	203	25643	16514	3658	3046	2425
竹、藤、棕、草等制品制造	204	9768	5571	2455	1470	272
家具制造业	21	62157	40294	11159	8249	2455
木质家具制造	211	42477	25887	8487	6153	1950
竹、藤家具制造	212	1023	576	318	118	11
金属家具制造	213	6805	5155	853	655	142
塑料家具制造	214	1109	736	189	120	64
其他家具制造	219	10743	7940	1312	1203	288
造纸和纸制品业	22	65138	49315	7826	5594	2403
纸浆制造	221	569	282	136	125	26
造纸	222	16264	11095	2741	1832	596
纸制品制造	223	48305	37938	4949	3637	1781
印刷和记录媒介复制业	23	77283	51915	12284	9152	3932
印刷	231	70205	48040	10947	7752	3466
装订及印刷相关服务	232	6792	3694	1283	1360	455
记录媒介复制	233	286	181	54	40	11
文教、工美、体育和娱乐用品制造业	24	94489	73851	11126	7456	2056
文教办公用品制造	241	9338	7497	1123	422	296
乐器制造	242	2280	1822	271	95	92
工艺美术品制造	243	60719	45286	7532	6426	1475
体育用品制造	244	8431	7508	646	156	121
玩具制造	245	11455	9889	1261	265	40
游艺器材及娱乐用品制造	246	2266	1849	293	92	32
石油加工和炼焦	25	8052	3844	1270	1572	1366
精炼石油产品制造	251	6478	3539	817	853	1269
炼焦	252	1574	305	453	719	97

2-2 续表 3

单位：个

行业中类	代码	企业单位数	东部地区	中部地区	西部地区	东北地区
化学原料和化学制品制造业	26	119308	70595	25451	15125	8137
基础化学原料制造	261	19056	10090	4273	3260	1433
肥料制造	262	13966	5609	3329	3421	1607
农药制造	263	2794	1410	791	404	189
涂料、油墨、颜料及类似产品制造	264	21460	14985	3220	1908	1347
合成材料制造	265	12068	8830	1744	885	609
专用化学产品制造	266	30704	19997	5512	2975	2220
炸药、火工及焰火产品制造	267	6197	272	4929	917	79
日用化学产品制造	268	13063	9402	1653	1355	653
医药制造业	27	23467	10470	6321	4478	2198
化学药品原料药制造	271	3139	1687	797	480	175
化学药品制剂制造	272	2618	1359	588	401	270
中药饮片加工	273	3854	964	1206	1086	598
中成药生产	274	3608	980	1068	1073	487
兽用药品制造	275	1730	827	493	286	124
生物药品制造	276	4373	2278	967	777	351
卫生材料及医药用品制造	277	4145	2375	1202	375	193
化学纤维制造业	28	7072	6115	520	242	195
纤维素纤维原料及纤维制造	281	1249	939	161	96	53
合成纤维制造	282	5823	5176	359	146	142
橡胶和塑料制品业	29	166293	129798	17232	11769	7494
橡胶制品业	291	29148	22851	2961	1850	1486
塑料制品业	292	137145	106947	14271	9919	6008
非金属矿物制品业	30	256667	109701	74700	55670	16596
水泥、石灰和石膏制造	301	16197	5530	5062	4418	1187
石膏、水泥制品及类似制品制造	302	59661	20135	20437	15661	3428
砖瓦、石材等建筑材料制造	303	108526	42677	30380	28264	7205
玻璃制造	304	4721	2827	959	715	220
玻璃制品制造	305	15320	10788	2297	1624	611
玻璃纤维和玻璃纤维增强塑料制品制造	306	6031	4287	973	454	317
陶瓷制品制造	307	15990	10060	4563	1108	259
耐火材料制品制造	308	13352	5091	5100	967	2194
石墨及其他非金属矿物制品制造	309	16869	8306	4929	2459	1175
黑色金属冶炼和压延加工业	31	41596	23772	8588	5672	3564
炼铁	311	1802	535	637	444	186
炼钢	312	1086	516	270	189	111
黑色金属铸造	313	17908	9763	4661	1500	1984
钢压延加工	314	17393	12367	2009	1951	1066
铁合金冶炼	315	3407	591	1011	1588	217
有色金属冶炼和压延加工业	32	29670	17079	6474	4655	1462
常用有色金属冶炼	321	5730	2060	1780	1522	368
贵金属冶炼	322	788	221	266	237	64
稀有稀土金属冶炼	323	1171	277	517	288	89
有色金属合金制造	324	3657	2107	874	482	194

2-2 续表 4 单位：个

行业中类	代码	企业单位数	东部地区	中部地区	西部地区	东北地区
有色金属铸造	325	2306	1630	310	245	121
有色金属压延加工	326	16018	10784	2727	1881	626
金属制品业	33	239597	184438	25088	19847	10224
结构性金属制品制造	331	79703	51730	12145	10841	4987
金属工具制造	332	26983	21624	2457	2080	822
集装箱及金属包装容器制造	333	6814	4957	834	576	447
金属丝绳及其制品制造	334	13069	11348	803	647	271
建筑、安全用金属制品制造	335	33662	27762	2756	2075	1069
金属表面处理及热处理加工	336	12722	10468	748	732	774
搪瓷制品制造	337	2176	1791	197	128	60
金属制日用品制造	338	20555	17875	1317	978	385
其他金属制品制造	339	43913	36883	3831	1790	1409
通用设备制造业	34	264152	199804	28898	17413	18037
锅炉及原动设备制造	341	10982	6464	1795	1299	1424
金属加工机械制造	342	46660	33604	6187	4095	2774
物料搬运设备制造	343	11716	8237	2152	603	724
泵、阀门、压缩机及类似机械制造	344	35416	28531	3202	1174	2509
轴承、齿轮和传动部件制造	345	18207	14531	1684	647	1345
烘炉、风机、衡器、包装等设备制造	346	25496	20379	2414	1355	1348
文化、办公用机械制造	347	3021	2471	285	154	111
通用零部件制造	348	89254	66714	8611	7170	6759
其他通用设备制造业	349	23400	18873	2568	916	1043
专用设备制造业	35	180810	132412	24442	13430	10526
采矿、冶金、建筑专用设备制造	351	29753	16457	6760	3334	3202
化工、木材、非金属加工专用设备制造	352	52066	43540	3997	2528	2001
食品、饮料、烟草及饲料生产专用设备制造	353	5553	3563	1108	544	338
印刷、制药、日化及日用品生产专用设备制造	354	10536	7986	1383	685	482
纺织、服装和皮革加工专用设备制造	355	11597	10468	760	207	162
电子和电工机械专用设备制造	356	14596	10710	2046	1156	684
农、林、牧、渔专用机械制造	357	11884	6240	2495	2005	1144
医疗仪器设备及器械制造	358	10806	7569	1750	852	635
环保、社会公共服务及其他专用设备制造	359	34019	25879	4143	2119	1878
汽车制造业	36	67573	43163	13601	7088	3721
汽车整车制造	361	1068	539	259	183	87
改装汽车制造	362	1256	548	366	211	131
低速载货汽车制造	363	112	33	47	19	13
电车制造	364	820	551	186	67	16
汽车车身、挂车制造	365	1174	696	245	141	92
汽车零部件及配件制造	366	63143	40796	12498	6467	3382
铁路、船舶、航空航天和其他运输设备制造业	37	32082	21960	3447	5079	1596
铁路运输设备制造	371	3389	1643	765	407	574
城市轨道交通设备制造	372	208	112	41	32	23
船舶及相关装置制造	373	9631	7313	1100	455	763
航空、航天器及设备制造	374	1158	509	168	370	111

2-2　续表 5

单位：个

行业中类	代码	企业单位数	东部地区	中部地区	西部地区	东北地区
摩托车制造	375	8095	3928	611	3530	26
自行车制造	376	7435	6672	531	186	46
非公路休闲车及零配件制造	377	867	777	64	18	8
潜水救捞及其他未列明运输设备制造	379	1299	1006	167	81	45
电气机械和器材制造业	38	169224	135287	17964	9369	6604
电机制造	381	16647	13439	1645	858	705
输配电及控制设备制造	382	56654	44259	5787	3550	3058
电线、电缆、光缆及电工器材制造	383	24005	17653	3570	1614	1168
电池制造	384	5355	3829	1027	340	159
家用电力器具制造	385	21825	19426	1377	666	356
非电力家用器具制造	386	5945	4203	872	654	216
照明器具制造	387	28299	24663	2219	912	505
其他电气机械及器材制造	389	10494	7815	1467	775	437
计算机、通信和其他电子设备制造业	39	92146	77055	8890	4521	1680
计算机制造	391	8680	6906	926	680	168
通信设备制造	392	7902	6141	913	615	233
广播电视设备制造	393	3224	2731	318	120	55
雷达及配套设备制造	394	228	149	41	26	12
视听设备制造	395	5208	4716	325	121	46
电子器件制造	396	14232	11558	1657	672	345
电子元件制造	397	36233	31371	3047	1389	426
其他电子设备制造	399	16439	13483	1663	898	395
仪器仪表制造业	40	36432	27538	4307	2357	2230
通用仪器仪表制造	401	18516	13572	2325	1139	1480
专用仪器仪表制造	402	6165	4435	895	453	382
钟表与计时仪器制造	403	2436	2287	66	39	44
光学仪器及眼镜制造	404	5907	4851	583	370	103
其他仪器仪表制造业	409	3408	2393	438	356	221
其他制造业	41	44503	30892	9010	3246	1355
日用杂品制造	411	12549	9866	2028	479	176
煤制品制造	412	3362	764	1555	685	358
其他未列明制造业	419	28592	20262	5427	2082	821
废弃资源综合利用业	42	12190	6369	3269	1865	687
金属废料和碎屑加工处理	421	6158	3257	1651	919	331
非金属废料和碎屑加工处理	422	6032	3112	1618	946	356
金属制品、机械和设备修理业	43	17473	10833	2678	2202	1760
金属制品修理	431	1036	622	166	166	82
通用设备修理	432	2530	1438	457	349	286
专用设备修理	433	2435	1240	490	433	272
铁路、船舶、航空航天等运输设备修理	434	4945	3752	350	240	603
电气设备修理	435	1389	755	284	225	125
仪器仪表修理	436	337	184	55	61	37
其他机械和设备修理业	439	4801	2842	876	728	355

2-2 续表 6

单位：个

行业中类	代码	企业单位数	东部地区	中部地区	西部地区	东北地区
电力、热力、燃气及水生产和供应业	D	**85990**	**33265**	**21620**	**25617**	**5488**
电力、热力生产和供应业	44	56464	22477	12896	17352	3739
电力生产	441	45702	19141	10896	14421	1244
电力供应	442	4719	1356	1396	1555	412
热力生产和供应	443	6043	1980	604	1376	2083
燃气生产和供应业	45	7912	2644	2145	2452	671
燃气生产和供应业	450	7912	2644	2145	2452	671
水的生产和供应业	46	21614	8144	6579	5813	1078
自来水生产和供应	461	15671	4900	5349	4737	685
污水处理及其再生利用	462	4742	2621	941	845	335
其他水的处理、利用与分配	469	1201	623	289	231	58
建筑业	E	**574114**	**312068**	**119969**	**100522**	**41555**
房屋建筑业	47	107702	50017	24801	24753	8131
房屋建筑业	470	107702	50017	24801	24753	8131
土木工程建筑业	48	99915	54266	21622	16422	7605
铁路、道路、隧道和桥梁工程建筑	481	38214	20412	8526	6353	2923
水利和内河港口工程建筑	482	8121	4132	1749	1424	816
海洋工程建筑	483	315	293	7	7	8
工矿工程建筑	484	4095	1896	1030	862	307
架线和管道工程建筑	485	11008	5905	2139	1920	1044
其他土木工程建筑	489	38162	21628	8171	5856	2507
建筑安装业	49	97529	58650	17352	13025	8502
电气安装	491	23443	13217	4071	3393	2762
管道和设备安装	492	21392	13442	3142	2695	2113
其他建筑安装业	499	52694	31991	10139	6937	3627
建筑装饰和其他建筑业	50	268968	149135	56194	46322	17317
建筑装饰业	501	195938	110056	38018	34799	13065
工程准备活动	502	20857	12211	4076	2894	1676
提供施工设备服务	503	6503	2894	1822	1376	411
其他未列明建筑业	509	45670	23974	12278	7253	2165
批发和零售业	F	**4197662**	**2469174**	**764170**	**718446**	**245872**
批发业	51	2561313	1655234	387364	361987	156728
农、林、牧产品批发	511	138206	55307	35880	29869	17150
食品、饮料及烟草制品批发	512	259183	155792	43756	43696	15939
纺织、服装及家庭用品批发	513	346627	276531	32580	25163	12353
文化、体育用品及器材批发	514	87604	65552	10150	8354	3548
医药及医疗器材批发	515	71817	40210	13802	12604	5201
矿产品、建材及化工产品批发	516	716145	431118	117473	120932	46622
机械设备、五金产品及电子产品批发	517	608542	415438	79620	78544	34940
贸易经纪与代理	518	103708	68546	15767	12005	7390
其他批发业	519	229481	146740	38336	30820	13585
零售业	52	1636349	813940	376806	356459	89144
综合零售	521	217348	79534	71507	57389	8918
食品、饮料及烟草制品专门零售	522	161677	80836	34479	38339	8023
纺织、服装及日用品专门零售	523	173422	98940	35674	31033	7775

2-2 续表 7

单位：个

行业中类	代码	企业单位数	东部地区	中部地区	西部地区	东北地区
文化、体育用品及器材专门零售	524	95125	54351	19326	17085	4363
医药及医疗器材专门零售	525	130549	67234	26342	24684	12289
汽车、摩托车、燃料及零配件专门零售	526	203303	89933	49771	49060	14539
家用电器及电子产品专门零售	527	216145	109303	47713	47961	11168
五金、家具及室内装饰材料专门零售	528	225292	116283	45252	51705	12052
货摊、无店铺及其他零售业	529	213488	117526	46742	39203	10017
交通运输、仓储和邮政业	**G**	**368906**	**206866**	**74498**	**61658**	**25884**
铁路运输业	53	3374	1347	808	828	391
铁路旅客运输	531	502	194	125	139	44
铁路货物运输	532	1291	491	303	342	155
铁路运输辅助活动	533	1581	662	380	347	192
道路运输业	54	197899	99965	47682	36532	13720
城市公共交通运输	541	11946	4242	3168	3093	1443
公路旅客运输	542	10339	3359	3272	2877	831
道路货物运输	543	161758	86090	37726	27444	10498
道路运输辅助活动	544	13856	6274	3516	3118	948
水上运输业	55	13046	8370	2765	1391	520
水上旅客运输	551	1370	619	350	301	100
水上货物运输	552	8000	5067	1864	818	251
水上运输辅助活动	553	3676	2684	551	272	169
航空运输业	56	1879	896	267	538	178
航空客货运输	561	754	388	91	216	59
通用航空服务	562	467	196	71	153	47
航空运输辅助活动	563	658	312	105	169	72
管道运输业	57	414	163	85	140	26
管道运输业	570	414	163	85	140	26
装卸搬运和运输代理业	58	100700	70552	11776	12468	5904
装卸搬运	581	18167	9204	4664	3355	944
运输代理业	582	82533	61348	7112	9113	4960
仓储业	59	33465	17638	6553	5497	3777
谷物、棉花等农产品仓储	591	10441	3049	3102	2170	2120
其他仓储业	599	23024	14589	3451	3327	1657
邮政业	60	18129	7935	4562	4264	1368
邮政基本服务	601	1536	396	465	537	138
快递服务	602	16593	7539	4097	3727	1230
住宿和餐饮业	**H**	**270441**	**129714**	**55510**	**72370**	**12847**
住宿业	61	89619	41879	18371	24062	5307
旅游饭店	611	29141	12632	6061	8775	1673
一般旅馆	612	50731	25438	10083	12132	3078
其他住宿业	619	9747	3809	2227	3155	556
餐饮业	62	180822	87835	37139	48308	7540
正餐服务	621	138405	63678	29429	39466	5832
快餐服务	622	12573	7568	2662	1709	634
饮料及冷饮服务	623	7887	4915	1113	1594	265
其他餐饮业	629	21957	11674	3935	5539	809

2-2 续表 8 单位：个

行业中类	代码	企业单位数	东部地区	中部地区	西部地区	东北地区
信息传输、软件和信息技术服务业	I	**380228**	**242148**	**63856**	**52689**	**21535**
电信、广播电视和卫星传输服务	63	15056	6046	3911	3455	1644
电信	631	11547	4749	2835	2736	1227
广播电视传输服务	632	3128	1113	967	660	388
卫星传输服务	633	381	184	109	59	29
互联网和相关服务	64	49455	27397	10981	8862	2215
互联网接入及相关服务	641	5408	2822	1130	1143	313
互联网信息服务	642	33921	19286	7503	5769	1363
其他互联网服务	649	10126	5289	2348	1950	539
软件和信息技术服务业	65	315717	208705	48964	40372	17676
软件开发	651	189791	125352	29251	23562	11626
信息系统集成服务	652	27303	17243	4738	4090	1232
信息技术咨询服务	653	53291	35364	7653	7325	2949
数据处理和存储服务	654	5491	3887	659	693	252
集成电路设计	655	3289	2618	352	244	75
其他信息技术服务业	659	36552	24241	6311	4458	1542
金融业	J	**104213**	**51278**	**20521**	**24847**	**7567**
货币金融服务	66	34340	13160	7532	10116	3532
中央银行服务	661					
货币银行服务	662	12293	4185	3189	3828	1091
非货币银行服务	663	22047	8975	4343	6288	2441
银行监管服务	664					
资本市场服务	67	36986	21416	6102	7644	1824
证券市场服务	671	3012	1902	439	479	192
期货市场服务	672	493	281	96	78	38
证券期货监管服务	673					
资本投资服务	674	26698	15884	4143	5475	1196
其他资本市场服务	679	6783	3349	1424	1612	398
保险业	68	16558	7101	3933	4031	1493
人身保险	681	5610	2096	1532	1439	543
财产保险	682	6126	2166	1587	1832	541
再保险	683	43	26	7	5	5
养老金	684	181	93	36	36	16
保险经纪与代理服务	685	3398	2065	525	524	284
保险监管服务	686					
其他保险活动	689	1200	655	246	195	104
其他金融业	69	16329	9601	2954	3056	718
金融信托与管理服务	691	4548	2609	887	827	225
控股公司服务	692	1667	895	167	553	52
非金融机构支付服务	693	566	318	100	112	36
金融信息服务	694	3103	1939	572	443	149
其他未列明金融业	699	6445	3840	1228	1121	256

2-2 续表 9

单位：个

行业中类	代码	企 业 单位数	东部地区	中部地区	西部地区	东北地区
房地产业	**K**	**459706**	**238680**	**95432**	**94330**	**31264**
房地产业	70	459706	238680	95432	94330	31264
房地产开发经营	701	188888	83589	46534	45028	13737
物业管理	702	143296	75114	29978	27522	10682
房地产中介服务	703	87210	52675	13326	15846	5363
自有房地产经营活动	704	22700	16595	2606	2742	757
其他房地产业	709	17612	10707	2988	3192	725
租赁和商务服务业	**L**	**1315261**	**801336**	**238840**	**207174**	**67911**
租赁业	71	91122	45644	19853	19539	6086
机械设备租赁	711	87999	43840	19281	19052	5826
文化及日用品出租	712	3123	1804	572	487	260
商务服务业	72	1224139	755692	218987	187635	61825
企业管理服务	721	272866	186169	39697	37466	9534
法律服务	722	12085	6715	2218	2412	740
咨询与调查	723	335599	224102	52416	41235	17846
广告业	724	240193	131660	49826	45732	12975
知识产权服务	725	9703	7244	1095	1012	352
人力资源服务	726	63861	32666	13525	13217	4453
旅行社及相关服务	727	46593	22092	9661	11222	3618
安全保护服务	728	10635	4656	2716	2582	681
其他商务服务业	729	232604	140388	47833	32757	11626
科学研究和技术服务业	**M**	**523736**	**348394**	**86595**	**61671**	**27076**
研究和试验发展	73	67867	47700	9893	5123	5151
自然科学研究和试验发展	731	7479	5007	1353	553	566
工程和技术研究和试验发展	732	40874	30183	5366	2115	3210
农业科学研究和试验发展	733	8585	4430	1779	1590	786
医学研究和试验发展	734	9967	7483	1205	758	521
社会人文科学研究	735	962	597	190	107	68
专业技术服务业	74	253352	156506	44478	39091	13277
气象服务	741	1073	388	292	331	62
地震服务	742	383	139	112	99	33
海洋服务	743	514	366	85	20	43
测绘服务	744	7721	3117	1653	2236	715
质检技术服务	745	16825	8936	2929	3455	1505
环境与生态监测	746	4334	2300	842	899	293
地质勘查	747	5475	1750	1094	2219	412
工程技术	748	101928	61948	19343	15661	4976
其他专业技术服务业	749	115099	77562	18128	14171	5238
科技推广和应用服务业	75	202517	144188	32224	17457	8648
技术推广服务	751	158170	110964	27392	13397	6417
科技中介服务	752	9727	5879	1531	1407	910
其他科技推广和应用服务业	759	34620	27345	3301	2653	1321
水利、环境和公共设施管理业	**N**	**65981**	**34169**	**15027**	**13054**	**3731**
水利管理业	76	5688	2310	1497	1438	443
防洪除涝设施管理	761	583	299	159	95	30

2-2 续表 10

单位：个

行业中类	代码	企业单位数	东部地区	中部地区	西部地区	东北地区
水资源管理	762	1290	504	295	401	90
天然水收集与分配	763	737	295	181	195	66
水文服务	764	358	132	98	94	34
其他水利管理业	769	2720	1080	764	653	223
生态保护和环境治理业	77	8885	4552	2034	1879	420
生态保护	771	1426	547	484	350	45
环境治理业	772	7459	4005	1550	1529	375
公共设施管理业	78	51408	27307	11496	9737	2868
市政设施管理	781	5887	3275	1232	1044	336
环境卫生管理	782	5161	2721	1082	1043	315
城乡市容管理	783	1419	810	289	241	79
绿化管理	784	25163	13617	5350	4697	1499
公园和游览景区管理	785	13778	6884	3543	2712	639
居民服务、修理和其他服务业	**O**	**277682**	**144217**	**59406**	**58636**	**15423**
居民服务业	79	98799	51293	19909	21239	6358
家庭服务	791	19101	9663	3673	4715	1050
托儿所服务	792	473	212	120	112	29
洗染服务	793	4251	2221	701	1129	200
理发及美容服务	794	20019	12879	2623	3755	762
洗浴服务	795	8768	4463	1939	1269	1097
保健服务	796	8493	5551	1330	1334	278
婚姻服务	797	8020	3740	1457	2237	586
殡葬服务	798	3471	1323	795	905	448
其他居民服务业	799	26203	11241	7271	5783	1908
机动车、电子产品和日用产品修理业	80	99699	52501	18389	22910	5899
汽车、摩托车修理与维护	801	73262	36618	13479	18493	4672
计算机和办公设备维修	802	10790	6396	1859	1986	549
家用电器修理	803	10730	6633	2043	1655	399
其他日用产品修理业	809	4917	2854	1008	776	279
其他服务业	81	79184	40423	21108	14487	3166
清洁服务	811	34263	20245	6736	5928	1354
其他未列明服务业	819	44921	20178	14372	8559	1812
教育	**P**	**61974**	**29181**	**15617**	**13332**	**3844**
教育	82	61974	29181	15617	13332	3844
学前教育	821	8845	2551	3421	2100	773
初等教育	822	928	285	486	133	24
中等教育	823	1132	384	436	223	89
高等教育	824	260	144	55	34	27
特殊教育	825	405	154	105	99	47
技能培训、教育辅助及其他教育	829	50404	25663	11114	10743	2884
卫生和社会工作	**Q**	**32696**	**13236**	**9121**	**7417**	**2922**
卫生	83	29068	11760	8120	6594	2594
医院	831	11181	3673	2524	4051	933
社区医疗与卫生院	832	2881	700	1408	492	281

2-2　续表 11

单位：个

行业中类	代码	企　业单位数	东部地区	中部地区	西部地区	东北地区
门诊部(所)	833	12073	6131	3351	1463	1128
计划生育技术服务活动	834	95	15	63	15	2
妇幼保健院(所、站)	835	130	57	35	30	8
专科疾病防治院(所、站)	836	481	220	113	87	61
疾病预防控制中心	837	142	68	28	28	18
其他卫生活动	839	2085	896	598	428	163
社会工作	84	3628	1476	1001	823	328
提供住宿社会工作	841	3018	1149	882	691	296
不提供住宿社会工作	842	610	327	119	132	32
文化、体育和娱乐业	**R**	**230020**	**116294**	**51687**	**50028**	**12011**
新闻和出版业	85	5196	2930	1045	829	392
新闻业	851	331	144	101	67	19
出版业	852	4865	2786	944	762	373
广播、电视、电影和影视录音制作业	86	19309	11344	3545	3551	869
广播	861	698	308	218	129	43
电视	862	1378	892	268	160	58
电影和影视节目制作	863	8683	6127	1012	1255	289
电影和影视节目发行	864	1217	780	171	203	63
电影放映	865	6373	2776	1705	1539	353
录音制作	866	960	461	171	265	63
文化艺术业	87	55712	36274	9614	7991	1833
文艺创作与表演	871	13300	6308	3418	2971	603
艺术表演场馆	872	848	345	252	192	59
图书馆与档案馆	873	467	250	106	73	38
文物及非物质文化遗产保护	874	1086	311	412	318	45
博物馆	875	440	240	78	84	38
烈士陵园、纪念馆	876	81	30	37	9	5
群众文化活动	877	6782	4674	1089	858	161
其他文化艺术业	879	32708	24116	4222	3486	884
体育	88	15220	10495	2048	1958	719
体育组织	881	2153	1461	293	303	96
体育场馆	882	1110	705	164	177	64
休闲健身活动	883	10083	7099	1325	1182	477
其他体育	889	1874	1230	266	296	82
娱乐业	89	134583	55251	35435	35699	8198
室内娱乐活动	891	121401	47630	32853	33328	7590
游乐园	892	2014	914	489	486	125
彩票活动	893	137	77	32	14	14
文化、娱乐、体育经纪代理	894	6255	4274	912	802	267
其他娱乐业	899	4776	2356	1149	1069	202
公共管理、社会保障和社会组织	**S**	**236**	**86**	**83**	**44**	**23**
社会保障	93	236	86	83	44	23
社会保障	930	236	86	83	44	23

2-3 按行业(大类)、直辖市和省会城市以及

(2015年)

行业大类	代码	企业单位数	北京	天津	石家庄	太原	呼和浩特
总计	--	**5214639**	**663135**	**296954**	**97048**	**67802**	**19863**
农、林、牧、渔业	A	**179489**	**6504**	**4714**	**4807**	**1720**	**1635**
农业	01	87278	3686	2455	2243	739	820
林业	02	14103	806	368	358	344	114
畜牧业	03	41792	1493	863	962	533	614
渔业	04	21315	239	591	43	16	20
农、林、牧、渔服务业	05	15001	280	437	1201	88	67
采矿业	B	**9732**	**124**	**142**	**510**	**419**	**149**
煤炭开采和洗选业	06	2026	16	14	109	288	20
石油和天然气开采业	07	154	9	15		2	
黑色金属矿采选业	08	755	20	16	176	56	25
有色金属矿采选业	09	569	2	4	7	1	14
非金属矿采选业	10	5483	66	42	201	53	87
开采辅助活动	11	440	10	43	5	11	2
其他采矿业	12	305	1	8	12	8	1
制造业	C	**806464**	**34134**	**54114**	**18152**	**4159**	**1385**
农副食品加工业	13	26799	947	1216	862	142	154
食品制造业	14	17536	994	1134	434	190	126
酒、饮料和精制茶制造业	15	8243	395	286	163	54	50
烟草制品业	16	155	1	2	1	1	1
纺织业	17	24021	458	1204	1632	27	45
纺织服装、服饰业	18	45898	2670	1888	599	40	68
皮革、毛皮、羽毛及其制品和制鞋业	19	15603	242	415	1298	10	12
木材加工和木、竹、藤、棕、草制品业	20	16237	852	870	1020	40	5
家具制造业	21	20830	1417	1120	545	86	16
造纸和纸制品业	22	22651	921	1561	323	55	30
印刷和记录媒介复制业	23	26481	1562	1330	461	214	76
文教、工美、体育和娱乐用品制造业	24	25704	742	1704	322	29	17
石油加工和炼焦	25	1977	201	236	57	29	3
化学原料和化学制品制造业	26	34382	1973	2813	1800	204	76
医药制造业	27	7611	583	454	322	54	44
化学纤维制造业	28	1323	30	61	70	10	1
橡胶和塑料制品业	29	53511	1643	3154	817	135	43
非金属矿物制品业	30	51348	2617	2528	1440	441	241
黑色金属冶炼和压延加工业	31	9546	332	1590	257	113	11
有色金属冶炼和压延加工业	32	7222	241	653	120	66	39

计划单列市分组的企业法人单位数

单位：个

沈阳	长春	哈尔滨	上海	南京	杭州	合肥	福州	南昌	济南	郑州	武汉	长沙	代码
127230	**58271**	**62838**	**417855**	**138950**	**301544**	**127605**	**117499**	**46031**	**103113**	**121194**	**190542**	**91004**	--
2866	**4206**	**4595**	**1980**	**1244**	**6353**	**4709**	**5252**	**1800**	**1369**	**2198**	**2114**	**4926**	A
1294	1474	2495	1167	562	3213	1836	2492	714	680	1134	830	2851	01
190	181	112	350	246	919	1219	396	159	116	219	325	319	02
707	1310	764	224	130	760	753	644	485	197	480	210	664	03
161	176	85	132	86	993	498	1206	241	31	39	369	256	04
514	1065	1139	107	220	468	403	514	201	345	326	380	836	05
127	**287**	**199**	**1**	**85**	**286**	**108**	**333**	**58**	**129**	**477**	**60**	**340**	B
11	43	9		1	6			3	17	249	1	32	06
2	6	2	1	1	1	2		2	3				07
5	2	10		4	4	26	4		16	11	4	22	08
4	3	4		8	18	26	4	2	3	44	2	14	09
88	205	158		67	250	41	318	39	78	151	45	244	10
11	19	6		3	4	4	1	7	5	13	5	11	11
6	9	10		1	3	9	6	5	7	9	3	17	12
23364	**10927**	**10379**	**82529**	**18234**	**54387**	**14436**	**17021**	**8083**	**13114**	**14455**	**18084**	**13503**	C
1341	1122	1724	604	299	973	728	982	623	420	588	613	703	13
634	386	438	985	298	728	508	616	317	358	645	442	465	14
291	347	315	198	102	587	143	348	96	149	171	133	218	15
2	11	3	2	1	4	1	2	1	4	2	8	56	16
283	52	150	2282	217	4577	346	1828	296	250	149	389	135	17
499	189	135	6076	1043	4833	662	712	1107	287	246	1107	128	18
217	39	65	1047	157	1204	252	807	68	58	31	78	91	19
567	435	627	2029	238	1133	231	484	142	223	183	266	277	20
728	217	211	3138	288	1014	489	499	141	284	205	348	256	21
465	141	133	3021	338	2429	261	532	148	265	287	403	335	22
696	458	430	2453	643	1427	685	551	358	468	641	701	670	23
475	107	168	1733	599	2324	288	1222	270	228	264	259	266	24
126	50	48	150	37	85	20	27	14	59	45	54	24	25
1025	449	429	3381	843	2139	551	564	335	610	1039	741	1812	26
232	205	192	536	238	308	193	112	233	201	240	286	294	27
18	12	10	113	22	290	45	53	3	24	20	10	8	28
1420	500	397	6412	755	3625	821	976	292	496	455	815	433	29
1753	1307	928	3295	1112	2868	1376	1707	699	891	3512	1547	1383	30
363	128	97	582	260	582	162	146	63	198	134	170	160	31
262	56	60	655	224	413	67	75	157	115	351	132	172	32

2-3 续表 1

行业大类	代码	企业单位数	北京	天津	石家庄	太原	呼和浩特
金属制品业	33	77791	3889	7776	1264	414	115
通用设备制造业	34	85554	2945	6653	1435	713	71
专用设备制造业	35	58997	2351	4339	926	409	49
汽车制造业	36	23213	750	1313	231	27	7
铁路、船舶、航空航天和其他运输设备制造业	37	12907	231	2080	46	37	2
电气机械和器材制造业	38	54030	2025	2723	788	180	45
计算机、通信和其他电子设备制造业	39	39538	1226	1888	215	68	11
仪器仪表制造业	40	15567	1096	923	103	96	5
其他制造业	41	11729	288	1041	363	155	14
废弃资源综合利用业	42	2752	82	416	156	24	4
金属制品、机械和设备修理业	43	7308	430	743	82	96	4
电力、热力、燃气及水生产和供应业	**D**	**12263**	**631**	**645**	**312**	**196**	**181**
电力、热力生产和供应业	44	7008	430	325	177	105	136
燃气生产和供应业	45	1599	50	128	40	44	15
水的生产和供应业	46	3656	151	192	95	47	30
建筑业	**E**	**243170**	**20087**	**15517**	**5242**	**4848**	**795**
房屋建筑业	47	37904	2258	2693	693	573	162
土木工程建筑业	48	39372	2293	3373	1145	715	124
建筑安装业	49	43775	2952	3274	1255	874	153
建筑装饰和其他建筑业	50	122119	12584	6177	2149	2686	356
批发和零售业	**F**	**1858133**	**206263**	**98551**	**38561**	**30245**	**7717**
批发业	51	1209974	103178	75239	27570	17020	2931
零售业	52	648159	103085	23312	10991	13225	4786
交通运输、仓储和邮政业	**G**	**152091**	**14715**	**15468**	**2564**	**1347**	**617**
铁路运输业	53	1701	114	137	15	28	24
道路运输业	54	65139	7967	4641	1830	879	424
水上运输业	55	4501	36	415		2	
航空运输业	56	1231	101	134	10	20	8
管道运输业	57	151	6	25	1		2
装卸搬运和运输代理业	58	58726	4044	7345	431	207	71
仓储业	59	14675	1856	2515	222	159	53
邮政业	60	5967	591	256	55	52	35
住宿和餐饮业	**H**	**123484**	**17075**	**4474**	**872**	**1506**	**429**
住宿业	61	35797	4873	895	333	426	192
餐饮业	62	87687	12202	3579	539	1080	237

单位：个

沈阳	长春	哈尔滨	上海	南京	杭州	合肥	福州	南昌	济南	郑州	武汉	长沙	代码
1952	720	753	10912	1904	5289	1161	780	456	1282	763	1744	801	33
3885	860	1063	11277	2199	5890	1166	765	420	2631	1148	1682	1288	34
2038	700	661	7076	1620	2622	1084	697	544	1271	1592	1702	1327	35
559	1218	194	2086	437	1615	628	303	309	512	273	981	446	36
239	128	81	699	393	548	58	160	60	119	81	238	86	37
1969	444	467	5181	1364	3616	1307	698	380	567	713	1195	688	38
432	171	127	2189	998	1670	556	459	201	242	266	750	449	39
399	149	179	1751	661	864	276	194	83	320	184	582	278	40
193	204	145	1574	684	370	158	488	195	397	89	371	104	41
52	58	38	212	85	195	71	60	28	34	54	85	68	42
249	64	111	880	175	165	142	174	44	151	84	252	82	43
423	**322**	**345**	**189**	**194**	**599**	**342**	**666**	**128**	**214**	**209**	**226**	**291**	D
311	204	212	62	53	363	143	477	44	90	72	81	157	44
40	59	55	25	37	64	40	26	27	58	41	33	45	45
72	59	78	102	104	172	159	163	57	66	96	112	89	46
7745	**3279**	**3383**	**16781**	**9000**	**13055**	**9387**	**5508**	**3385**	**5650**	**7655**	**13802**	**3894**	E
906	603	609	1920	1323	1556	1013	1212	759	866	1023	2106	698	47
1534	671	540	2434	1691	2782	1499	875	553	845	1267	2523	729	48
1978	832	699	3680	2061	1752	1636	626	620	1005	1023	2586	519	49
3327	1173	1535	8747	3925	6965	5239	2795	1453	2934	4342	6587	1948	50
48447	**20599**	**21453**	**153401**	**48001**	**106685**	**44541**	**43532**	**15154**	**46373**	**47028**	**69279**	**29373**	F
34032	9353	12934	117018	28997	71415	23803	33224	10975	33475	27369	38385	20158	51
14415	11246	8519	36383	19004	35270	20738	10308	4179	12898	19659	30894	9215	52
3974	**1858**	**2099**	**15951**	**3608**	**4989**	**2944**	**3549**	**1023**	**2002**	**2369**	**6198**	**1793**	G
31	48	64	15	40	6	20	31	18	29	47	84	20	53
2755	964	1229	3926	1915	3267	1962	1277	554	1345	1199	3064	953	54
7	2	21	312	231	85	80	1026	39	18	11	185	50	55
45	23	50	53	17	32	21	29	9	17	42	34	23	56
3	1	3	7	3	6			3	10	2	8	3	57
503	250	342	8605	1023	1017	535	795	201	363	550	2113	441	58
476	494	273	2068	307	257	213	223	147	145	370	481	133	59
154	76	117	965	72	319	113	168	52	75	148	229	170	60
1547	**938**	**1075**	**13138**	**3072**	**6032**	**2818**	**2654**	**793**	**1611**	**1984**	**3273**	**1483**	H
608	425	498	3383	817	1916	639	959	316	369	787	967	535	61
939	513	577	9755	2255	4116	2179	1695	477	1242	1197	2306	948	62

2-3 续表 2

行业大类	代码	企业单位数	北京	天津	石家庄	太原	呼和浩特
信息传输、软件和信息技术服务业	I	**252956**	**47827**	**12470**	**2780**	**2390**	**650**
电信、广播电视和卫星传输服务	63	6565	1178	249	122	62	48
互联网和相关服务	64	23686	3715	1206	262	209	93
软件和信息技术服务业	65	222705	42934	11015	2396	2119	509
金融业	J	**44858**	**5078**	**4169**	**1135**	**420**	**322**
货币金融服务	66	11748	749	1598	195	171	156
资本市场服务	67	18817	2872	1158	639	82	55
保险业	68	5483	628	194	159	100	74
其他金融业	69	8810	829	1219	142	67	37
房地产业	K	**187881**	**18689**	**8374**	**4010**	**2743**	**1002**
房地产业	70	187881	18689	8374	4010	2743	1002
租赁和商务服务业	L	**736200**	**142159**	**35907**	**9950**	**8701**	**2970**
租赁业	71	42462	5875	3656	751	625	282
商务服务业	72	693738	136284	32251	9199	8076	2688
科学研究和技术服务业	M	**318985**	**90594**	**26810**	**4532**	**2856**	**981**
研究和试验发展	73	40970	4414	1707	877	371	69
专业技术服务业	74	147927	25238	8853	2089	1862	723
科技推广和应用服务业	75	130088	60942	16250	1566	623	189
水利、环境和公共设施管理业	N	**23222**	**3411**	**1337**	**483**	**268**	**128**
水利管理业	76	1812	127	115	33	25	27
生态保护和环境治理业	77	3417	341	147	77	65	19
公共设施管理业	78	17993	2943	1075	373	178	82
居民服务、修理和其他服务业	O	**127328**	**19351**	**8638**	**1679**	**4421**	**502**
居民服务业	79	49369	8575	2829	704	502	131
机动车、电子产品和日用产品修理业	80	43226	6227	2262	523	458	160
其他服务业	81	34733	4549	3547	452	3461	211
教育	P	**26746**	**5610**	**902**	**190**	**198**	**135**
教育	82	26746	5610	902	190	198	135
卫生和社会工作	Q	**13035**	**1918**	**555**	**133**	**249**	**59**
卫生	83	11813	1806	506	121	234	54
社会工作	84	1222	112	49	12	15	5
文化、体育和娱乐业	R	**98538**	**28964**	**4149**	**1136**	**1115**	**206**
新闻和出版业	85	3999	1369	101	59	97	24
广播、电视、电影和影视录音制作业	86	9701	2993	366	194	98	36
文化艺术业	87	36275	17839	1974	216	340	59
体育	88	8982	2406	374	46	74	12
娱乐业	89	39581	4357	1334	621	506	75
公共管理、社会保障和社会组织	S	**64**	**1**	**18**		**1**	
社会保障	93	64	1	18		1	

单位：个

沈阳	长春	哈尔滨	上海	南京	杭州	合肥	福州	南昌	济南	郑州	武汉	长沙	代码
5906	**1854**	**2822**	**15777**	**9559**	**21666**	**7669**	**5264**	**2266**	**5505**	**6327**	**12526**	**4818**	I
530	142	158	236	226	273	194	138	77	110	135	220	206	63
456	203	244	1244	1003	1301	1040	539	284	390	530	768	724	64
4920	1509	2420	14297	8330	20092	6435	4587	1905	5005	5662	11538	3888	65
976	**417**	**952**	**2240**	**854**	**2382**	**1219**	**838**	**569**	**688**	**780**	**1255**	**886**	J
278	256	322	677	183	325	342	152	154	177	198	328	206	66
422	26	401	732	338	704	513	310	225	214	164	577	383	67
149	94	110	374	185	193	159	130	90	199	174	165	113	68
127	41	119	457	148	1160	205	246	100	98	244	185	184	69
4870	**2104**	**2697**	**16445**	**4219**	**8186**	**4265**	**3371**	**2107**	**3462**	**6570**	**8486**	**3815**	K
4870	2104	2697	16445	4219	8186	4265	3371	2107	3462	6570	8486	3815	70
15073	**5734**	**6843**	**57272**	**20855**	**44373**	**20856**	**17602**	**6828**	**13260**	**19890**	**35847**	**14326**	L
1176	681	688	2353	1103	1978	1523	960	462	802	1116	1691	806	71
13897	5053	6155	54919	19752	42395	19333	16642	6366	12458	18774	34156	13520	72
6257	**2189**	**3099**	**20805**	**11598**	**20065**	**7286**	**5700**	**1411**	**5679**	**5849**	**11161**	**6422**	M
1640	349	348	2122	2727	1841	1205	1942	127	1214	478	2056	2401	73
2830	1202	1495	13287	7295	9065	4633	2639	898	2459	3445	6662	2426	74
1787	638	1256	5396	1576	9159	1448	1119	386	2006	1926	2443	1595	75
466	**276**	**326**	**1498**	**526**	**1259**	**882**	**476**	**250**	**360**	**643**	**768**	**567**	N
65	41	32	89	56	57	28	38	28	35	76	89	70	76
71	36	33	152	97	159	111	127	30	43	122	129	104	77
330	199	261	1257	373	1043	743	311	192	282	445	550	393	78
2201	**2001**	**1226**	**11888**	**3496**	**5061**	**2788**	**2812**	**1127**	**1804**	**2124**	**3470**	**1716**	O
721	782	496	5984	943	1959	1062	1132	266	584	733	1200	629	79
932	600	418	3934	1295	1987	1025	1038	311	728	759	1262	497	80
548	619	312	1970	1258	1115	701	642	550	492	632	1008	590	81
612	**310**	**319**	**736**	**849**	**1374**	**888**	**487**	**282**	**398**	**554**	**1153**	**597**	P
612	310	319	736	849	1374	888	487	282	398	554	1153	597	82
485	**178**	**165**	**992**	**282**	**601**	**229**	**521**	**73**	**189**	**188**	**589**	**259**	Q
460	158	144	941	245	556	177	500	66	169	162	551	224	83
25	20	21	51	37	45	52	21	7	20	26	38	35	84
1891	**792**	**861**	**6229**	**3273**	**4186**	**2237**	**1912**	**694**	**1303**	**1890**	**2248**	**1994**	R
126	99	76	169	133	93	98	65	55	67	132	145	89	85
192	78	114	598	275	437	194	184	88	103	183	253	198	86
629	114	233	1306	1407	980	466	455	160	447	525	590	624	87
162	36	72	964	180	520	118	194	63	109	89	230	133	88
782	465	366	3192	1278	2156	1361	1014	328	577	961	1030	950	89
			3	**1**	**5**	**1**	**1**		**3**	**4**	**3**	**1**	S
			3	1	5	1	1		3	4	3	1	93

2-3 续表 3

行业大类	代码	广州	南宁	海口	重庆	成都	贵阳
总计	--	**228886**	**67972**	**28934**	**392712**	**104467**	**43738**
农、林、牧、渔业	A	**1140**	**5825**	**911**	**69960**	**4562**	**3253**
农业	01	719	1580	495	34211	2715	1953
林业	02	118	487	62	2656	474	345
畜牧业	03	86	2259	193	18747	765	712
渔业	04	126	1223	87	11267	172	110
农、林、牧、渔服务业	05	91	276	74	3079	436	133
采矿业	B	**32**	**203**	**29**	**2654**	**109**	**351**
煤炭开采和洗选业	06		2	1	913	6	63
石油和天然气开采业	07	2		2	44	13	
黑色金属矿采选业	08		12	4	98	3	7
有色金属矿采选业	09	5	10	3	36	7	52
非金属矿采选业	10	22	172	14	1459	44	210
开采辅助活动	11	1	1	1	67	29	13
其他采矿业	12	2	6	4	37	7	6
制造业	C	**40961**	**5407**	**1341**	**55431**	**19066**	**4314**
农副食品加工业	13	601	467	99	4035	845	198
食品制造业	14	775	422	79	1526	960	193
酒、饮料和精制茶制造业	15	184	263	40	1132	732	146
烟草制品业	16	2	3	1	14	3	2
纺织业	17	1047	78	9	2163	271	46
纺织服装、服饰业	18	5612	97	68	2035	509	50
皮革、毛皮、羽毛及其制品和制鞋业	19	3920	77		1279	580	13
木材加工和木、竹、藤、棕、草制品业	20	450	488	38	1896	364	93
家具制造业	21	1065	175	68	2458	1122	113
造纸和纸制品业	22	1461	288	37	913	484	88
印刷和记录媒介复制业	23	1483	284	176	1309	752	195
文教、工美、体育和娱乐用品制造业	24	2251	98	48	1159	205	90
石油加工和炼焦	25	64	17	4	89	47	6
化学原料和化学制品制造业	26	2563	376	49	1659	842	255
医药制造业	27	299	129	98	408	398	111
化学纤维制造业	28	33	1	6	25	29	
橡胶和塑料制品业	29	2628	251	53	2019	1001	253
非金属矿物制品业	30	1043	607	153	6096	1675	946
黑色金属冶炼和压延加工业	31	210	42	6	717	233	74
有色金属冶炼和压延加工业	32	210	30	11	530	178	60

单位：个

昆明	拉萨	西安	兰州	西宁	银川	乌鲁木齐	大连	宁波	厦门	青岛	深圳	代码
112750	**4616**	**106314**	**35356**	**20195**	**20397**	**53966**	**129967**	**194930**	**120579**	**212068**	**288314**	--
6251	**54**	**2632**	**3027**	**2249**	**1050**	**608**	**4067**	**5535**	**1751**	**3457**	**165**	A
3674	26	1195	887	1023	450	174	1474	3421	940	1570	86	01
844	14	382	218	400	87	58	471	379	101	259	7	02
1401	11	810	1803	735	360	272	542	565	336	390	12	03
126	1	52	36	14	61	15	929	827	254	801	32	04
206	2	193	83	77	92	89	651	343	120	437	28	05
882	**87**	**252**	**224**	**274**	**76**	**189**	**215**	**112**	**24**	**139**	**46**	B
55	1	8	29	15	15	78	4			4	13	06
6		24		1	5	3	4		1		3	07
145	11	12	5	14		4	7	1	1	30		08
172	38	23	2	28	1	13	12		1	4	2	09
460	35	75	167	179	47	55	173	108	21	92	17	10
12		86	8	10	8	21	7	2		5	9	11
32	2	24	13	27		15	8	1		4	2	12
7030	**447**	**14157**	**4092**	**2119**	**2200**	**3364**	**23256**	**81595**	**19915**	**43786**	**67523**	C
493	60	451	459	182	211	103	1564	786	341	1685	178	13
445	33	439	136	100	137	99	602	380	456	783	273	14
231	32	135	50	43	73	65	212	281	117	366	95	15
9		2	4			1	1	1	1	5	3	16
82	15	142	34	27	90	58	407	2712	507	1353	660	17
101	12	135	44	33	30	68	1724	5100	1852	3394	2745	18
37	5	35	21	20	30	12	151	641	441	1096	1154	19
192	3	198	56	25	46	45	691	661	313	760	296	20
216	25	399	107	30	63	88	329	873	504	962	1231	21
195	8	325	49	16	41	80	407	1945	853	1159	2654	22
345	18	543	315	70	99	180	430	2088	676	1627	2067	23
156	52	197	72	107	21	34	230	3407	960	2703	2897	24
20		51	44	6	19	47	98	83	25	50	42	25
470	27	682	270	97	122	275	1031	1349	713	1606	1212	26
156	23	351	55	68	29	55	122	129	104	174	175	27
6		26	4	3	3	8	26	221	28	68	36	28
450	3	468	243	66	121	366	1175	9336	2081	3332	6476	29
1007	92	1327	768	374	271	456	1314	1630	820	2031	1093	30
131	1	241	118	63	41	94	686	942	91	370	138	31
158	3	188	51	75	32	17	117	930	103	255	416	32

2-3 续表 4

行业大类	代码	广州	南宁	海口	重庆	成都	贵阳
金属制品业	33	2827	320	88	5145	1538	332
通用设备制造业	34	2140	144	20	3836	1779	343
专用设备制造业	35	2072	231	41	2920	1433	199
汽车制造业	36	841	42	42	3885	555	77
铁路、船舶、航空航天和其他运输设备制造业	37	405	37	16	3735	198	22
电气机械和器材制造业	38	2450	180	43	1622	1048	202
计算机、通信和其他电子设备制造业	39	2904	127	16	1096	621	59
仪器仪表制造业	40	562	28	8	694	283	48
其他制造业	41	255	64	8	499	198	47
废弃资源综合利用业	42	71	13	2	207	80	11
金属制品、机械和设备修理业	43	533	28	14	330	103	42
电力、热力、燃气及水生产和供应业	**D**	**231**	**166**	**67**	**2277**	**646**	**98**
电力、热力生产和供应业	44	81	84	27	1377	377	48
燃气生产和供应业	45	32	16	10	248	100	18
水的生产和供应业	46	118	66	30	652	169	32
建筑业	**E**	**6651**	**2993**	**2958**	**12375**	**5846**	**2152**
房屋建筑业	47	826	452	281	3296	1373	316
土木工程建筑业	48	844	426	441	1044	860	307
建筑安装业	49	1770	414	457	1333	992	300
建筑装饰和其他建筑业	50	3211	1701	1779	6702	2621	1229
批发和零售业	**F**	**84454**	**27826**	**10616**	**125312**	**29851**	**17085**
批发业	51	63829	16826	6317	51838	17728	9062
零售业	52	20625	11000	4299	73474	12123	8023
交通运输、仓储和邮政业	**G**	**7672**	**1666**	**644**	**7724**	**3869**	**894**
铁路运输业	53	21	14	8	66	91	22
道路运输业	54	2500	1056	244	4445	2149	476
水上运输业	55	254	56	48	428	13	7
航空运输业	56	20	16	17	52	60	11
管道运输业	57	4	2	1	9	3	10
装卸搬运和运输代理业	58	4226	306	233	1839	1142	166
仓储业	59	450	130	52	523	271	138
邮政业	60	197	86	41	362	140	64
住宿和餐饮业	**H**	**6100**	**1233**	**715**	**21632**	**4264**	**1513**
住宿业	61	2046	488	284	3428	1576	511
餐饮业	62	4054	745	431	18204	2688	1002

单位：个

昆明	拉萨	西安	兰州	西宁	银川	乌鲁木齐	大连	宁波	厦门	青岛	深圳	代码
594	15	1003	350	297	241	445	1904	7974	2160	4690	5893	33
407	1	1884	242	121	144	180	4964	13219	1260	5453	3326	34
304	2	1413	231	71	106	225	1555	5769	1753	3736	5928	35
107		180	22	9	8	29	302	4035	233	653	304	36
12		306	15	7	8	12	692	934	87	862	273	37
326	8	1402	147	93	98	223	900	10218	1267	1568	7885	38
46		754	36	13	7	15	309	3447	1150	860	16160	39
119		544	41	10	22	25	396	1374	412	418	2440	40
101	3	132	38	44	38	19	143	675	438	1132	1062	41
48	4	48	26	18	21	12	107	215	21	104	22	42
66	2	156	44	31	28	28	667	240	148	531	389	43
299	**32**	**311**	**147**	**136**	**171**	**155**	**358**	**451**	**98**	**329**	**178**	**D**
160	28	183	107	112	123	129	227	219	54	164	66	44
44	1	44	21	8	25	10	56	56	9	56	18	45
95	3	84	19	16	23	16	75	176	35	109	94	46
8024	**327**	**9081**	**1516**	**1503**	**1080**	**2029**	**8845**	**6283**	**5064**	**12219**	**5211**	**E**
1276	193	1669	266	332	283	323	1196	828	615	2804	602	47
1251	57	1771	291	346	221	397	1196	1193	716	1747	671	48
1242	33	1623	351	212	155	491	1758	1131	896	2267	825	49
4255	44	4018	608	613	421	818	4695	3131	2837	5401	3113	50
45398	**1544**	**39711**	**13836**	**6786**	**8817**	**26884**	**44603**	**55884**	**49806**	**85543**	**108974**	**F**
29089	582	22267	8892	3533	5128	20012	35417	45224	39031	67421	80702	51
16309	962	17444	4944	3253	3689	6872	9186	10660	10775	18122	28272	52
2360	**145**	**2166**	**784**	**403**	**472**	**1992**	**5006**	**5042**	**4049**	**8772**	**11363**	**G**
28	3	26	43	13	5	63	38	8	21	345	115	53
1126	94	1198	347	218	300	758	1514	1942	1119	2615	2887	54
8		4	3		1	2	259	224	173	257	244	55
43	5	61	19	6	6	37	29	6	29	48	98	56
3		8	1		1	10	8			3	5	57
829	19	477	179	107	74	908	2639	2437	2367	4761	7181	58
167	5	290	153	34	27	140	379	298	216	640	370	59
156	19	102	39	25	58	74	140	127	124	103	463	60
2447	**308**	**3311**	**1163**	**551**	**520**	**574**	**2300**	**2555**	**2488**	**2711**	**4325**	**H**
860	199	1306	383	267	207	306	873	1006	921	801	1397	61
1587	109	2005	780	284	313	268	1427	1549	1567	1910	2928	62

2-3 续表 5

行业大类	代码	广州	南宁	海口	重庆	成都	贵阳
信息传输、软件和信息技术服务业	I	**11131**	**2217**	**1007**	**11574**	**4439**	**1354**
电信、广播电视和卫星传输服务	63	301	66	60	457	106	56
互联网和相关服务	64	1042	207	196	1832	341	194
软件和信息技术服务业	65	9788	1944	751	9285	3992	1104
金融业	J	**1101**	**492**	**241**	**3273**	**1101**	**542**
货币金融服务	66	251	180	95	1006	351	183
资本市场服务	67	480	193	59	1444	385	203
保险业	68	241	69	56	446	199	50
其他金融业	69	129	50	31	377	166	106
房地产业	K	**12878**	**3014**	**2773**	**12055**	**5949**	**2428**
房地产业	70	12878	3014	2773	12055	5949	2428
租赁和商务服务业	L	**32509**	**10551**	**4519**	**35073**	**12614**	**5067**
租赁业	71	1122	477	360	3585	873	431
商务服务业	72	31387	10074	4159	31488	11741	4636
科学研究和技术服务业	M	**13090**	**2973**	**1235**	**8228**	**3966**	**1533**
研究和试验发展	73	3198	256	92	572	606	126
专业技术服务业	74	7834	1291	853	5833	2384	1059
科技推广和应用服务业	75	2058	1426	290	1823	976	348
水利、环境和公共设施管理业	N	**741**	**179**	**140**	**1797**	**644**	**205**
水利管理业	76	40	28	12	163	57	27
生态保护和环境治理业	77	163	40	22	392	98	33
公共设施管理业	78	538	111	106	1242	489	145
居民服务、修理和其他服务业	O	**5175**	**1778**	**736**	**12377**	**2751**	**1867**
居民服务业	79	1856	357	209	6473	1012	854
机动车、电子产品和日用产品修理业	80	2241	634	349	3767	1293	671
其他服务业	81	1078	787	178	2137	446	342
教育	P	**1085**	**368**	**256**	**2229**	**1080**	**332**
教育	82	1085	368	256	2229	1080	332
卫生和社会工作	Q	**419**	**116**	**88**	**1128**	**646**	**169**
卫生	83	358	98	76	896	598	151
社会工作	84	61	18	12	232	48	18
文化、体育和娱乐业	R	**3516**	**964**	**658**	**7613**	**3062**	**580**
新闻和出版业	85	182	34	47	113	76	35
广播、电视、电影和影视录音制作业	86	367	112	101	394	169	57
文化艺术业	87	698	114	86	2218	389	85
体育	88	804	75	97	395	210	49
娱乐业	89	1465	629	327	4493	2218	354
公共管理、社会保障和社会组织	S		**1**			**2**	**1**
社会保障	93		1			2	1

单位：个

昆明	拉萨	西安	兰州	西宁	银川	乌鲁木齐	大连	宁波	厦门	青岛	深圳	代码
6290	**77**	**4992**	**904**	**563**	**545**	**1922**	**5882**	**4482**	**6380**	**6348**	**14773**	I
142	24	211	44	31	31	82	173	58	85	144	190	63
435	3	689	194	103	80	229	363	268	1318	825	1156	64
5713	50	4092	666	429	434	1611	5346	4156	4977	5379	13427	65
1482	**29**	**728**	**422**	**195**	**376**	**1148**	**882**	**958**	**1027**	**1325**	**4356**	J
596	13	169	194	108	151	264	267	339	170	219	725	66
544	5	327	114	40	160	371	368	384	524	832	2569	67
138	8	153	61	20	32	67	107	100	69	143	234	68
204	3	79	53	27	33	446	140	135	264	131	828	69
4018	**159**	**6592**	**1853**	**1125**	**847**	**2356**	**5685**	**3650**	**3553**	**5112**	**8419**	K
4018	159	6592	1853	1125	847	2356	5685	3650	3553	5112	8419	70
16193	**896**	**11743**	**3479**	**2367**	**2171**	**7224**	**17220**	**16519**	**16129**	**24565**	**38915**	L
863	60	891	246	260	233	506	1095	890	1083	1635	1324	71
15330	836	10852	3233	2107	1938	6718	16125	15629	15046	22930	37591	72
5615	**183**	**4611**	**1373**	**846**	**677**	**2682**	**5328**	**5756**	**4566**	**8756**	**14273**	M
703	36	455	132	64	57	184	1086	1481	816	2836	2382	73
2342	128	3217	1067	630	450	1868	2530	2909	2666	3678	10087	74
2570	19	939	174	152	170	630	1712	1366	1084	2242	1804	75
563	**8**	**786**	**153**	**123**	**165**	**286**	**716**	**660**	**492**	**1114**	**526**	N
50	1	74	22	15	17	40	79	26	21	60	49	76
102	1	87	16	23	16	33	76	106	120	115	111	77
411	6	625	115	85	132	213	561	528	351	939	366	78
3163	**107**	**2590**	**1001**	**415**	**537**	**1385**	**2829**	**2344**	**2846**	**4541**	**4581**	O
983	34	865	358	160	138	336	1289	919	1170	1378	1746	79
940	63	1105	504	189	254	605	931	904	1272	1245	1843	80
1240	10	620	139	66	145	444	609	521	404	1918	992	81
403	**24**	**427**	**331**	**63**	**83**	**221**	**621**	**344**	**737**	**757**	**1791**	P
403	24	427	331	63	83	221	621	344	737	757	1791	82
249	**30**	**244**	**147**	**58**	**59**	**139**	**559**	**279**	**139**	**283**	**618**	Q
237	29	222	135	54	54	125	507	248	124	230	597	83
12	1	22	12	4	5	14	52	31	15	53	21	84
2080	**159**	**1974**	**904**	**418**	**551**	**806**	**1594**	**2480**	**1515**	**2308**	**2276**	R
57	2	125	44	12	30	36	25	16	30	70	68	85
231	7	348	95	52	117	96	113	170	148	212	328	86
654	23	499	292	67	44	137	297	495	535	700	578	87
122	1	128	25	37	24	31	186	246	274	184	312	88
1016	126	874	448	250	336	506	973	1553	528	1142	990	89
3		**6**		**1**		**2**	**1**	**1**		**3**	**1**	S
3		6		1		2	1	1		3	1	93

2-4 按行业(中类)、

(2015年)

行业中类	代码	企业单位数	内资企业	国有企业	集体企业	股份合作企业
总计	--	**12593254**	**12355798**	**133631**	**144856**	**68593**
农、林、牧、渔业	A	**739995**	**738162**	**5046**	**3999**	**2080**
农业	01	342759	341811	1550	1366	960
谷物种植	011	67743	67684	567	216	99
豆类、油料和薯类种植	012	12291	12274	75	18	47
棉、麻、糖、烟草种植	013	6971	6962	186	43	19
蔬菜、食用菌及园艺作物种植	014	110828	110323	231	442	378
水果种植	015	67401	67201	213	353	189
坚果、含油果、香料和饮料作物种植	016	22836	22780	105	124	49
中药材种植	017	27571	27534	19	34	72
其他农业	019	27118	27053	154	136	107
林业	02	59926	59714	1678	905	235
林木育种和育苗	021	45748	45608	493	348	176
造林和更新	022	7702	7657	248	181	28
森林经营和管护	023	4299	4280	630	298	21
木材和竹材采运	024	1167	1162	204	52	3
林产品采集	025	1010	1007	103	26	7
畜牧业	03	196562	196242	518	460	488
牲畜饲养	031	136959	136746	369	304	327
家禽饲养	032	43269	43198	76	107	122
狩猎和捕捉动物	033	1019	1019	2		1
其他畜牧业	039	15315	15279	71	49	38
渔业	04	56352	56162	333	483	129
水产养殖	041	54004	53822	297	436	122
水产捕捞	042	2348	2340	36	47	7
农、林、牧、渔服务业	05	84396	84233	967	785	268
农业服务业	051	66426	66309	589	611	206
林业服务业	052	5268	5256	218	73	23
畜牧服务业	053	9041	9025	85	35	21
渔业服务业	054	3661	3643	75	66	18
采矿业	B	**103421**	**102872**	**1385**	**2822**	**802**
煤炭开采和洗选业	06	20517	20439	638	769	217
烟煤和无烟煤开采洗选	061	18620	18555	593	732	192
褐煤开采洗选	062	597	589	19	23	6
其他煤炭采选	069	1300	1295	26	14	19
石油和天然气开采业	07	692	668	56	2	7
石油开采	071	428	413	35	1	1
天然气开采	072	264	255	21	1	6
黑色金属矿采选业	08	15680	15602	102	393	106
铁矿采选	081	13958	13892	81	357	90
锰矿、铬矿采选	082	945	937	11	30	7
其他黑色金属矿采选	089	777	773	10	6	9
有色金属矿采选业	09	11161	11041	183	340	107

登记注册类型分组的企业法人单位数

单位：个

国有联营企业	集体联营企业	国有与集体联营	其他联营	国有独资公司	其他有限责任公司	股份有限公司	私营独资	私营合伙	代码
2327	**6813**	**1526**	**10340**	**30927**	**2188827**	**158864**	**2108512**	**263811**	--
110	**358**	**38**	**342**	**355**	**50293**	**4041**	**196608**	**13284**	A
50	133	8	133	130	23318	1656	79577	5195	01
34	18	3	17	32	2578	164	9926	601	011
	1		5	9	691	49	1700	172	012
	4		2	3	236	24	2331	100	013
6	35	1	53	43	9820	684	25579	1874	014
4	19	1	26	13	3553	240	23060	1090	015
1	10		9	8	1486	103	6205	453	016
	9	1	9	6	2191	161	6856	443	017
5	37	2	12	16	2763	231	3920	462	019
26	58	16	35	55	6252	531	14965	1490	02
9	16	5	22	33	4884	362	11015	1039	021
6	13	2	5	7	857	94	2474	240	022
8	20	6	5	13	338	42	1104	163	023
3	8	1	1	1	85	24	216	30	024
	1	2	2	1	88	9	156	18	025
13	73	5	97	44	11130	981	68554	3783	03
9	45	4	65	38	7955	723	46238	2651	031
	22	1	28	6	2280	189	16608	846	032
			1		64	5	401	26	033
4	6		3		831	64	5307	260	039
7	28	4	29	26	3562	305	22947	1538	04
6	27	4	27	20	3343	276	22151	1499	041
1	1		2	6	219	29	796	39	042
14	66	5	48	100	6031	568	10565	1278	05
12	46	5	35	73	4747	427	7298	909	051
1	10		7	14	607	55	840	126	052
	9		6	7	408	47	1504	143	053
1	1			6	269	39	923	100	054
42	**151**	**12**	**128**	**452**	**16526**	**1795**	**32331**	**8299**	B
17	35	2	23	209	4553	421	4285	1744	06
17	32	1	20	189	4127	384	3889	1623	061
	1	1	3	17	174	20	99	23	062
	2			3	252	17	297	98	069
	11		1	15	226	55	55	6	07
			1	9	144	38	25	2	071
	11			6	82	17	30	4	072
2	15	4	16	61	2407	265	4358	1038	08
2	15	3	14	51	2135	224	3944	919	081
		1	2	7	122	19	225	65	082
				3	150	22	189	54	089
8	16	3	17	47	2427	329	2402	629	09

2-4 续表 1

行业中类	代码	企业单位数	内资企业	国有企业	集体企业	股份合作企业
常用有色金属矿采选	091	7772	7683	108	155	73
贵金属矿采选	092	2186	2163	55	169	24
稀有稀土金属矿采选	093	1203	1195	20	16	10
非金属矿采选业	10	49035	48817	272	1272	334
土砂石开采	101	41712	41557	169	926	295
化学矿开采	102	1712	1705	14	74	11
采盐	103	545	540	50	169	4
石棉及其他非金属矿采选	109	5066	5015	39	103	24
开采辅助活动	11	3735	3710	109	29	17
煤炭开采和洗选辅助活动	111	586	582	36	7	4
石油和天然气开采辅助活动	112	2366	2348	61	15	7
其他开采辅助活动	119	783	780	12	7	6
其他采矿业	12	2601	2595	25	17	14
其他采矿业	120	2601	2595	25	17	14
制造业	**C**	**2800992**	**2676760**	**12034**	**33863**	**20024**
农副食品加工业	13	128141	124672	1596	1233	620
谷物磨制	131	27953	27771	287	167	84
饲料加工	132	14833	14303	86	83	94
植物油加工	133	11520	11316	84	117	34
制糖业	134	942	896	28	5	2
屠宰及肉类加工	135	20966	20591	882	482	134
水产品加工	136	11624	10795	78	158	130
蔬菜、水果和坚果加工	137	18406	17545	50	68	52
其他农副食品加工	139	21897	21455	101	153	90
食品制造业	14	62972	60344	425	487	316
焙烤食品制造	141	16703	16108	76	109	75
糖果、巧克力及蜜饯制造	142	5754	5511	25	41	34
方便食品制造	143	11165	10790	74	70	35
乳制品制造	144	1894	1760	31	18	16
罐头食品制造	145	3692	3463	29	32	17
调味品、发酵制品制造	146	8210	7905	70	101	49
其他食品制造	149	15554	14807	120	116	90
酒、饮料和精制茶制造业	15	49095	47670	420	864	316
酒的制造	151	16425	15995	161	231	133
饮料制造	152	16759	15910	134	201	100
精制茶加工	153	15911	15765	125	432	83
烟草制品业	16	485	480	59	20	3
烟叶复烤	161	236	235	23	2	1
卷烟制造	162	102	101	27	4	
其他烟草制品制造	169	147	144	9	14	2
纺织业	17	133435	127274	418	1033	589
棉纺织及印染精加工	171	48655	46542	171	383	195
毛纺织及染整精加工	172	7803	7391	40	87	44
麻纺织及染整精加工	173	1519	1450	26	23	12

单位：个

国有联营企业	集体联营企业	国有与集体联营	其他联营	国有独资公司	其他有限责任公司	股份有限公司	私营独资	私营合伙	代码
5	13	3	11	20	1596	219	1806	438	091
2	2		2	17	487	66	418	104	092
1	1		4	10	344	44	178	87	093
10	69	3	64	99	5024	598	20211	4647	10
6	58	3	49	63	3849	450	18206	4223	101
2	5		8	4	340	37	421	96	102
1	1			16	99	17	40	25	103
1	5		7	16	736	94	1544	303	109
5	4		4	19	1332	66	453	104	11
3				5	120	19	107	24	111
1	3		2	14	1053	32	173	33	112
1	1		2		159	15	173	47	119
	1		3	2	557	61	567	131	12
	1		3	2	557	61	567	131	120
279	**1474**	**287**	**2148**	**2671**	**376361**	**31636**	**657120**	**72425**	C
28	106	17	106	161	18493	1986	36666	3321	13
5	24	5	24	55	3261	333	10780	807	131
	10	1	9	17	3127	327	2836	274	132
4	3		8	20	1702	205	3656	297	133
1		1		8	226	37	204	21	134
15	40	6	27	34	3134	356	5250	623	135
1	7	2	5	5	1480	160	2600	342	136
	7	1	10	5	2362	238	4472	428	137
2	15	1	23	17	3201	330	6868	529	139
7	25	12	36	60	10052	948	17073	1462	14
1	5	1	9	3	2373	162	5334	368	141
	1	1	1	1	747	55	1764	136	142
2	7		2	14	1664	161	3564	295	143
		3		10	525	85	210	25	144
1	1	1	3	3	577	73	792	136	145
1	3	1	6	9	1289	128	2462	165	146
2	8	5	15	20	2877	284	2947	337	149
14	42	9	32	67	7380	858	14629	1415	15
5	10	4	10	27	2763	392	5174	394	151
8	10	4	15	22	2894	292	4535	539	152
1	22	1	7	18	1723	174	4920	482	153
1		1	2	38	96	10	29	2	16
		1	1	6	43	3	9	1	161
1				27	28	3	3		162
			1	5	25	4	17	1	169
9	55	11	47	85	12377	998	31785	2501	17
3	23	5	17	42	5064	440	11397	1022	171
1	6	1	2	12	792	85	1660	135	172
	3		1	2	202	24	421	35	173

2-4 续表 2

行业中类	代码	企业单位数	内资企业	国有企业	集体企业	股份合作企业
丝绢纺织及印染精加工	174	3693	3547	30	44	25
化纤织造及印染精加工	175	12115	11641	13	30	16
针织或钩针编织物及其制品制造	176	22455	21359	47	156	82
家用纺织制成品制造	177	20694	19696	52	140	69
非家用纺织制成品制造	178	16501	15648	39	170	146
纺织服装、服饰业	18	158146	147294	251	1155	627
机织服装制造	181	101663	93884	178	881	388
针织或钩针编织服装制造	182	22583	20729	32	116	123
服饰制造	183	33900	32681	41	158	116
皮革、毛皮、羽毛及其制品和制鞋业	19	73061	68262	106	521	494
皮革鞣制加工	191	3456	3174	12	29	47
皮革制品制造	192	23946	21970	22	157	85
毛皮鞣制及制品加工	193	5630	5457	11	38	13
羽毛(绒)加工及制品制造	194	2390	2264	12	18	9
制鞋业	195	37639	35397	49	279	340
木材加工和木、竹、藤、棕、草制品业	20	88283	86861	357	772	305
木材加工	201	35234	35018	226	345	113
人造板制造	202	17638	17318	52	73	46
木制品制造	203	25643	25001	62	262	109
竹、藤、棕、草等制品制造	204	9768	9524	17	92	37
家具制造业	21	62157	59808	69	386	221
木质家具制造	211	42477	41109	41	259	148
竹、藤家具制造	212	1023	993	4	9	2
金属家具制造	213	6805	6356	15	68	33
塑料家具制造	214	1109	1056	3	12	3
其他家具制造	219	10743	10294	6	38	35
造纸和纸制品业	22	65138	62822	179	974	584
纸浆制造	221	569	549	7	27	2
造纸	222	16264	15612	80	289	124
纸制品制造	223	48305	46661	92	658	458
印刷和记录媒介复制业	23	77283	75776	1166	2651	1168
印刷	231	70205	68793	1029	2319	1043
装订及印刷相关服务	232	6792	6728	129	326	121
记录媒介复制	233	286	255	8	6	4
文教、工美、体育和娱乐用品制造业	24	94489	87521	189	844	627
文教办公用品制造	241	9338	8729	37	124	66
乐器制造	242	2280	2052	12	25	16
工艺美术品制造	243	60719	57207	109	542	443
体育用品制造	244	8431	7464	17	45	36
玩具制造	245	11455	9929	9	102	53
游艺器材及娱乐用品制造	246	2266	2140	5	6	13
石油加工和炼焦	25	8052	7731	87	135	83
精炼石油产品制造	251	6478	6214	62	120	74
炼焦	252	1574	1517	25	15	9

单位：个

国有联营企业	集体联营企业	国有与集体联营	其他联营	国有独资公司	其他有限责任公司	股份有限公司	私营独资	私营合伙	代码
1	1		2	9	405	62	852	59	174
	2			2	487	33	2996	139	175
3	5		8	8	1854	108	4924	354	176
1	6	2	12	8	2078	125	5190	385	177
	9	3	5	2	1495	121	4345	372	178
4	51	6	72	116	15682	1081	39951	2899	18
3	36	4	49	91	10018	768	26053	2014	181
	8	1	10	7	2047	104	5165	322	182
1	7	1	13	18	3617	209	8733	563	183
4	13	2	40	24	7325	492	18535	1819	19
			5		479	42	863	93	191
	2	1	16	5	2223	132	5376	380	192
	1		1	1	632	36	1434	82	193
2			2	2	296	28	556	71	194
2	10	1	16	16	3695	254	10306	1193	195
10	50	3	45	35	8387	703	34243	2947	20
5	18	1	21	20	2958	250	17257	1196	201
1	7	1	4	9	1900	196	6049	577	202
4	17	1	12	5	2796	193	7136	662	203
	8		8	1	733	64	3801	512	204
	24	4	55	9	8506	405	17458	1262	21
	15	3	36	7	5377	292	12986	877	211
			2		148	1	290	33	212
	5	1	5		1014	44	1508	118	213
					172	9	268	34	214
	4		12	2	1795	59	2406	200	219
7	28	6	60	36	7986	582	16559	2039	22
	1			3	109	12	141	25	221
2	15	2	24	23	2239	217	3781	500	222
5	12	4	36	10	5638	353	12637	1514	223
19	115	10	74	87	10511	972	20556	2263	23
16	102	9	68	80	9541	871	18438	2071	231
2	13	1	6	6	897	94	2081	187	232
1				1	73	7	37	5	233
5	40	8	71	33	10631	742	25671	2119	24
	8	3	13	1	856	69	2229	227	241
			2	3	277	22	567	40	242
5	24	3	39	26	7301	482	17592	1461	243
	3	1	4	2	938	64	1433	144	244
	5	1	13		970	84	3489	216	245
				1	289	21	361	31	246
2	4	2	7	43	1773	254	1054	108	25
1	3	2	6	27	1260	198	890	89	251
1	1		1	16	513	56	164	19	252

2-4 续表 3

行业中类	代码	企业单位数	内资企业	国有企业	集体企业	股份合作企业
化学原料和化学制品制造业	26	119308	112399	707	2053	1071
基础化学原料制造	261	19056	17938	195	467	189
肥料制造	262	13966	13631	133	139	88
农药制造	263	2794	2662	36	42	28
涂料、油墨、颜料及类似产品制造	264	21460	20051	66	337	208
合成材料制造	265	12068	10977	42	152	73
专用化学产品制造	266	30704	28934	148	577	310
炸药、火工及焰火产品制造	267	6197	6151	31	156	36
日用化学产品制造	268	13063	12055	56	183	139
医药制造业	27	23467	21800	232	181	148
化学药品原料药制造	271	3139	2886	30	43	25
化学药品制剂制造	272	2618	2274	39	12	13
中药饮片加工	273	3854	3774	18	18	25
中成药生产	274	3608	3381	64	30	20
兽用药品制造	275	1730	1661	27	22	23
生物药品制造	276	4373	3993	24	14	16
卫生材料及医药用品制造	277	4145	3831	30	42	26
化学纤维制造业	28	7072	6542	23	53	23
纤维素纤维原料及纤维制造	281	1249	1137	8	12	3
合成纤维制造	282	5823	5405	15	41	20
橡胶和塑料制品业	29	166293	157906	284	1881	1544
橡胶制品业	291	29148	27693	89	480	298
塑料制品业	292	137145	130213	195	1401	1246
非金属矿物制品业	30	256667	251965	1030	4996	1785
水泥、石灰和石膏制造	301	16197	15921	232	437	127
石膏、水泥制品及类似制品制造	302	59661	58985	231	708	305
砖瓦、石材等建筑材料制造	303	108526	107307	289	2808	913
玻璃制造	304	4721	4523	21	37	24
玻璃制品制造	305	15320	14673	41	132	95
玻璃纤维和玻璃纤维增强塑料制品制造	306	6031	5801	22	87	46
陶瓷制品制造	307	15990	15254	62	145	94
耐火材料制品制造	308	13352	13075	51	399	85
石墨及其他非金属矿物制品制造	309	16869	16426	81	243	96
黑色金属冶炼和压延加工业	31	41596	40413	193	873	444
炼铁	311	1802	1774	22	52	12
炼钢	312	1086	1056	12	22	8
黑色金属铸造	313	17908	17550	56	524	239
钢压延加工	314	17393	16699	76	234	170
铁合金冶炼	315	3407	3334	27	41	15
有色金属冶炼和压延加工业	32	29670	28392	174	419	236
常用有色金属冶炼	321	5730	5558	55	87	40
贵金属冶炼	322	788	758	23	22	4
稀有稀土金属冶炼	323	1171	1120	11	16	5
有色金属合金制造	324	3657	3452	16	58	34

单位：个

国有联营企业	集体联营企业	国有与集体联营	其他联营	国有独资公司	其他有限责任公司	股份有限公司	私营独资	私营合伙	代码
19	100	23	100	248	20282	2379	22003	3327	26
2	21	4	16	87	3905	526	2649	439	261
4	15		10	35	2839	374	2542	286	262
1	1	1	3	6	606	120	366	30	263
3	15	4	20	18	3306	270	4279	489	264
	4	1	11	32	2066	231	1767	230	265
5	27	11	24	44	5153	582	5114	670	266
2	9		2	17	447	94	2914	877	267
2	8	2	14	9	1960	182	2372	306	268
7	6	12	10	46	6202	1074	2123	274	27
	2	3	2	6	807	145	228	31	271
2	1	3	1	12	850	191	137	16	272
1	1	1	2	4	1076	92	469	58	273
1		4	2	11	1161	314	274	44	274
		1	2	1	425	63	156	18	275
3	1			10	1099	181	343	54	276
	1		1	2	784	88	516	53	277
	2	1	2	12	644	110	1028	138	28
	1			2	172	39	206	22	281
	1	1	2	10	472	71	822	116	282
9	71	14	132	71	20427	1454	40819	4895	29
2	15	3	40	21	3580	306	6400	820	291
7	56	11	92	50	16847	1148	34419	4075	292
35	259	24	214	310	36582	2980	84299	12141	30
7	21	7	19	106	3270	411	4083	594	301
8	41	4	44	94	9143	636	21616	1994	302
12	150	10	92	42	13088	945	40371	7786	303
1	2		5	6	841	75	786	90	304
2	6		17	15	2097	185	2926	307	305
	2		5	4	848	63	1307	118	306
2	13	1	10	18	2200	221	5167	479	307
	11	1	4	8	2223	197	3812	323	308
3	13	1	18	17	2872	247	4231	450	309
2	27	10	21	79	5578	509	10495	1263	31
	3	1	2	4	291	35	471	92	311
	2		1	3	249	22	198	28	312
	11	3	9	10	1628	148	6249	631	313
	7	6	8	49	2580	224	3045	419	314
2	4		1	13	830	80	532	93	315
3	22	3	29	77	5483	564	5560	703	32
	4		7	27	1143	165	1055	182	321
1	1		1	8	186	38	125	10	322
	3		5	4	277	49	146	30	323
1	2	1	2	8	707	75	538	65	324

2-4 续表 4

行业中类	代码	企业单位数	内资企业	国有企业	集体企业	股份合作企业
有色金属铸造	325	2306	2247	9	41	23
有色金属压延加工	326	16018	15257	60	195	130
金属制品业	33	239597	231966	457	2980	1697
结构性金属制品制造	331	79703	78109	161	953	499
金属工具制造	332	26983	26004	86	366	159
集装箱及金属包装容器制造	333	6814	6360	33	147	54
金属丝绳及其制品制造	334	13069	12729	23	171	80
建筑、安全用金属制品制造	335	33662	32546	36	303	315
金属表面处理及热处理加工	336	12722	12131	27	382	219
搪瓷制品制造	337	2176	2122	4	19	5
金属制日用品制造	338	20555	19567	16	146	113
其他金属制品制造	339	43913	42398	71	493	253
通用设备制造业	34	264152	255521	922	3212	2414
锅炉及原动设备制造	341	10982	10624	94	229	108
金属加工机械制造	342	46660	45424	199	553	324
物料搬运设备制造	343	11716	11103	70	132	91
泵、阀门、压缩机及类似机械制造	344	35416	33840	115	428	623
轴承、齿轮和传动部件制造	345	18207	17407	63	155	163
烘炉、风机、衡器、包装等设备制造	346	25496	24110	78	278	242
文化、办公用机械制造	347	3021	2617	17	22	20
通用零部件制造	348	89254	87477	216	1293	750
其他通用设备制造业	349	23400	22919	70	122	93
专用设备制造业	35	180810	173000	815	1663	1345
采矿、冶金、建筑专用设备制造	351	29753	28983	233	409	183
化工、木材、非金属加工专用设备制造	352	52066	49341	106	342	354
食品、饮料、烟草及饲料生产专用设备制造	353	5553	5349	32	67	89
印刷、制药、日化及日用品生产专用设备制造	354	10536	10008	37	108	99
纺织、服装和皮革加工专用设备制造	355	11597	11018	38	108	176
电子和电工机械专用设备制造	356	14596	13881	61	87	78
农、林、牧、渔专用机械制造	357	11884	11614	108	185	85
医疗仪器设备及器械制造	358	10806	9965	56	96	82
环保、社会公共服务及其他专用设备制造	359	34019	32841	144	261	199
汽车制造业	36	67573	62702	250	552	593
汽车整车制造	361	1068	931	29	6	4
改装汽车制造	362	1256	1207	31	18	6
低速载货汽车制造	363	112	110	5	2	1
电车制造	364	820	810	2		1
汽车车身、挂车制造	365	1174	1136	6	17	5
汽车零部件及配件制造	366	63143	58508	177	509	576
铁路、船舶、航空航天和其他运输设备制造业	37	32082	30626	307	524	254
铁路运输设备制造	371	3389	3274	105	239	23
城市轨道交通设备制造	372	208	198	3	3	1
船舶及相关装置制造	373	9631	9180	103	133	54
航空、航天器及设备制造	374	1158	1033	49	10	5

单位：个

国有联营企业	集体联营企业	国有与集体联营	其他联营	国有独资公司	其他有限责任公司	股份有限公司	私营独资	私营合伙	代码
	3		1	1	308	24	682	75	325
1	9	2	13	29	2862	213	3014	341	326
16	104	12	210	114	30530	1879	56080	5611	33
5	42	2	72	51	11687	728	18228	1523	331
3	6	2	37	5	2739	167	7298	667	332
1	4		4	5	1133	95	1114	115	333
2	3	1	6	6	1598	72	2300	238	334
	14		22	6	3747	230	8473	1057	335
1	8	3	9	7	1346	105	3268	497	336
			1		319	24	413	44	337
4	8	1	23	9	2616	142	5474	416	338
	19	3	36	25	5345	316	9512	1054	339
23	81	26	169	180	31505	2471	56394	6249	34
3	7	1	6	32	1916	209	2095	184	341
2	14	6	23	40	6387	505	9669	1053	342
1	6		8	20	2079	180	1626	148	343
1	9	3	17	26	3841	347	6170	758	344
2	3	3	5	12	1761	166	4264	600	345
5	8	2	21	17	3495	301	4201	444	346
1	2		7	2	466	50	356	44	347
5	26	10	67	27	8394	540	24691	2655	348
3	6	1	15	4	3166	173	3322	363	349
17	65	18	142	187	26990	2236	30623	3601	35
4	16	5	13	85	5667	467	4985	497	351
1	11	1	49	30	6325	397	10124	1306	352
1		1	2	3	796	83	1117	104	353
1	5		8	9	1601	132	1777	218	354
	4		4	5	859	93	2761	377	355
3	6	2	24	7	2698	226	1752	266	356
2	10	2	8	12	1869	174	2996	243	357
1	4	3	7	5	1859	199	1255	153	358
4	9	4	27	31	5316	465	3856	437	359
4	17	7	32	123	10207	864	11223	1425	36
	1		1	22	322	64	70	12	361
			2	16	429	58	110	13	362
					32	7	18	2	363
	1				125	16	172	13	364
				4	201	16	139	19	365
4	15	7	29	81	9098	703	10714	1366	366
6	20	14	14	92	4753	400	6118	649	37
	5	3	3	31	720	83	417	44	371
2					64	5	20	6	372
4	7	8	3	24	1354	115	1631	190	373
	1	1	2	24	324	39	68	7	374

2-4 续表 5

行业中类	代码	企业单位数	内资企业	国有企业	集体企业	股份合作企业
摩托车制造	375	8095	7873	17	84	128
自行车制造	376	7435	7042	16	43	34
非公路休闲车及零配件制造	377	867	793	3	6	3
潜水救捞及其他未列明运输设备制造	379	1299	1233	11	6	6
电气机械和器材制造业	38	169224	159995	494	1580	1280
电机制造	381	16647	15778	73	133	158
输配电及控制设备制造	382	56654	53823	198	649	527
电线、电缆、光缆及电工器材制造	383	24005	22519	77	349	209
电池制造	384	5355	4815	26	40	33
家用电力器具制造	385	21825	20501	38	138	95
非电力家用器具制造	386	5945	5737	12	29	20
照明器具制造	387	28299	26673	25	147	177
其他电气机械及器材制造	389	10494	10149	45	95	61
计算机、通信和其他电子设备制造业	39	92146	81035	258	357	374
计算机制造	391	8680	7425	19	32	27
通信设备制造	392	7902	7004	50	37	46
广播电视设备制造	393	3224	2851	13	12	12
雷达及配套设备制造	394	228	217	7		2
视听设备制造	395	5208	4369	15	17	15
电子器件制造	396	14232	12141	53	55	69
电子元件制造	397	36233	31750	74	155	154
其他电子设备制造	399	16439	15278	27	49	49
仪器仪表制造业	40	36432	33800	208	473	451
通用仪器仪表制造	401	18516	17503	105	251	228
专用仪器仪表制造	402	6165	5772	60	85	64
钟表与计时仪器制造	403	2436	1924	12	52	20
光学仪器及眼镜制造	404	5907	5323	15	38	105
其他仪器仪表制造业	409	3408	3278	16	47	34
其他制造业	41	44503	43095	95	278	191
日用杂品制造	411	12549	11715	9	97	99
煤制品制造	412	3362	3345	19	47	17
其他未列明制造业	419	28592	28035	67	134	75
废弃资源综合利用业	42	12190	11875	62	132	65
金属废料和碎屑加工处理	421	6158	5951	29	91	30
非金属废料和碎屑加工处理	422	6032	5924	33	41	35
金属制品、机械和设备修理业	43	17473	17213	201	581	156
金属制品修理	431	1036	995	9	33	7
通用设备修理	432	2530	2505	29	83	22
专用设备修理	433	2435	2402	41	116	14
铁路、船舶、航空航天等运输设备修理	434	4945	4853	63	165	54
电气设备修理	435	1389	1375	10	62	19
仪器仪表修理	436	337	331	7	13	4
其他机械和设备修理业	439	4801	4752	42	109	36

单位：个

国有联营企业	集体联营企业	国有与集体联营	其他联营	国有独资公司	其他有限责任公司	股份有限公司	私营独资	私营合伙	代码
	3		3	8	1107	64	2239	213	375
	4	1	3	1	887	72	1301	136	376
				1	77	4	258	15	377
		1		3	220	18	184	38	379
11	66	13	158	135	27285	2117	25622	3329	38
3	6		15	28	2403	215	2446	300	381
4	29	8	43	45	9642	816	6777	1197	382
3	18	1	16	16	3817	325	3798	434	383
1	3		6	12	1013	126	494	67	384
	3	2	22	10	3552	199	3433	515	385
	2		8	5	1024	98	919	82	386
	4	2	40	8	4060	226	6489	559	387
	1		8	11	1774	112	1266	175	389
4	11	4	193	95	14066	1317	9921	1519	39
	4		26	4	1438	157	588	128	391
	1		5	14	1488	157	620	121	392
		2	4	4	443	64	410	53	393
				13	52	7	13	4	394
1	1		12	6	714	54	668	87	395
2	1		19	16	2356	270	1114	178	396
1	3	2	65	28	4752	385	4922	680	397
	1		62	10	2823	223	1586	268	399
1	22	7	32	49	5844	587	4589	705	40
1	12	3	15	22	3114	360	2119	342	401
	2	3	2	11	1174	137	645	100	402
	3		10	5	286	15	309	38	403
	1		2	8	675	41	1031	154	404
	4	1	3	3	595	34	485	71	409
6	16	1	15	22	5614	323	10201	1825	41
1	3		3	5	998	67	3126	1146	411
2	3		3	3	364	29	1504	132	412
3	10	1	9	14	4252	227	5571	547	419
4	17	3	6	12	2313	137	2674	262	42
3	11	2	3	5	1245	66	1158	108	421
1	6	1	3	7	1068	71	1516	154	422
2	15	4	22	25	2857	204	3139	352	43
			1	1	179	17	229	24	431
	2	1	2	1	425	22	461	45	432
	2		1	3	396	23	489	31	433
1	5	2	3	10	631	52	849	132	434
	1		4	5	288	22	226	28	435
			1		70	8	33	7	436
1	5	1	10	5	868	60	852	85	439

2-4 续表 6

行业中类	代码	企业单位数	内资企业	国有企业	集体企业	股份合作企业
电力、热力、燃气及水生产和供应业	D	**85990**	**83987**	**8089**	**6097**	**1257**
电力、热力生产和供应业	44	56464	55449	4482	3119	980
电力生产	441	45702	44785	2230	2816	923
电力供应	442	4719	4699	1789	191	27
热力生产和供应	443	6043	5965	463	112	30
燃气生产和供应业	45	7912	7364	245	75	77
燃气生产和供应业	450	7912	7364	245	75	77
水的生产和供应业	46	21614	21174	3362	2903	200
自来水生产和供应	461	15671	15489	2766	2732	112
污水处理及其再生利用	462	4742	4501	560	157	23
其他水的处理、利用与分配	469	1201	1184	36	14	65
建筑业	E	**574114**	**572255**	**6173**	**7504**	**1904**
房屋建筑业	47	107702	107420	1517	3588	428
房屋建筑业	470	107702	107420	1517	3588	428
土木工程建筑业	48	99915	99614	2992	1556	310
铁路、道路、隧道和桥梁工程建筑	481	38214	38081	1361	498	123
水利和内河港口工程建筑	482	8121	8099	770	210	30
海洋工程建筑	483	315	313	8	2	1
工矿工程建筑	484	4095	4063	141	72	13
架线和管道工程建筑	485	11008	10964	305	356	36
其他土木工程建筑	489	38162	38094	407	418	107
建筑安装业	49	97529	97075	755	1212	363
电气安装	491	23443	23314	222	404	88
管道和设备安装	492	21392	21282	225	347	109
其他建筑安装业	499	52694	52479	308	461	166
建筑装饰和其他建筑业	50	268968	268146	909	1148	803
建筑装饰业	501	195938	195274	334	673	622
工程准备活动	502	20857	20818	231	182	55
提供施工设备服务	503	6503	6482	35	45	20
其他未列明建筑业	509	45670	45572	309	248	106
批发和零售业	F	**4197662**	**4155102**	**30403**	**39509**	**17146**
批发业	51	2561313	2526313	18501	19133	8239
农、林、牧产品批发	511	138206	137785	4021	1874	482
食品、饮料及烟草制品批发	512	259183	256140	4456	1831	857
纺织、服装及家庭用品批发	513	346627	338259	817	1196	799
文化、体育用品及器材批发	514	87604	85913	583	411	393
医药及医疗器材批发	515	71817	70978	574	207	269
矿产品、建材及化工产品批发	516	716145	711168	4293	8796	2404
机械设备、五金产品及电子产品批发	517	608542	598557	1984	2493	2178
贸易经纪与代理	518	103708	101153	662	472	248
其他批发业	519	229481	226360	1111	1853	609
零售业	52	1636349	1628789	11902	20376	8907
综合零售	521	217348	215791	2165	9331	1049
食品、饮料及烟草制品专门零售	522	161677	160938	2800	1892	959
纺织、服装及日用品专门零售	523	173422	171890	644	1509	836

单位：个

国有联营企业	集体联营企业	国有与集体联营	其他联营	国有独资公司	其他有限责任公司	股份有限公司	私营独资	私营合伙	代码
110	**283**	**73**	**137**	**2027**	**16000**	**2030**	**14547**	**8882**	D
68	184	48	88	1307	10308	1481	9929	7876	44
49	176	40	82	760	7571	1190	9068	7747	441
15	6	6	2	391	874	122	270	74	442
4	2	2	4	156	1863	169	591	55	443
8	8	3	8	84	2120	221	1165	245	45
8	8	3	8	84	2120	221	1165	245	450
34	91	22	41	636	3572	328	3453	761	46
29	85	20	33	473	2030	226	2851	652	461
5	5	2	7	153	1337	87	340	44	462
	1		1	10	205	15	262	65	469
56	**235**	**54**	**334**	**2107**	**132302**	**9181**	**51055**	**7547**	E
8	87	23	56	516	29968	2857	9448	1382	47
8	87	23	56	516	29968	2857	9448	1382	470
21	44	13	75	1062	24690	1838	8602	1170	48
10	12	6	26	610	10191	850	2795	407	481
7	8	2	3	162	2075	202	772	97	482
				7	65	3	23		483
	2	2	7	63	1087	88	252	36	484
3	8	1	9	103	3063	232	762	92	485
1	14	2	30	117	8209	463	3998	538	489
10	36	7	57	254	21130	1357	7663	1090	49
4	9		12	86	5561	351	1468	218	491
3	7	3	8	61	4621	282	1614	257	492
3	20	4	37	107	10948	724	4581	615	499
17	68	11	146	275	56514	3129	25342	3905	50
4	29	8	116	96	40737	2255	18043	2766	501
3	14		14	63	4134	233	2091	319	502
2	3	1	5	7	1494	107	787	127	503
8	22	2	11	109	10149	534	4421	693	509
738	**2174**	**447**	**3619**	**4247**	**726068**	**40824**	**646573**	**58157**	F
362	995	208	2136	2878	427877	23026	287043	30310	51
51	118	25	118	415	16201	1301	27188	1817	511
62	92	27	187	640	40793	2401	33232	3298	512
21	54	13	185	170	49599	2545	33949	3342	513
8	18	11	62	97	14828	798	9102	1019	514
12	17	2	75	86	15473	998	6659	811	515
104	433	53	575	948	130143	7024	92475	9303	516
54	137	49	674	288	104948	5152	46463	6946	517
17	30	7	116	110	18059	1165	9527	1245	518
33	96	21	144	124	37833	1642	28448	2529	519
376	1179	239	1483	1369	298191	17798	359530	27847	52
74	391	48	183	129	36843	2443	52989	3491	521
40	136	18	126	272	26185	1590	36382	2496	522
14	85	19	148	43	27534	1596	43210	2564	523

2-4　续表 7

行业中类	代码	企业单位数	内资企业	国有企业	集体企业	股份合作企业
文化、体育用品及器材专门零售	524	95125	94566	1542	1094	944
医药及医疗器材专门零售	525	130549	130356	979	843	878
汽车、摩托车、燃料及零配件专门零售	526	203303	202264	1798	1942	1102
家用电器及电子产品专门零售	527	216145	215509	401	559	1071
五金、家具及室内装饰材料专门零售	528	225292	224756	659	1635	1285
货摊、无店铺及其他零售业	529	213488	212719	914	1571	783
交通运输、仓储和邮政业	**G**	**368906**	**363876**	**10199**	**5796**	**1910**
铁路运输业	53	3374	3357	384	158	13
铁路旅客运输	531	502	502	73	9	2
铁路货物运输	532	1291	1283	115	40	5
铁路运输辅助活动	533	1581	1572	196	109	6
道路运输业	54	197899	196708	3200	2764	1126
城市公共交通运输	541	11946	11827	669	358	138
公路旅客运输	542	10339	10236	652	357	140
道路货物运输	543	161758	161009	731	1305	699
道路运输辅助活动	544	13856	13636	1148	744	149
水上运输业	55	13046	12720	350	584	84
水上旅客运输	551	1370	1337	62	95	10
水上货物运输	552	8000	7922	146	392	51
水上运输辅助活动	553	3676	3461	142	97	23
航空运输业	56	1879	1801	116	6	5
航空客货运输	561	754	717	51	4	2
通用航空服务	562	467	455	15		2
航空运输辅助活动	563	658	629	50	2	1
管道运输业	57	414	391	35	6	
管道运输业	570	414	391	35	6	
装卸搬运和运输代理业	58	100700	98744	896	1490	424
装卸搬运	581	18167	18042	211	1124	94
运输代理业	582	82533	80702	685	366	330
仓储业	59	33465	32066	4042	723	166
谷物、棉花等农产品仓储	591	10441	10407	3368	202	42
其他仓储业	599	23024	21659	674	521	124
邮政业	60	18129	18089	1176	65	92
邮政基本服务	601	1536	1533	978	31	7
快递服务	602	16593	16556	198	34	85
住宿和餐饮业	**H**	**270441**	**265319**	**6235**	**4377**	**2222**
住宿业	61	89619	88084	4858	2742	945
旅游饭店	611	29141	27988	2279	624	222
一般旅馆	612	50731	50418	2183	1829	606
其他住宿业	619	9747	9678	396	289	117
餐饮业	62	180822	177235	1377	1635	1277
正餐服务	621	138405	136030	1154	1285	911
快餐服务	622	12573	11999	75	120	149
饮料及冷饮服务	623	7887	7564	23	47	74
其他餐饮业	629	21957	21642	125	183	143

单位：个

国有联营企业	集体联营企业	国有与集体联营	其他联营	国有独资公司	其他有限责任公司	股份有限公司	私营独资	私营合伙	代码
21	69	9	84	364	18004	1098	16580	1560	524
45	118	19	230	52	19735	1547	47904	3093	525
130	144	87	194	271	43937	3385	42247	4426	526
8	45	6	214	57	45428	2338	33394	3436	527
19	100	13	164	65	42696	1923	50226	3522	528
25	91	20	140	116	37829	1878	36598	3259	529
169	**317**	**92**	**423**	**1995**	**77379**	**5899**	**40207**	**7297**	**G**
5	4	6	4	51	883	82	294	46	53
1	1	1	1	9	134	12	41	5	531
2			2	26	398	44	101	18	532
2	3	5	1	16	351	26	152	23	533
62	179	33	184	918	43655	3524	23367	3949	54
13	21	7	16	304	3698	505	1022	208	541
13	37	7	22	163	2957	575	850	448	542
24	77	8	118	202	33813	2114	19784	2931	543
12	44	11	28	249	3187	330	1711	362	544
11	18	4	17	136	2904	325	934	673	55
	4		1	16	309	40	136	51	551
8	13	1	13	54	1670	196	512	524	552
3	1	3	3	66	925	89	286	98	553
1			2	79	568	64	87	16	56
			1	21	208	28	37	8	561
				9	159	12	25	1	562
1			1	49	201	24	25	7	563
2			1	8	139	22	40	2	57
2			1	8	139	22	40	2	570
31	58	16	148	255	18990	1077	9082	1761	58
3	40	5	14	33	3516	188	2975	510	581
28	18	11	134	222	15474	889	6107	1251	582
46	49	27	22	505	6549	475	4152	545	59
33	20	7	7	344	1393	157	1527	213	591
13	29	20	15	161	5156	318	2625	332	599
11	9	6	45	43	3691	330	2251	305	60
7	5	2	1	17	73	20	59	19	601
4	4	4	44	26	3618	310	2192	286	602
73	**230**	**43**	**221**	**655**	**44276**	**3437**	**78837**	**7853**	**H**
56	132	29	78	451	16837	1641	22905	3157	61
21	31	7	17	330	7662	795	4185	633	611
24	81	20	49	107	7285	690	16183	2161	612
11	20	2	12	14	1890	156	2537	363	619
17	98	14	143	204	27439	1796	55932	4696	62
15	80	9	99	175	21289	1409	44274	3610	621
1	9	1	15	13	1699	143	3443	282	622
	2		6	2	1065	57	2314	308	623
1	7	4	23	14	3386	187	5901	496	629

2-4 续表 8

行业中类	代码	企业单位数	内资企业	国有企业	集体企业	股份合作企业
信息传输、软件和信息技术服务业	**I**	**380228**	**370415**	**2639**	**732**	**1140**
电信、广播电视和卫星传输服务	63	15056	14468	1658	186	102
电信	631	11547	10973	1023	77	70
广播电视传输服务	632	3128	3117	610	106	31
卫星传输服务	633	381	378	25	3	1
互联网和相关服务	64	49455	49085	218	57	151
互联网接入及相关服务	641	5408	5375	50	10	19
互联网信息服务	642	33921	33631	142	39	113
其他互联网服务	649	10126	10079	26	8	19
软件和信息技术服务业	65	315717	306862	763	489	887
软件开发	651	189791	183258	266	178	423
信息系统集成服务	652	27303	26770	110	35	73
信息技术咨询服务	653	53291	52433	222	171	266
数据处理和存储服务	654	5491	5314	19	9	13
集成电路设计	655	3289	2980	10	3	8
其他信息技术服务业	659	36552	36107	136	93	104
金融业	**J**	**104213**	**101228**	**4233**	**1135**	**2343**
货币金融服务	66	34340	32876	2473	950	1743
中央银行服务	661					
货币银行服务	662	12293	11746	2220	898	1558
非货币银行服务	663	22047	21130	253	52	185
银行监管服务	664					
资本市场服务	67	36986	36621	511	75	164
证券市场服务	671	3012	2922	103	3	25
期货市场服务	672	493	489	32	2	3
证券期货监管服务	673					
资本投资服务	674	26698	26484	316	56	102
其他资本市场服务	679	6783	6726	60	14	34
保险业	68	16558	15606	987	60	341
人身保险	681	5610	5011	407	14	149
财产保险	682	6126	5870	542	21	165
再保险	683	43	35	1		1
养老金	684	181	179	8	10	3
保险经纪与代理服务	685	3398	3340	17	7	15
保险监管服务	686					
其他保险活动	689	1200	1171	12	8	8
其他金融业	69	16329	16125	262	50	95
金融信托与管理服务	691	4548	4505	90	17	31
控股公司服务	692	1667	1644	29	6	13
非金融机构支付服务	693	566	563	10		4
金融信息服务	694	3103	3080	24	7	15
其他未列明金融业	699	6445	6333	109	20	32

单位：个

国有联营企业	集体联营企业	国有与集体联营	其他联营	国有独资公司	其他有限责任公司	股份有限公司	私营独资	私营合伙	代码
55	**59**	**37**	**313**	**708**	**84416**	**5188**	**27211**	**4737**	I
34	17	17	35	430	3225	1080	1386	189	63
25	13	12	29	297	2264	834	1130	138	631
8	4	5	6	127	850	228	231	42	632
1				6	111	18	25	9	633
5	4	6	47	49	9215	653	8584	1157	64
	1	1	11	5	1160	85	754	100	641
3	2	5	31	40	6049	468	6129	860	642
2	1		5	4	2006	100	1701	197	649
16	38	14	231	229	71976	3455	17241	3391	65
7	10	5	148	102	43885	2070	8827	1850	651
2	7	2	9	28	6316	361	1451	323	652
3	15	3	40	53	12268	519	3750	640	653
		1	3	8	1144	73	477	75	654
1			8	6	663	55	149	36	655
3	6	3	23	32	7700	377	2587	467	659
82	**51**	**24**	**87**	**737**	**23681**	**14724**	**5641**	**5484**	J
46	30	13	36	136	7692	6269	1789	440	66
									661
33	19	7	12	61	750	4954	129	27	662
13	11	6	24	75	6942	1315	1660	413	663
									664
9	11	6	28	356	9362	979	2178	3881	67
1	1	1	1	28	949	336	110	227	671
1				4	211	21	22	12	672
									673
4	10	4	21	293	6388	498	1523	3261	674
3		1	6	31	1814	124	523	381	679
23	5	4	11	96	2850	7070	515	75	68
10		2	2	20	512	3174	98	15	681
11	4	2	3	40	654	3585	145	21	682
					12	9	1		683
					11	127			684
1			3	32	1305	126	167	17	685
									686
1	1		3	4	356	49	104	22	689
4	5	1	12	149	3777	406	1159	1088	69
2	1		3	43	979	112	361	407	691
	1		4	35	341	39	70	293	692
				2	198	15	43	9	693
1			3	8	686	63	226	66	694
1	3	1	2	61	1573	177	459	313	699

2-4 续表 9

行业中类	代码	企业单位数	内资企业	国有企业	集体企业	股份合作企业
房地产业	**K**	**459706**	**448911**	**8822**	**8038**	**2808**
房地产业	70	459706	448911	8822	8038	2808
房地产开发经营	701	188888	181655	2872	1101	551
物业管理	702	143296	141530	2315	2255	789
房地产中介服务	703	87210	86572	646	465	423
自有房地产经营活动	704	22700	21853	1833	3365	928
其他房地产业	709	17612	17301	1156	852	117
租赁和商务服务业	**L**	**1315261**	**1297009**	**16190**	**18173**	**6515**
租赁业	71	91122	90245	424	416	388
机械设备租赁	711	87999	87151	377	376	369
文化及日用品出租	712	3123	3094	47	40	19
商务服务业	72	1224139	1206764	15766	17757	6127
企业管理服务	721	272866	269344	7368	9928	1437
法律服务	722	12085	12062	193	120	113
咨询与调查	723	335599	325249	1479	1343	1583
广告业	724	240193	239494	1002	500	819
知识产权服务	725	9703	9607	62	26	40
人力资源服务	726	63861	63681	936	1123	286
旅行社及相关服务	727	46593	46302	1471	449	361
安全保护服务	728	10635	10600	663	316	43
其他商务服务业	729	232604	230425	2592	3952	1445
科学研究和技术服务业	**M**	**523736**	**515383**	**9763**	**4176**	**3076**
研究和试验发展	73	67867	65902	825	398	635
自然科学研究和试验发展	731	7479	7346	80	17	45
工程和技术研究和试验发展	732	40874	39775	463	187	228
农业科学研究和试验发展	733	8585	8486	166	87	49
医学研究和试验发展	734	9967	9342	91	95	283
社会人文科学研究	735	962	953	25	12	30
专业技术服务业	74	253352	249560	7371	2536	1613
气象服务	741	1073	1070	322	84	8
地震服务	742	383	382	24	3	2
海洋服务	743	514	499	21	7	3
测绘服务	744	7721	7713	459	203	57
质检技术服务	745	16825	16459	1130	512	168
环境与生态监测	746	4334	4306	123	45	40
地质勘查	747	5475	5408	559	65	37
工程技术	748	101928	100670	3763	943	565
其他专业技术服务业	749	115099	113053	970	674	733
科技推广和应用服务业	75	202517	199921	1567	1242	828
技术推广服务	751	158170	156212	1145	1020	651
科技中介服务	752	9727	9570	226	92	67
其他科技推广和应用服务业	759	34620	34139	196	130	110
水利、环境和公共设施管理业	**N**	**65981**	**65321**	**3186**	**1436**	**313**
水利管理业	76	5688	5647	849	280	26
防洪除涝设施管理	761	583	580	91	31	3

单位：个

国有联营企业	集体联营企业	国有与集体联营	其他联营	国有独资公司	其他有限责任公司	股份有限公司	私营独资	私营合伙	代码
119	**241**	**80**	**356**	**3531**	**141993**	**10551**	**31775**	**5393**	K
119	241	80	356	3531	141993	10551	31775	5393	70
27	37	20	63	2325	72539	6020	5949	1008	701
41	74	21	178	716	41990	2695	11181	1613	702
8	28	5	80	76	19078	1194	11932	2210	703
31	82	26	21	198	4095	299	1418	305	704
12	20	8	14	216	4291	343	1295	257	709
191	**551**	**139**	**1131**	**7161**	**286751**	**16001**	**108051**	**38495**	L
10	19	3	73	113	19332	1045	12559	1769	71
8	17	3	70	104	18692	1016	12158	1706	711
2	2		3	9	640	29	401	63	712
181	532	136	1058	7048	267419	14956	95492	36726	72
67	167	54	216	5024	60425	3755	13669	14009	721
3	9	3	24	8	1095	98	1699	3732	722
22	67	20	235	301	71871	3061	22703	8997	723
17	26	9	221	275	51571	2777	24658	3688	724
1	2	1	8	13	1770	88	710	601	725
14	32	8	73	127	13447	816	7426	1185	726
18	30	12	71	362	11919	1270	4148	800	727
5	17	2	12	165	2693	211	848	178	728
34	182	27	198	773	52628	2880	19631	3536	729
122	**216**	**67**	**431**	**1526**	**107700**	**6081**	**36862**	**5744**	M
10	35	11	52	121	13280	771	4681	782	73
	1	1		8	1532	81	552	72	731
6	17	7	34	81	7644	423	2196	403	732
1	9	2	6	16	1769	129	976	135	733
3	7		10	13	2135	119	860	159	734
	1	1	2	3	200	19	97	13	735
80	117	42	272	1160	57861	3627	20227	3399	74
2	4	1		17	250	25	77	10	741
					91	4	41	5	742
			1	3	115	5	35	4	743
5	3	4	5	40	1832	162	740	133	744
22	13	10	24	149	4268	343	1231	202	745
4	2	1	5	22	1040	69	314	53	746
9	6	1	6	82	1593	125	356	67	747
29	52	16	115	711	25166	1776	6579	1344	748
9	37	9	116	136	23506	1118	10854	1581	749
32	64	14	107	245	36559	1683	11954	1563	75
24	53	10	81	178	28106	1233	9214	1202	751
2	5	1	8	39	1991	105	832	116	752
6	6	3	18	28	6462	345	1908	245	759
37	**65**	**21**	**64**	**1375**	**16114**	**1309**	**6500**	**936**	N
9	23	5	6	214	1260	119	563	78	76
1	2		1	34	111	6	70	7	761

2-4 续表 10

行业中类	代码	企业单位数	内资企业	国有企业	集体企业	股份合作企业
水资源管理	762	1290	1282	227	71	7
天然水收集与分配	763	737	730	181	66	4
水文服务	764	358	355	41	13	3
其他水利管理业	769	2720	2700	309	99	9
生态保护和环境治理业	77	8885	8688	354	87	42
生态保护	771	1426	1411	102	16	9
环境治理业	772	7459	7277	252	71	33
公共设施管理业	78	51408	50986	1983	1069	245
市政设施管理	781	5887	5798	620	203	19
环境卫生管理	782	5161	5138	313	194	19
城乡市容管理	783	1419	1414	55	23	9
绿化管理	784	25163	25104	351	242	114
公园和游览景区管理	785	13778	13532	644	407	84
居民服务、修理和其他服务业	**O**	**277682**	**276207**	**2343**	**3982**	**2439**
居民服务业	79	98799	98149	823	1493	960
家庭服务	791	19101	19064	44	102	95
托儿所服务	792	473	472	6	1	1
洗染服务	793	4251	4210	22	42	47
理发及美容服务	794	20019	19738	31	118	373
洗浴服务	795	8768	8684	52	170	116
保健服务	796	8493	8429	13	18	95
婚姻服务	797	8020	7991	40	79	43
殡葬服务	798	3471	3435	271	327	40
其他居民服务业	799	26203	26126	344	636	150
机动车、电子产品和日用产品修理业	80	99699	99257	870	1714	1145
汽车、摩托车修理与维护	801	73262	73008	739	1417	890
计算机和办公设备维修	802	10790	10687	39	65	87
家用电器修理	803	10730	10674	48	119	124
其他日用产品修理业	809	4917	4888	44	113	44
其他服务业	81	79184	78801	650	775	334
清洁服务	811	34263	34140	151	282	167
其他未列明服务业	819	44921	44661	499	493	167
教育	**P**	**61974**	**61565**	**1266**	**833**	**674**
教育	82	61974	61565	1266	833	674
学前教育	821	8845	8793	123	95	32
初等教育	822	928	918	89	21	7
中等教育	823	1132	1122	77	23	15
高等教育	824	260	258	30	2	4
特殊教育	825	405	403	10	5	3
技能培训、教育辅助及其他教育	829	50404	50071	937	687	613
卫生和社会工作	**Q**	**32696**	**32510**	**1134**	**948**	**557**
卫生	83	29068	28918	978	788	534
医院	831	11181	11104	489	172	258
社区医疗与卫生院	832	2881	2879	248	242	20

单位：个

国有联营企业	集体联营企业	国有与集体联营	其他联营	国有独资公司	其他有限责任公司	股份有限公司	私营独资	私营合伙	代码
3	10	2	1	72	282	28	99	18	762
1	5	2	1	33	123	25	75	16	763
1			2	6	72	14	37	4	764
3	6	1	1	69	672	46	282	33	769
10	7	4	10	115	2048	171	887	143	77
3	2	1		18	255	18	227	31	771
7	5	3	10	97	1793	153	660	112	772
18	35	12	48	1046	12806	1019	5050	715	78
6	3	1	5	410	1577	105	413	54	781
4	4	3	4	113	1184	88	473	79	782
			5	32	244	21	120	15	783
1	13	2	27	96	6329	383	2579	333	784
7	15	6	7	395	3472	422	1465	234	785
54	**195**	**54**	**255**	**294**	**45951**	**2918**	**64667**	**6586**	**O**
27	80	26	97	100	15473	985	26033	2680	79
1	5		22	3	3573	172	3418	391	791
					60	6	137	20	792
			5	2	644	32	1255	102	793
	5		21	1	2337	136	7416	596	794
1	8	2	7	9	1011	103	3466	402	795
1	3	1	4	4	1038	70	3018	350	796
3	4		13	3	1327	57	1688	176	797
10	19	17	10	37	635	61	497	76	798
11	36	6	15	41	4848	348	5138	567	799
18	71	20	104	76	15904	1101	26807	2605	80
14	57	16	69	58	11260	818	21722	2090	801
1	3	2	15	8	2207	138	1515	206	802
	8	1	16	6	1636	96	2450	207	803
3	3	1	4	4	801	49	1120	102	809
9	44	8	54	118	14574	832	11827	1301	81
1	10	6	29	42	6548	337	4600	630	811
8	34	2	25	76	8026	495	7227	671	819
20	**59**	**19**	**93**	**97**	**10094**	**815**	**12176**	**2278**	**P**
20	59	19	93	97	10094	815	12176	2278	82
3	10	2	14	2	504	58	3436	372	821
		1			67	1	225	38	822
2	1	2	4	2	111	18	246	61	823
	2		1	3	45	9	24	8	824
				2	59	11	85	24	825
15	46	14	74	88	9308	718	8160	1775	829
14	**55**	**14**	**51**	**32**	**3368**	**375**	**10436**	**1967**	**Q**
12	51	12	46	22	2844	328	9774	1880	83
5	13	4	16	10	1465	194	3360	917	831
3	11	6	5	1	90	22	855	99	832

2-4 续表 11

行业中类	代码	企业单位数	内资企业	国有企业	集体企业	股份合作企业
门诊部(所)	833	12073	12033	112	284	217
计划生育技术服务活动	834	95	94	19	14	
妇幼保健院(所、站)	835	130	127	11	4	3
专科疾病防治院(所、站)	836	481	480	12	8	9
疾病预防控制中心	837	142	141	28	14	
其他卫生活动	839	2085	2060	59	50	27
社会工作	84	3628	3592	156	160	23
提供住宿社会工作	841	3018	2987	84	85	20
不提供住宿社会工作	842	610	605	72	75	3
文化、体育和娱乐业	**R**	**230020**	**228680**	**4421**	**1419**	**1382**
新闻和出版业	85	5196	5163	1327	170	43
新闻业	851	331	324	30	8	3
出版业	852	4865	4839	1297	162	40
广播、电视、电影和影视录音制作业	86	19309	19101	1828	287	112
广播	861	698	695	61	18	4
电视	862	1378	1373	191	30	8
电影和影视节目制作	863	8683	8632	139	21	50
电影和影视节目发行	864	1217	1206	151	11	13
电影放映	865	6373	6242	1270	202	30
录音制作	866	960	953	16	5	7
文化艺术业	87	55712	55500	809	459	432
文艺创作与表演	871	13300	13258	338	141	92
艺术表演场馆	872	848	841	116	17	3
图书馆与档案馆	873	467	466	52	33	3
文物及非物质文化遗产保护	874	1086	1083	45	33	4
博物馆	875	440	433	22	9	6
烈士陵园、纪念馆	876	81	81	12	11	
群众文化活动	877	6782	6756	97	108	81
其他文化艺术业	879	32708	32582	127	107	243
体育	88	15220	14802	172	115	162
体育组织	881	2153	2118	38	18	26
体育场馆	882	1110	1082	46	21	13
休闲健身活动	883	10083	9755	70	66	106
其他体育	889	1874	1847	18	10	17
娱乐业	89	134583	134114	285	388	633
室内娱乐活动	891	121401	121127	155	277	523
游乐园	892	2014	1956	35	31	19
彩票活动	893	137	137	20	2	1
文化、娱乐、体育经纪代理	894	6255	6215	33	24	68
其他娱乐业	899	4776	4679	42	54	22
公共管理、社会保障和社会组织	**S**	**236**	**236**	**70**	**17**	**1**
社会保障	93	236	236	70	17	1
社会保障	930	236	236	70	17	1

单位：个

国有联营企业	集体联营企业	国有与集体联营	其他联营	国有独资公司	其他有限责任公司	股份有限公司	私营独资	私营合伙	代码
2	23	2	21	3	729	73	4998	789	833
1				1	11	1	6		834
			2		26		20	4	835
					53	5	184	12	836
1				1	24		17	3	837
	4		2	6	446	33	334	56	839
2	4	2	5	10	524	47	662	87	84
	2	2	4	8	468	43	600	75	841
2	2		1	2	56	4	62	12	842
56	**98**	**24**	**205**	**955**	**29524**	**2054**	**87894**	**8445**	**R**
10	8	4	9	300	1377	108	337	42	85
1	2		2	9	63	5	50	4	851
9	6	4	7	291	1314	103	287	38	852
21	14	6	18	218	4683	358	1544	219	86
			1	5	212	17	58	2	861
6	1	1	1	34	339	61	72	7	862
	1	1	7	49	2034	136	790	79	863
3	2	1	1	24	325	13	47	17	864
11	10	3	8	101	1559	116	480	89	865
1				5	214	15	97	25	866
13	23	2	41	324	11393	582	6699	1162	87
7	5	1	8	204	2231	143	2943	634	871
	1		1	22	214	18	123	15	872
			1	1	64	5	62	11	873
1			2	30	271	32	159	9	874
				6	105	5	56	10	875
	1				14	1	14	2	876
1	5	1	9	19	1433	62	740	115	877
4	11		20	42	7061	316	2602	366	879
	11	4	9	52	2770	183	2615	383	88
	4		2	7	493	29	185	31	881
	1	1	1	21	238	14	176	38	882
	6	3	4	17	1678	120	2089	286	883
			2	7	361	20	165	28	889
12	42	8	128	61	9301	823	76699	6639	89
10	34	6	114	16	6498	628	74754	6345	891
1	1	1	4	18	494	48	299	65	892
				2	22	2	19	4	893
1	2		8	16	1399	83	648	96	894
	5	1	2	9	888	62	979	129	899
	1	**1**	**2**	**2**	**30**	**5**	**21**	**2**	**S**
	1	1	2	2	30	5	21	2	93
	1	1	2	2	30	5	21	2	930

2-4 续表 12

行业中类	代码	私营有限责任公司	私营股份有限公司	其他	港、澳、台商投资企业	与港、澳、台商合资经营
总计	--	**6099776**	**184395**	**952600**	**115168**	**26544**
农、林、牧、渔业	A	**126313**	**6551**	**328744**	**1138**	**257**
农业	01	57531	2834	167370	602	131
谷物种植	011	6953	266	46210	37	10
豆类、油料和薯类种植	012	1516	99	7892	10	6
棉、麻、糖、烟草种植	013	568	28	3418	6	
蔬菜、食用菌及园艺作物种植	014	24664	1074	45439	314	60
水果种植	015	9408	478	28554	140	24
坚果、含油果、香料和饮料作物种植	016	3629	186	10412	38	10
中药材种植	017	5149	353	12231	21	10
其他农业	019	5644	350	13214	36	11
林业	02	16136	873	16459	127	27
林木育种和育苗	021	13007	651	13548	88	17
造林和更新	022	1947	130	1425	20	3
森林经营和管护	023	790	63	779	15	6
木材和竹材采运	024	215	12	307	3	
林产品采集	025	177	17	400	1	1
畜牧业	03	27933	1613	80550	184	53
牲畜饲养	031	18656	1149	58213	126	41
家禽饲养	032	6775	335	15803	34	6
狩猎和捕捉动物	033	123	8	388		
其他畜牧业	039	2379	121	6146	24	6
渔业	04	10719	425	15627	128	26
水产养殖	041	10120	399	15095	124	24
水产捕捞	042	599	26	532	4	2
农、林、牧、渔服务业	05	13994	806	48738	97	20
农业服务业	051	10783	626	39942	72	15
林业服务业	052	1365	91	1826	9	3
畜牧服务业	053	1153	60	5547	6	2
渔业服务业	054	693	29	1423	10	
采矿业	B	**29790**	**2101**	**6236**	**283**	**111**
煤炭开采和洗选业	06	6356	408	762	36	18
烟煤和无烟煤开采洗选	061	5785	372	599	27	15
褐煤开采洗选	062	167	11	25	5	1
其他煤炭采选	069	404	25	138	4	2
石油和天然气开采业	07	183	13	38	10	2
石油开采	071	133	8	16	7	1
天然气开采	072	50	5	22	3	1
黑色金属矿采选业	08	5723	386	726	47	23
铁矿采选	081	5105	316	636	44	21
锰矿、铬矿采选	082	379	34	35	2	1
其他黑色金属矿采选	089	239	36	55	1	1
有色金属矿采选业	09	3606	329	598	52	27

单位：个

与港、澳、台商合作经营	港、澳、台商独资	港、澳、台商投资股份有限公司	其他港、澳、台投资	外商投资企业	中外合资经营	中外合作经营	外资企业	外商投资股份有限公司	其他外商投资	代码
3621	**79621**	**2685**	**2697**	**122288**	**34365**	**3117**	**77211**	**3145**	**4450**	--
41	**737**	**75**	**28**	**695**	**226**	**37**	**327**	**41**	**64**	A
18	392	44	17	346	111	20	164	20	31	01
	23	3	1	22	8		11	1	2	011
	4			7	2		3	2		012
	5	1		3	2	1				013
10	218	18	8	191	62	11	90	10	18	014
5	89	18	4	60	13	3	37	4	3	015
2	21	2	3	18	5		9	2	2	016
	10	1		16	9	4	2		1	017
1	22	1	1	29	10	1	12	1	5	019
7	79	11	3	85	19	3	48	7	8	02
5	57	7	2	52	13	1	26	6	6	021
	13	3	1	25	5	1	17	1	1	022
2	6	1		4	1		3			023
	3			2		1	1			024
				2			1		1	025
7	114	9	1	136	52	8	56	8	12	03
5	73	6	1	87	33	4	38	5	7	031
2	25	1		37	13	3	15	3	3	032
										033
	16	2		12	6	1	3		2	039
5	88	4	5	62	19	3	31	5	4	04
5	86	4	5	58	17	3	30	4	4	041
	2			4	2		1	1		042
4	64	7	2	66	25	3	28	1	9	05
4	47	6		45	16	2	17	1	9	051
	5		1	3			3			052
	4			10	4		6			053
	8	1	1	8	5	1	2			054
22	**133**	**10**	**7**	**266**	**118**	**38**	**82**	**14**	**14**	B
1	14	1	2	42	26	3	7	3	3	06
1	8	1	2	38	23	3	6	3	3	061
	4			3	2		1			062
	2			1	1					069
3	4	1		14		5	8		1	07
3	2	1		8		4	4			071
	2			6		1	4		1	072
4	18	2		31	14	4	10	2	1	08
3	18	2		22	8	2	9	2	1	081
1				6	3	2	1			082
				3	3					089
3	18	3	1	68	35	18	10	3	2	09

2-4 续表 13

行业中类	代码	私营有限责任公司	私营股份有限公司	其他	港、澳、台商投资企业	与港、澳、台商合资经营
常用有色金属矿采选	091	2545	242	449	44	25
贵金属矿采选	092	678	43	96	7	2
稀有稀土金属矿采选	093	383	44	53	1	
非金属矿采选业	10	11764	799	3651	125	38
土砂石开采	101	9376	628	3256	93	21
化学矿开采	102	580	47	66	3	2
采盐	103	102	4	12	2	1
石棉及其他非金属矿采选	109	1706	120	317	27	14
开采辅助活动	11	1263	80	225	10	3
煤炭开采和洗选辅助活动	111	171	21	65	3	1
石油和天然气开采辅助活动	112	836	38	80	7	2
其他开采辅助活动	119	256	21	80		
其他采矿业	12	895	86	236	3	
其他采矿业	120	895	86	236	3	
制造业	**C**	**1320556**	**40149**	**105733**	**62218**	**15456**
农副食品加工业	13	45711	2232	12396	1281	494
谷物磨制	131	8585	458	2896	81	24
饲料加工	132	6284	336	819	188	93
植物油加工	133	3690	207	1289	60	26
制糖业	134	282	20	61	22	10
屠宰及肉类加工	135	7654	397	1557	187	59
水产品加工	136	4989	167	671	285	115
蔬菜、水果和坚果加工	137	6720	281	2851	293	108
其他农副食品加工	139	7507	366	2252	165	59
食品制造业	14	24430	1091	3920	1139	340
焙烤食品制造	141	6395	244	953	322	73
糖果、巧克力及蜜饯制造	142	2164	97	444	125	26
方便食品制造	143	3887	184	831	160	52
乳制品制造	144	689	37	111	34	8
罐头食品制造	145	1525	56	217	85	39
调味品、发酵制品制造	146	3019	164	438	104	31
其他食品制造	149	6751	309	926	309	111
酒、饮料和精制茶制造业	15	15547	922	5155	550	178
酒的制造	151	5471	338	882	134	55
饮料制造	152	5906	331	919	312	102
精制茶加工	153	4170	253	3354	104	21
烟草制品业	16	45	2	172	5	3
烟叶复烤	161	18	2	125	1	1
卷烟制造	162	3		5	1	
其他烟草制品制造	169	24		42	3	2
纺织业	17	72211	1573	3582	3804	1165
棉纺织及印染精加工	171	25740	654	1386	1386	470
毛纺织及染整精加工	172	4137	127	262	279	84
麻纺织及染整精加工	173	602	43	56	44	15

单位：个

与港、澳、台商合作经营	港、澳、台商独资	港、澳、台商投资股份有限公司	其他港、澳、台投资	外商投资企业	中外合资经营	中外合作经营	外资企业	外商投资股份有限公司	其他外商投资	代码
2	15	1	1	45	28	7	6	2	2	091
1	3	1		16	2	10	3	1		092
		1		7	5	1	1			093
9	71	3	4	93	34	7	40	5	7	10
7	59	3	3	62	18	5	32	3	4	101
	1			4	3		1			102
	1			3			3			103
2	10		1	24	13	2	4	2	3	109
1	6			15	7	1	6	1		11
	2			1			1			111
1	4			11	7		4			112
				3		1	1	1		119
1	2			3	2		1			12
1	2			3	2		1			120
1682	**43150**	**1329**	**601**	**62014**	**20848**	**1459**	**37691**	**1154**	**862**	**C**
45	689	37	16	2188	1031	102	987	40	28	13
6	45	4	2	101	53	3	39	3	3	131
4	85	3	3	342	149	22	161	4	6	132
	33	1		144	63	3	77		1	133
	10	1	1	24	13		10	1		134
12	104	10	2	188	94	4	80	5	5	135
9	147	10	4	544	281	43	213	5	2	136
10	169	3	3	568	262	17	270	13	6	137
4	96	5	1	277	116	10	137	9	5	139
34	711	35	19	1489	534	50	849	34	22	14
10	226	9	4	273	58	9	195	7	4	141
6	85	4	4	118	22	8	82	3	3	142
3	98	6	1	215	78	11	118	5	3	143
1	22	2	1	100	46	1	44	8	1	144
2	40	3	1	144	86	3	52	2	1	145
2	66	3	2	201	68	9	123	1		146
10	174	8	6	438	176	9	235	8	10	149
19	322	27	4	875	408	22	395	40	10	15
7	64	7	1	296	114	7	155	16	4	151
11	184	13	2	537	282	15	215	21	4	152
1	74	7	1	42	12		25	3	2	153
	2									16
										161
	1									162
	1									169
95	2452	69	23	2357	925	63	1310	38	21	17
37	850	26	3	727	293	18	397	12	7	171
5	183	5	2	133	71	2	60			172
1	27		1	25	12	2	11			173

2-4 续表 14

行业中类	代码	私营有限责任公司	私营股份有限公司	其他	港、澳、台商投资企业	与港、澳、台商合资经营
丝绢纺织及印染精加工	174	1910	64	83	87	51
化纤织造及印染精加工	175	7696	93	134	319	120
针织或钩针编织物及其制品制造	176	13037	209	564	733	166
家用纺织制成品制造	177	10725	209	694	452	135
非家用纺织制成品制造	178	8364	174	403	504	124
纺织服装、服饰业	18	78161	1743	5495	6326	1386
机织服装制造	181	48967	1203	3231	4469	935
针织或钩针编织服装制造	182	12031	204	559	1193	268
服饰制造	183	17163	336	1705	664	183
皮革、毛皮、羽毛及其制品和制鞋业	19	35690	796	2401	2963	512
皮革鞣制加工	191	1410	55	139	183	54
皮革制品制造	192	12450	269	852	1210	173
毛皮鞣制及制品加工	193	2895	73	240	85	31
羽毛(绒)加工及制品制造	194	1120	43	105	76	36
制鞋业	195	17815	356	1065	1409	218
木材加工和木、竹、藤、棕、草制品业	20	31835	1188	5981	714	200
木材加工	201	9072	427	3109	103	29
人造板制造	202	7315	319	769	189	70
木制品制造	203	12281	336	1125	297	67
竹、藤、棕、草等制品制造	204	3167	106	978	125	34
家具制造业	21	27967	739	2703	1250	220
木质家具制造	211	18659	487	1922	709	119
竹、藤家具制造	212	378	20	106	19	7
金属家具制造	213	3231	85	229	258	51
塑料家具制造	214	494	16	45	32	3
其他家具制造	219	5205	131	401	232	40
造纸和纸制品业	22	31090	822	1870	1518	375
纸浆制造	221	183	8	31	12	4
造纸	222	7491	275	550	412	137
纸制品制造	223	23416	539	1289	1094	234
印刷和记录媒介复制业	23	32619	980	2585	987	269
印刷	231	30068	871	2267	932	253
装订及印刷相关服务	232	2453	106	306	32	9
记录媒介复制	233	98	3	12	23	7
文教、工美、体育和娱乐用品制造业	24	41913	1045	3583	4012	638
文教办公用品制造	241	4773	86	237	345	79
乐器制造	242	1000	30	58	75	24
工艺美术品制造	243	25738	707	2735	1915	328
体育用品制造	244	4512	89	176	496	76
玩具制造	245	4554	114	319	1114	119
游艺器材及娱乐用品制造	246	1336	19	58	67	12
石油加工和炼焦	25	3746	190	243	134	62
精炼石油产品制造	251	3124	155	203	108	48
炼焦	252	622	35	40	26	14

单位：个

与港、澳、台商合作经营	港、澳、台商独资	港、澳、台商投资股份有限公司	其他港、澳、台投资	外商投资企业	中外合资经营	中外合作经营	外资企业	外商投资股份有限公司	其他外商投资	代码
2	33		1	59	33	2	22	2		174
4	187	6	2	155	78	2	71	3	1	175
30	516	12	9	363	150	17	187	4	5	176
9	297	9	2	546	200	16	315	10	5	177
7	359	11	3	349	88	4	247	7	3	178
159	4626	113	42	4526	1788	120	2504	62	52	18
109	3312	85	28	3310	1281	91	1853	50	35	181
35	869	14	7	661	295	16	336	7	7	182
15	445	14	7	555	212	13	315	5	10	183
86	2296	47	22	1836	528	50	1184	36	38	19
11	116	1	1	99	35	5	56	3		191
32	978	17	10	766	206	21	507	14	18	192
	50	2	2	88	44	1	42		1	193
3	36	1		50	27	3	18		2	194
40	1116	26	9	833	216	20	561	19	17	195
25	455	24	10	708	294	30	353	11	20	20
1	70	2	1	113	34	1	73		5	201
6	105	8		131	59	3	62	2	5	202
11	200	11	8	345	137	15	177	7	9	203
7	80	3	1	119	64	11	41	2	1	204
38	971	11	10	1099	331	19	717	13	19	21
23	552	8	7	659	206	11	423	6	13	211
2	10			11	3		7		1	212
4	199	2	2	191	52	4	130	5		213
1	28			21	3		18			214
8	182	1	1	217	67	4	139	2	5	219
57	1046	20	20	798	283	19	456	21	19	22
	7		1	8	2		3	1	2	221
17	243	10	5	240	119	6	106	7	2	222
40	796	10	14	550	162	13	347	13	15	223
57	630	20	11	520	182	25	292	12	9	23
49	601	19	10	480	166	21	272	12	9	231
4	18		1	32	12	2	18			232
4	11	1		8	4	2	2			233
111	3133	88	42	2956	802	74	1990	58	32	24
11	246	6	3	264	93	8	157	5	1	241
3	46	2		153	48	2	97	4	2	242
48	1491	37	11	1597	443	38	1077	24	15	243
6	394	14	6	471	92	11	352	11	5	244
42	903	28	22	412	107	14	270	13	8	245
1	53	1		59	19	1	37	1	1	246
5	62	5		187	102	9	73	2	1	25
2	54	4		156	76	7	70	2	1	251
3	8	1		31	26	2	3			252

2-4 续表 15

行业中类	代码	私营有限责任公司	私营股份有限公司	其他	港、澳、台商投资企业	与港、澳、台商合资经营
化学原料和化学制品制造业	26	54178	2460	3449	3090	963
基础化学原料制造	261	8508	463	467	435	194
肥料制造	262	6215	354	597	132	52
农药制造	263	1228	96	98	55	26
涂料、油墨、颜料及类似产品制造	264	10126	347	563	730	181
合成材料制造	265	5842	197	329	485	141
专用化学产品制造	266	14944	605	720	725	242
炸药、火工及焰火产品制造	267	1186	134	246	20	12
日用化学产品制造	268	6129	264	429	508	115
医药制造业	27	9866	655	964	671	339
化学药品原料药制造	271	1412	94	58	98	58
化学药品制剂制造	272	887	66	44	131	65
中药饮片加工	273	1516	117	376	34	12
中成药生产	274	1223	125	108	122	73
兽用药品制造	275	831	46	46	21	13
生物药品制造	276	1975	125	148	139	58
卫生材料及医药用品制造	277	2022	82	184	126	60
化学纤维制造业	28	4282	111	113	305	132
纤维素纤维原料及纤维制造	281	606	30	36	58	15
合成纤维制造	282	3676	81	77	247	117
橡胶和塑料制品业	29	79904	2066	4335	4903	925
橡胶制品业	291	14428	453	758	729	118
塑料制品业	292	65476	1613	3577	4174	807
非金属矿物制品业	30	88862	3973	14475	2322	804
水泥、石灰和石膏制造	301	5467	325	815	142	66
石膏、水泥制品及类似制品制造	302	19338	879	3944	404	157
砖瓦、石材等建筑材料制造	303	32195	1548	7058	603	193
玻璃制造	304	2419	91	125	111	43
玻璃制品制造	305	8132	239	479	321	111
玻璃纤维和玻璃纤维增强塑料制品制造	306	3027	94	178	95	24
陶瓷制品制造	307	5799	257	786	394	110
耐火材料制品制造	308	5282	194	485	82	37
石墨及其他非金属矿物制品制造	309	7203	346	605	170	63
黑色金属冶炼和压延加工业	31	19101	744	1074	544	258
炼铁	311	643	46	100	14	8
炼钢	312	445	19	47	19	16
黑色金属铸造	313	7275	306	461	146	55
钢压延加工	314	9239	279	363	341	170
铁合金冶炼	315	1499	94	103	24	9
有色金属冶炼和压延加工业	32	13803	563	753	636	213
常用有色金属冶炼	321	2433	155	205	89	39
贵金属冶炼	322	287	21	31	16	6
稀有稀土金属冶炼	323	513	40	21	13	8
有色金属合金制造	324	1791	66	88	90	30

单位：个

与港、澳、台商合作经营	港、澳、台商独资	港、澳、台商投资股份有限公司	其他港、澳、台投资	外商投资企业	中外合资经营	中外合作经营	外资企业	外商投资股份有限公司	其他外商投资	代码
81	1959	69	18	3819	1480	91	2133	76	39	26
11	216	9	5	683	333	16	312	16	6	261
4	65	9	2	203	96	9	81	12	5	262
	27	1	1	77	47	1	26	2	1	263
22	517	8	2	679	244	16	401	12	6	264
7	320	13	4	606	211	15	363	11	6	265
18	442	21	2	1045	396	16	609	16	8	266
1	6	1		26	15	2	7	1	1	267
18	366	7	2	500	138	16	334	6	6	268
17	280	30	5	996	509	29	422	29	7	27
6	34			155	89	8	50	8		271
3	51	11	1	213	111	5	91	5	1	272
	19	2	1	46	28	1	15	1	1	273
3	43	2	1	105	61	3	38	3		274
	7	1		48	35	1	11	1		275
3	66	11	1	241	111	8	111	8	3	276
2	60	3	1	188	74	3	106	3	2	277
5	158	9	1	225	97	3	116	4	5	28
	41	1	1	54	24	1	27	1	1	281
5	117	8		171	73	2	89	3	4	282
129	3709	87	53	3484	938	77	2364	59	46	29
17	570	16	8	726	199	15	494	12	6	291
112	3139	71	45	2758	739	62	1870	47	40	292
144	1290	62	22	2380	993	110	1179	51	47	30
7	64	2	3	134	61	6	60	4	3	301
16	220	9	2	272	134	12	114	4	8	302
17	367	21	5	616	257	23	302	17	17	303
1	63	2	2	87	38	1	45	2	1	304
6	192	8	4	326	123	8	189	5	1	305
4	61	4	2	135	50	4	77	1	3	306
82	188	11	3	342	120	48	162	7	5	307
2	39	4		195	108	3	77	4	3	308
9	96	1	1	273	102	5	153	7	6	309
19	257	7	3	639	301	21	297	11	9	31
1	4	1		14	6	1	6		1	311
1	2			11	7	1	3			312
8	80	2	1	212	93	12	102	3	2	313
9	156	4	2	353	166	6	169	7	5	314
	15			49	29	1	17	1	1	315
24	375	17	7	642	270	20	332	11	9	32
6	37	5	2	83	43		34	3	3	321
3	6	1		14	5	5	3		1	322
	4	1		38	23	5	10			323
2	53	4	1	115	43	3	66	3		324

2-4 续表 16

行业中类	代码	私营有限责任公司	私营股份有限公司	其他	港、澳、台商投资企业	与港、澳、台商合资经营
有色金属铸造	325	969	41	70	32	6
有色金属压延加工	326	7810	240	338	396	124
金属制品业	33	122112	2934	7230	4047	902
结构性金属制品制造	331	40202	1153	2803	819	190
金属工具制造	332	13365	283	821	485	107
集装箱及金属包装容器制造	333	3408	100	147	228	78
金属丝绳及其制品制造	334	7569	121	539	159	54
建筑、安全用金属制品制造	335	17153	385	805	564	143
金属表面处理及热处理加工	336	5845	142	272	321	75
搪瓷制品制造	337	1180	16	97	29	8
金属制日用品制造	338	9898	182	519	620	109
其他金属制品制造	339	23492	552	1227	822	138
通用设备制造业	34	142031	3564	6280	3358	1001
锅炉及原动设备制造	341	5158	211	371	116	51
金属加工机械制造	342	24336	739	1574	517	130
物料搬运设备制造	343	6158	195	389	237	90
泵、阀门、压缩机及类似机械制造	344	20409	480	613	503	177
轴承、齿轮和传动部件制造	345	9645	227	338	299	105
烘炉、风机、衡器、包装等设备制造	346	14212	371	435	505	159
文化、办公用机械制造	347	1506	48	76	205	38
通用零部件制造	348	46050	955	1798	791	205
其他通用设备制造业	349	14557	338	686	185	46
专用设备制造业	35	97481	2872	4945	3295	757
采矿、冶金、建筑专用设备制造	351	14940	591	888	256	90
化工、木材、非金属加工专用设备制造	352	28626	614	1055	1333	228
食品、饮料、烟草及饲料生产专用设备制造	353	2722	93	239	76	14
印刷、制药、日化及日用品生产专用设备制造	354	5492	206	315	253	76
纺织、服装和皮革加工专用设备制造	355	6293	117	183	301	77
电子和电工机械专用设备制造	356	7969	256	446	304	46
农、林、牧、渔专用机械制造	357	5111	212	597	80	20
医疗仪器设备及器械制造	358	5746	187	312	287	84
环保、社会公共服务及其他专用设备制造	359	20582	596	910	405	122
汽车制造业	36	35188	956	1261	1359	510
汽车整车制造	361	353	19	28	22	12
改装汽车制造	362	456	28	40	16	12
低速载货汽车制造	363	36	3	4		
电车制造	364	440	10	30	3	1
汽车车身、挂车制造	365	678	22	29	15	6
汽车零部件及配件制造	366	33225	874	1130	1303	479
铁路、船舶、航空航天和其他运输设备制造业	37	16330	464	681	562	191
铁路运输设备制造	371	1451	68	82	29	17
城市轨道交通设备制造	372	81	3	10	2	2
船舶及相关装置制造	373	5151	173	230	135	55
航空、航天器及设备制造	374	457	24	22	32	10

单位：个

与港、澳、台商合作经营	港、澳、台商独资	港、澳、台商投资股份有限公司	其他港、澳、台投资	外商投资企业	中外合资经营	中外合作经营	外资企业	外商投资股份有限公司	其他外商投资	代码
	26			27	10	1	12	1	3	325
13	249	6	4	365	146	6	207	4	2	326
148	2864	83	50	3584	1161	93	2213	72	45	33
27	574	18	10	775	293	30	420	19	13	331
27	331	18	2	494	144	13	319	12	6	332
10	136	3	1	226	100	4	117	5		333
7	96	2		181	74	3	97	5	2	334
16	383	12	10	552	166	10	361	9	6	335
13	224	6	3	270	61	7	198	2	2	336
2	19			25	11		12	1	1	337
30	457	11	13	368	121	12	223	7	5	338
16	644	13	11	693	191	14	466	12	10	339
61	2200	64	32	5273	1645	95	3396	81	56	34
4	57	4		242	119		113	9	1	341
16	357	11	3	719	215	11	475	10	8	342
4	136	6	1	376	139	12	217	6	2	343
6	310	7	3	1073	329	12	701	20	11	344
5	177	6	6	501	162	13	319	5	2	345
10	323	8	5	881	280	19	558	14	10	346
3	158	4	2	199	43	3	146	2	5	347
10	554	15	7	986	291	22	654	9	10	348
3	128	3	5	296	67	3	213	6	7	349
58	2368	77	35	4515	1286	69	3008	74	78	35
5	154	6	1	514	209	7	280	9	9	351
19	1051	21	14	1392	294	17	1041	17	23	352
4	56	2		128	40	4	82	2		353
6	162	4	5	275	79	7	175	7	7	354
7	208	8	1	278	73	6	190	5	4	355
5	236	12	5	411	87	3	304	5	12	356
2	53	5		190	55	2	124	5	4	357
6	193	3	1	554	207	13	315	8	11	358
4	255	16	8	773	242	10	497	16	8	359
29	785	27	8	3512	1257	47	2077	53	78	36
	9		1	115	92	1	19	2	1	361
	3	1		33	21		10	1	1	362
				2	1	1				363
	2			7	3		4			364
1	8			23	13		9	1		365
28	763	26	7	3332	1127	45	2035	49	76	366
11	349	7	4	894	368	24	483	13	6	37
	12			86	58	1	26		1	371
				8	5		1		2	372
2	73	2	3	316	135	11	167	3		373
1	21			93	47	2	41	3		374

2-4 续表 17

行业中类	代码	私营有限责任公司	私营股份有限公司	其他	港、澳、台商投资企业	与港、澳、台商合资经营
摩托车制造	375	3778	111	118	102	43
自行车制造	376	4320	62	162	192	50
非公路休闲车及零配件制造	377	397	6	23	43	7
潜水救捞及其他未列明运输设备制造	379	695	17	34	27	7
电气机械和器材制造业	38	92253	2362	3290	4782	1190
电机制造	381	9375	223	400	387	121
输配电及控制设备制造	382	32078	854	956	1396	345
电线、电缆、光缆及电工器材制造	383	12560	382	514	808	164
电池制造	384	2803	102	89	281	84
家用电力器具制造	385	11814	209	471	702	180
非电力家用器具制造	386	3265	113	160	99	27
照明器具制造	387	14259	302	375	966	231
其他电气机械及器材制造	389	6099	177	325	143	38
计算机、通信和其他电子设备制造业	39	49558	1415	1943	5390	989
计算机制造	391	4642	162	198	645	78
通信设备制造	392	4180	120	165	439	86
广播电视设备制造	393	1728	44	62	224	49
雷达及配套设备制造	394	111	4	4	6	2
视听设备制造	395	2584	62	133	482	81
电子器件制造	396	7490	274	244	891	215
电子元件制造	397	19402	466	661	2172	409
其他电子设备制造	399	9421	283	476	531	69
仪器仪表制造业	40	19453	601	778	1218	238
通用仪器仪表制造	401	10266	353	312	324	104
专用仪器仪表制造	402	3243	120	126	127	35
钟表与计时仪器制造	403	1070	30	74	433	34
光学仪器及眼镜制造	404	3065	43	145	290	53
其他仪器仪表制造业	409	1809	55	121	44	12
其他制造业	41	21334	641	2533	795	110
日用杂品制造	411	5664	152	345	533	57
煤制品制造	412	829	47	346	9	5
其他未列明制造业	419	14841	442	1842	253	48
废弃资源综合利用业	42	5287	236	665	147	63
金属废料和碎屑加工处理	421	2754	127	319	92	40
非金属废料和碎屑加工处理	422	2533	109	346	55	23
金属制品、机械和设备修理业	43	8568	209	878	111	29
金属制品修理	431	442	11	42	24	5
通用设备修理	432	1279	28	105	8	1
专用设备修理	433	1057	32	197	13	1
铁路、船舶、航空航天等运输设备修理	434	2705	56	125	34	19
电气设备修理	435	637	13	60	8	2
仪器仪表修理	436	164	4	20	3	
其他机械和设备修理业	439	2284	65	329	21	1

单位：个

与港、澳、台商合作经营	港、澳、台商独资	港、澳、台商投资股份有限公司	其他港、澳、台投资	外商投资企业	中外合资经营	中外合作经营	外资企业	外商投资股份有限公司	其他外商投资	代码
4	54	1		120	48	5	64	1	2	375
4	134	3	1	201	58	3	134	6		376
	36			31	6		24		1	377
	19	1		39	11	2	26			379
87	3340	116	49	4447	1479	83	2728	100	57	38
10	246	9	1	482	173	14	282	10	3	381
21	972	45	13	1435	484	27	883	27	14	382
21	600	13	10	678	205	12	431	20	10	383
2	185	9	1	259	110	9	131	5	4	384
18	479	16	9	622	196	9	392	17	8	385
1	66	4	1	109	36	1	64	5	3	386
12	695	19	9	660	223	10	401	13	13	387
2	97	1	5	202	52	1	144	3	2	389
96	4125	127	53	5721	1129	68	4353	108	63	39
6	537	18	6	610	85	3	503	13	6	391
3	340	6	4	459	113	8	324	10	4	392
1	166	7	1	149	39	2	104	3	1	393
	4			5	1	2	1		1	394
11	376	10	4	357	95	8	247	4	3	395
20	624	22	10	1200	286	13	872	17	12	396
42	1651	51	19	2311	392	26	1819	48	26	397
13	427	13	9	630	118	6	483	13	10	399
16	911	31	22	1414	443	24	899	30	18	40
3	201	12	4	689	236	8	425	14	6	401
	84	5	3	266	81	4	171	6	4	402
8	371	7	13	79	17	4	53	1	4	403
5	224	7	1	294	90	6	191	7		404
	31		1	86	19	2	59	2	4	409
15	643	15	12	613	147	14	416	13	23	41
11	449	10	6	301	84	6	200	4	7	411
	4			8	3		4		1	412
4	190	5	6	304	60	8	212	9	15	419
5	75	4		168	74	2	91		1	42
3	47	2		115	51	1	62		1	421
2	28	2		53	23	1	29			422
6	67	1	8	149	63	6	74	2	4	43
1	18			17	7		9		1	431
2	4		1	17	3		12		2	432
	12			20	7	2	11			433
3	5		7	58	37	3	18			434
	5	1		6	1		4	1		435
	3			3			3			436
	20			28	8	1	17	1	1	439

2-4 续表 18

行业中类	代码	私营有限责任公司	私营股份有限公司	其他	港、澳、台商投资企业	与港、澳、台商合资经营
电力、热力、燃气及水生产和供应业	**D**	**17591**	**1557**	**5307**	**1084**	**520**
电力、热力生产和供应业	44	11167	1158	3254	591	279
电力生产	441	8377	1010	2746	533	252
电力供应	442	602	40	290	14	7
热力生产和供应	443	2188	108	218	44	20
燃气生产和供应业	45	2473	178	454	291	162
燃气生产和供应业	450	2473	178	454	291	162
水的生产和供应业	46	3951	221	1599	202	79
自来水生产和供应	461	2003	153	1324	90	39
污水处理及其再生利用	462	1540	47	194	105	37
其他水的处理、利用与分配	469	408	21	81	7	3
建筑业	**E**	**321776**	**11394**	**20633**	**972**	**454**
房屋建筑业	47	51252	2618	3672	135	71
房屋建筑业	470	51252	2618	3672	135	71
土木工程建筑业	48	51815	1805	3621	149	61
铁路、道路、隧道和桥梁工程建筑	481	19124	784	1284	70	21
水利和内河港口工程建筑	482	3318	139	304	14	9
海洋工程建筑	483	181	4	19	1	
工矿工程建筑	484	2090	88	122	10	4
架线和管道工程建筑	485	5541	177	276	20	13
其他土木工程建筑	489	21561	613	1616	34	14
建筑安装业	49	58108	1865	3168	217	93
电气安装	491	13907	435	549	67	31
管道和设备安装	492	12729	442	574	51	24
其他建筑安装业	499	31472	988	2045	99	38
建筑装饰和其他建筑业	50	160601	5106	10172	471	229
建筑装饰业	501	119244	3679	6668	407	207
工程准备活动	502	12503	386	590	19	5
提供施工设备服务	503	3332	172	345	9	4
其他未列明建筑业	509	25522	869	2569	36	13
批发和零售业	**F**	**2258673**	**58655**	**267869**	**17984**	**2462**
批发业	51	1501769	34553	169283	14409	1765
农、林、牧产品批发	511	39641	1544	42989	193	38
食品、饮料及烟草制品批发	512	122010	3386	42868	1428	210
纺织、服装及家庭用品批发	513	233524	3694	8351	3713	390
文化、体育用品及器材批发	514	54929	1173	2481	835	93
医药及医疗器材批发	515	40926	1246	3623	336	67
矿产品、建材及化工产品批发	516	412898	10567	31152	2053	339
机械设备、五金产品及电子产品批发	517	400822	8632	17737	3678	405
贸易经纪与代理	518	59122	1449	8924	1008	73
其他批发业	519	137897	2862	11158	1165	150
零售业	52	756904	24102	98586	3575	697
综合零售	521	86601	3005	17049	679	118
食品、饮料及烟草制品专门零售	522	68109	2257	17676	384	58
纺织、服装及日用品专门零售	523	83320	2125	8243	818	127

单位：个

与港、澳、台商合作经营	港、澳、台商独资	港、澳、台商投资股份有限公司	其他港、澳、台投资	外商投资企业	中外合资经营	中外合作经营	外资企业	外商投资股份有限公司	其他外商投资	代码
61	**466**	**30**	**7**	**919**	**478**	**78**	**286**	**51**	**26**	**D**
31	258	18	5	424	236	48	96	33	11	44
26	234	16	5	384	211	44	88	30	11	441
3	4			6	2		3	1		442
2	20	2		34	23	4	5	2		443
12	108	8	1	257	150	6	82	11	8	45
12	108	8	1	257	150	6	82	11	8	450
18	100	4	1	238	92	24	108	7	7	46
15	34	2		92	44	16	29	2	1	461
3	62	2	1	136	44	6	76	5	5	462
	4			10	4	2	3		1	469
65	**367**	**27**	**59**	**887**	**329**	**41**	**369**	**23**	**125**	**E**
8	46	3	7	147	41	9	56	5	36	47
8	46	3	7	147	41	9	56	5	36	470
20	54	5	9	152	60	14	61	3	14	48
16	23	3	7	63	22	8	29	1	3	481
1	4			8	6		1		1	482
	1			1			1			483
1	5			22	9	5	8			484
1	3	1	2	24	12	1	9	1	1	485
1	18	1		34	11		13	1	9	489
14	96	4	10	237	85	7	123	6	16	49
4	24	2	6	62	22	2	35		3	491
4	20	2	1	59	27	1	29	1	1	492
6	52		3	116	36	4	59	5	12	499
23	171	15	33	351	143	11	129	9	59	50
17	147	13	23	257	106	6	102	8	35	501
2	6	2	4	20	8		3	1	8	502
2	2		1	12	6	1	4		1	503
2	16		5	62	23	4	20		15	509
250	**13691**	**448**	**1133**	**24576**	**4166**	**341**	**17638**	**698**	**1733**	**F**
158	11218	288	980	20591	3281	244	15525	537	1004	51
4	139	4	8	228	55	4	148	6	15	511
31	1113	36	38	1615	326	20	1167	36	66	512
36	2846	77	364	4655	830	65	3316	161	283	513
8	678	12	44	856	153	12	625	27	39	514
5	244	15	5	503	93	6	379	12	13	515
28	1567	50	69	2924	462	27	2248	62	125	516
28	3063	54	128	6307	812	40	5084	100	271	517
11	599	17	308	1547	260	51	1031	86	119	518
7	969	23	16	1956	290	19	1527	47	73	519
92	2473	160	153	3985	885	97	2113	161	729	52
10	503	20	28	878	180	25	410	34	229	521
13	272	18	23	355	76	9	221	16	33	522
15	634	27	15	714	122	12	494	24	62	523

2-4 续表 19

行业中类	代码	私营有限责任公司	私营股份有限公司	其他	港、澳、台商投资企业	与港、澳、台商合资经营
文化、体育用品及器材专门零售	524	47779	1454	3964	256	44
医药及医疗器材专门零售	525	43373	1711	9829	91	25
汽车、摩托车、燃料及零配件专门零售	526	89358	3620	9623	467	142
家用电器及电子产品专门零售	527	116564	3499	8489	302	54
五金、家具及室内装饰材料专门零售	528	109176	3223	10050	260	39
货摊、无店铺及其他零售业	529	112624	3208	13663	318	90
交通运输、仓储和邮政业	**G**	**189471**	**6463**	**16259**	**2758**	**742**
铁路运输业	53	1157	44	226	8	3
铁路旅客运输	531	158	8	47		
铁路货物运输	532	445	17	70	4	2
铁路运输辅助活动	533	554	19	109	4	1
道路运输业	54	101180	3894	8673	687	164
城市公共交通运输	541	4092	306	470	71	24
公路旅客运输	542	3233	294	488	78	25
道路货物运输	543	89338	3068	6797	424	96
道路运输辅助活动	544	4517	226	918	114	19
水上运输业	55	5950	237	493	166	110
水上旅客运输	551	499	37	77	20	16
水上货物运输	552	3920	150	272	41	17
水上运输辅助活动	553	1531	50	144	105	77
航空运输业	56	764	26	67	32	16
航空客货运输	561	329	10	18	16	7
通用航空服务	562	203	9	20	5	3
航空运输辅助活动	563	232	7	29	11	6
管道运输业	57	111	4	21	9	7
管道运输业	570	111	4	21	9	7
装卸搬运和运输代理业	58	59490	1485	3541	1158	253
装卸搬运	581	8142	257	930	60	32
运输代理业	582	51348	1228	2611	1098	221
仓储业	59	12292	401	2072	681	184
谷物、棉花等农产品仓储	591	1883	107	1104	22	5
其他仓储业	599	10409	294	968	659	179
邮政业	60	8527	372	1166	17	5
邮政基本服务	601	156	10	148	2	1
快递服务	602	8371	362	1018	15	4
住宿和餐饮业	**H**	**98129**	**4209**	**14522**	**2496**	**654**
住宿业	61	28595	1549	4109	861	323
旅游饭店	611	9522	589	1071	671	269
一般旅馆	612	15999	771	2430	155	43
其他住宿业	619	3074	189	608	35	11
餐饮业	62	69534	2660	10413	1635	331
正餐服务	621	51825	2079	7816	1148	253
快餐服务	622	5059	177	813	194	25
饮料及冷饮服务	623	3200	100	366	133	19
其他餐饮业	629	9450	304	1418	160	34

单位：个

与港、澳、台商合作经营	港、澳、台商独资	港、澳、台商投资股份有限公司	其他港、澳、台投资	外商投资企业	中外合资经营	中外合作经营	外资企业	外商投资股份有限公司	其他外商投资	代码
7	181	16	8	303	30	5	168	10	90	524
5	30	21	10	102	28	3	40	4	27	525
20	268	23	14	572	236	15	193	33	95	526
5	217	14	12	334	61	7	201	17	48	527
6	192	7	16	276	53	8	165	10	40	528
11	176	14	27	451	99	13	221	13	105	529
335	**1510**	**82**	**89**	**2272**	**776**	**216**	**1117**	**63**	**100**	**G**
	5			9	4	1	3		1	53
										531
	2			4	2	1	1			532
	3			5	2		2		1	533
272	183	24	44	504	166	163	123	18	34	54
19	21	4	3	48	19	15	8	2	4	541
41	3	2	7	25	9	4	3	1	8	542
162	120	15	31	325	122	74	101	8	20	543
50	39	3	3	106	16	70	11	7	2	544
8	40	7	1	160	114	7	33	3	3	55
1	2	1		13	8		4		1	551
4	17	3		37	24	1	9	2	1	552
3	21	3	1	110	82	6	20	1	1	553
	11	4	1	46	17	1	20	4	4	56
	6	2	1	21	8		10	2	1	561
	1	1		7	2		3	1	1	562
	4	1		18	7	1	7	1	2	563
	1		1	14	8		6			57
	1		1	14	8		6			570
33	815	28	29	798	242	27	471	23	35	58
3	22		3	65	38	7	14	2	4	581
30	793	28	26	733	204	20	457	21	31	582
21	445	18	13	718	213	17	456	15	17	59
	15	1	1	12	5	1	6			591
21	430	17	12	706	208	16	450	15	17	599
1	10	1		23	12		5		6	60
	1			1	1					601
1	9	1		22	11		5		6	602
146	**1550**	**84**	**62**	**2626**	**690**	**122**	**1548**	**139**	**127**	**H**
77	405	40	16	674	250	72	285	38	29	61
59	299	35	9	482	196	59	191	21	15	611
15	88	5	4	158	43	10	79	16	10	612
3	18		3	34	11	3	15	1	4	619
69	1145	44	46	1952	440	50	1263	101	98	62
46	791	27	31	1227	290	38	781	57	61	621
8	149	8	4	380	66	3	274	25	12	622
8	95	5	6	190	40	4	121	14	11	623
7	110	4	5	155	44	5	87	5	14	629

2-4 续表 20

行业中类	代码					
		私营有限责任公司	私营股份有限公司	其他	港、澳、台商投资企业	与港、澳、台商合资经营
信息传输、软件和信息技术服务业	**I**	**224931**	**5371**	**12878**	**4135**	**534**
电信、广播电视和卫星传输服务	63	4939	189	981	335	59
电信	631	4118	153	790	327	59
广播电视传输服务	632	660	30	179	6	
卫星传输服务	633	161	6	12	2	
互联网和相关服务	64	25236	852	2851	170	22
互联网接入及相关服务	641	2816	72	291	15	3
互联网信息服务	642	17203	643	1904	129	13
其他互联网服务	649	5217	137	656	26	6
软件和信息技术服务业	65	194756	4330	9046	3630	453
软件开发	651	118572	2492	4423	2679	311
信息系统集成服务	652	16926	421	706	211	40
信息技术咨询服务	653	31933	757	1793	380	49
数据处理和存储服务	654	3177	96	219	74	11
集成电路设计	655	1885	69	87	101	19
其他信息技术服务业	659	22263	495	1818	185	23
金融业	**J**	**36558**	**2177**	**4271**	**1201**	**508**
货币金融服务	66	8978	833	1448	796	330
中央银行服务	661					
货币银行服务	662	590	87	401	156	4
非货币银行服务	663	8388	746	1047	640	326
银行监管服务	664					
资本市场服务	67	16891	722	1448	177	66
证券市场服务	671	929	70	138	28	19
期货市场服务	672	156	2	23	4	3
证券期货监管服务	673					
资本投资服务	674	12534	510	964	112	32
其他资本市场服务	679	3272	140	323	33	12
保险业	68	2675	290	604	109	62
人身保险	681	322	85	201	40	29
财产保险	682	333	110	234	27	8
再保险	683	9		2	2	
养老金	684	11	4	5		
保险经纪与代理服务	685	1478	62	110	29	20
保险监管服务	686					
其他保险活动	689	522	29	52	11	5
其他金融业	69	8014	332	771	119	50
金融信托与管理服务	691	2189	97	173	19	8
控股公司服务	692	720	24	69	15	1
非金融机构支付服务	693	247	11	24	1	
金融信息服务	694	1793	57	131	14	2
其他未列明金融业	699	3065	143	374	70	39

单位：个

与港、澳、台商合作经营	港、澳、台商独资	港、澳、台商投资股份有限公司	其他港、澳、台投资	外商投资企业	中外合资经营	中外合作经营	外资企业	外商投资股份有限公司	其他外商投资	代码
47	**3297**	**164**	**93**	**5678**	**1112**	**59**	**4148**	**198**	**161**	**I**
2	181	79	14	253	30	3	127	68	25	63
2	174	78	14	247	27	3	124	68	25	631
	6			5	2		3			632
	1	1		1	1					633
2	136	4	6	200	42	6	129	9	14	64
	10	2		18	2		12	2	2	641
2	107	2	5	161	36	6	104	7	8	642
	19		1	21	4		13		4	649
43	2980	81	73	5225	1040	50	3892	121	122	65
27	2255	44	42	3854	751	30	2926	79	68	651
4	148	8	11	322	71	9	231	3	8	652
7	301	14	9	478	89	3	347	19	20	653
	55	3	5	103	18	1	82	1	1	654
1	77	3	1	208	44	1	147	11	5	655
4	144	9	5	260	67	6	159	8	20	659
17	**617**	**32**	**27**	**1784**	**816**	**34**	**680**	**193**	**61**	**J**
5	433	18	10	668	186	8	423	33	18	66
										661
2	136	11	3	391	67	1	290	23	10	662
3	297	7	7	277	119	7	133	10	8	663
										664
4	90	5	12	188	79	13	75	8	13	67
	5	4		62	51	2	6		3	671
			1							672
										673
3	69	1	7	102	23	9	58	6	6	674
1	16		4	24	5	2	11	2	4	679
5	35	5	2	843	526	12	131	149	25	68
1	7	1	2	559	400	6	57	83	13	681
1	15	3		229	93	3	60	64	9	682
	2			6			5		1	683
				2	2					684
3	5	1		29	20	2	4	1	2	685
										686
	6			18	11	1	5	1		689
3	59	4	3	85	25	1	51	3	5	69
2	6	2	1	24	6		17	1		691
1	11		2	8	2		6			692
	1			2		1	1			693
	11	1		9			6	1	2	694
	30	1		42	17		21	1	3	699

2-4 续表 21

行业中类	代码	私营有限责任公司	私营股份有限公司	其他	港、澳、台商投资企业	与港、澳、台商合资经营
房地产业	**K**	**211702**	**9650**	**13852**	**7131**	**2248**
房地产业	70	211702	9650	13852	7131	2248
房地产开发经营	701	81177	4867	3099	4909	1690
物业管理	702	68840	2732	6090	1119	277
房地产中介服务	703	45846	1522	3059	387	68
自有房地产经营活动	704	8234	201	817	536	168
其他房地产业	709	7605	328	787	180	45
租赁和商务服务业	**L**	**717345**	**19640**	**60675**	**8424**	**1384**
租赁业	71	47031	1547	5516	529	269
机械设备租赁	711	45381	1503	5371	516	264
文化及日用品出租	712	1650	44	145	13	5
商务服务业	72	670314	18093	55159	7895	1115
企业管理服务	721	134745	3506	14974	1697	312
法律服务	722	2715	103	2147	7	1
咨询与调查	723	197612	4406	11549	4532	445
广告业	724	140908	4039	8984	334	49
知识产权服务	725	5913	109	263	52	5
人力资源服务	726	33332	1159	3717	109	23
旅行社及相关服务	727	21922	1126	2343	154	42
安全保护服务	728	4815	188	444	14	3
其他商务服务业	729	128352	3457	10738	996	235
科学研究和技术服务业	**M**	**287762**	**7157**	**44700**	**3350**	**618**
研究和试验发展	73	40523	983	2795	681	164
自然科学研究和试验发展	731	4451	93	413	54	13
工程和技术研究和试验发展	732	26303	517	1266	392	82
农业科学研究和试验发展	733	4260	183	698	47	11
医学研究和试验发展	734	5062	166	339	184	58
社会人文科学研究	735	447	24	79	4	
专业技术服务业	74	137781	3908	9566	1598	275
气象服务	741	193	10	67		
地震服务	742	170	11	31		
海洋服务	743	281	7	17	5	2
测绘服务	744	3526	167	377	1	
质检技术服务	745	7415	288	684	115	29
环境与生态监测	746	2342	80	166	14	1
地质勘查	747	2159	99	244	21	5
工程技术	748	54852	1701	3058	517	84
其他专业技术服务业	749	66843	1545	4922	925	154
科技推广和应用服务业	75	109458	2266	32339	1071	179
技术推广服务	751	81784	1689	29822	779	139
科技中介服务	752	5215	164	707	58	7
其他科技推广和应用服务业	759	22459	413	1810	234	33
水利、环境和公共设施管理业	**N**	**28835**	**1142**	**3988**	**366**	**108**
水利管理业	76	1590	86	539	17	8
防洪除涝设施管理	761	172	2	49	3	3

单位：个

与港、澳、台商合作经营	港、澳、台商独资	港、澳、台商投资股份有限公司	其他港、澳、台投资	外商投资企业	中外合资经营	中外合作经营	外资企业	外商投资股份有限公司	其他外商投资	代码
561	**4093**	**137**	**92**	**3664**	**1282**	**275**	**1838**	**124**	**145**	**K**
561	4093	137	92	3664	1282	275	1838	124	145	70
425	2673	89	32	2324	903	197	1097	76	51	701
58	732	25	27	647	172	30	365	25	55	702
18	276	9	16	251	56	5	159	9	22	703
36	314	6	12	311	103	21	169	8	10	704
24	98	8	5	131	48	22	48	6	7	709
151	**6465**	**134**	**290**	**9828**	**1443**	**155**	**7320**	**250**	**660**	**L**
6	241	5	8	348	108	8	195	10	27	71
5	234	5	8	332	102	6	187	10	27	711
1	7			16	6	2	8			712
145	6224	129	282	9480	1335	147	7125	240	633	72
46	1187	40	112	1825	290	30	1237	75	193	721
1	5			16	2		9	1	4	722
42	3909	55	81	5818	655	65	4730	112	256	723
17	226	9	33	365	76	12	206	4	67	724
1	45		1	44	11	2	29	1	1	725
2	75	1	8	71	25	5	27	6	8	726
6	97	5	4	137	31	5	66	13	22	727
1	6	2	2	21	15		4		2	728
29	674	17	41	1183	230	28	817	28	80	729
62	**2470**	**69**	**131**	**5003**	**1504**	**104**	**3145**	**100**	**150**	**M**
14	479	19	5	1284	468	22	744	25	25	73
1	38	2		79	32	2	42	1	2	731
9	285	13	3	707	232	9	443	12	11	732
1	33	2		52	18	5	24	1	4	733
3	119	2	2	441	186	6	231	10	8	734
	4			5			4	1		735
26	1179	30	88	2194	554	53	1461	48	78	74
				3			1		2	741
				1			1			742
	3			10	6		4			743
			1	7			4		3	744
1	83	1	1	251	90	8	141	8	4	745
	10	1	2	14	4	1	8	1		746
2	12	2		46	9	15	18	2	2	747
11	355	11	56	741	159	9	532	13	28	748
12	716	15	28	1121	286	20	752	24	39	749
22	812	20	38	1525	482	29	940	27	47	75
18	575	14	33	1179	393	24	707	21	34	751
2	43	3	3	99	16	1	74	2	6	752
2	194	3	2	247	73	4	159	4	7	759
34	**200**	**15**	**9**	**294**	**102**	**28**	**126**	**15**	**23**	**N**
	9			24	9		11	1	3	76
										761

2-4 续表 22

行业中类	代码	私营有限责任公司	私营股份有限公司	其他	港、澳、台商投资企业	与港、澳、台商合资经营
水资源管理	762	299	24	139	3	
天然水收集与分配	763	105	7	86	3	3
水文服务	764	121	5	36	3	1
其他水利管理业	769	893	48	229	5	1
生态保护和环境治理业	77	4016	157	637	91	33
生态保护	771	429	25	275	5	1
环境治理业	772	3587	132	362	86	32
公共设施管理业	78	23229	899	2812	258	67
市政设施管理	781	2022	73	287	53	6
环境卫生管理	782	2275	61	324	13	6
城乡市容管理	783	772	26	92	2	
绿化管理	784	12971	445	1218	31	11
公园和游览景区管理	785	5189	294	891	159	44
居民服务、修理和其他服务业	**O**	**124882**	**4279**	**17308**	**639**	**143**
居民服务业	79	41312	1475	6585	293	63
家庭服务	791	9732	311	1195	18	3
托儿所服务	792	148	3	90		
洗染服务	793	1804	65	190	19	6
理发及美容服务	794	7545	222	937	103	14
洗浴服务	795	2616	158	563	41	12
保健服务	796	3256	120	438	35	9
婚姻服务	797	4035	120	403	14	1
殡葬服务	798	1106	61	268	25	9
其他居民服务业	799	11070	415	2501	38	9
机动车、电子产品和日用产品修理业	80	42203	1542	5077	200	55
汽车、摩托车修理与维护	801	28966	1141	3751	113	39
计算机和办公设备维修	802	5749	173	479	44	10
家用电器修理	803	5263	164	536	28	4
其他日用产品修理业	809	2225	64	311	15	2
其他服务业	81	41367	1262	5646	146	25
清洁服务	811	19170	543	1624	58	12
其他未列明服务业	819	22197	719	4022	88	13
教育	**P**	**23788**	**968**	**8385**	**163**	**38**
教育	82	23788	968	8385	163	38
学前教育	821	1309	50	2783	22	7
初等教育	822	135	11	323	3	
中等教育	823	231	19	310	2	
高等教育	824	78	4	48	2	
特殊教育	825	132	7	65	1	1
技能培训、教育辅助及其他教育	829	21903	877	4856	133	30
卫生和社会工作	**Q**	**7454**	**392**	**5713**	**86**	**36**
卫生	83	6267	344	5038	61	28
医院	831	2785	205	1211	33	16
社区医疗与卫生院	832	197	14	1066	1	

单位：个

与港、澳、台商合作经营	港、澳、台商独资	港、澳、台商投资股份有限公司	其他港、澳、台投资	外商投资企业	中外合资经营	中外合作经营	外资企业	外商投资股份有限公司	其他外商投资	代码
	3			5	3		2			762
				4	2		1		1	763
	2									764
	4			15	4		8	1	2	769
5	48	3	2	106	41	5	51	2	7	77
2	2			10	3	3	3		1	771
3	46	3	2	96	38	2	48	2	6	772
29	143	12	7	164	52	23	64	12	13	78
17	29		1	36	6	15	9	3	3	781
1	5	1		10	4	2	3		1	782
	2			3	1		2			783
1	16	2	1	28	8	1	13	2	4	784
10	91	9	5	87	33	5	37	7	5	785
36	**409**	**20**	**31**	**836**	**194**	**34**	**481**	**39**	**88**	**O**
19	188	11	12	357	78	11	212	23	33	79
1	11		3	19	2		11	1	5	791
				1			1			792
1	11	1		22	10	2	8	1	1	793
	84	2	3	178	24	2	129	12	11	794
5	21	3		43	20	1	18	3	1	795
4	21	1		29	10		14	1	4	796
	13			15	1		11	1	2	797
8	6	2		11	2	4	3	1	1	798
	21	2	6	39	9	2	17	3	8	799
13	119	6	7	242	73	14	131	7	17	80
9	60	2	3	141	60	11	54	4	12	801
1	28	4	1	59	7	1	46	3	2	802
2	20		2	28	6	1	18		3	803
1	11		1	14		1	13			809
4	102	3	12	237	43	9	138	9	38	81
1	37	1	7	65	12	2	44	2	5	811
3	65	2	5	172	31	7	94	7	33	819
19	**94**	**5**	**7**	**246**	**54**	**13**	**126**	**12**	**41**	**P**
19	94	5	7	246	54	13	126	12	41	82
5	9	1		30	4		9	1	16	821
	2		1	7	1		3		3	822
	1		1	8	1	1	6			823
1		1								824
				1			1			825
13	82	3	5	200	48	12	107	11	22	829
11	**37**		**2**	**100**	**40**	**24**	**23**	**5**	**8**	**Q**
11	20		2	89	37	23	18	5	6	83
9	8			44	23	13	4	3	1	831
			1	1	1					832

2-4 续表 23

行业中类	代码	私营有限责任公司	私营股份有限公司	其他	港、澳、台商投资企业	与港、澳、台商合资经营
门诊部(所)	833	2251	86	2443	17	7
计划生育技术服务活动	834	15		26		
妇幼保健院(所、站)	835	39	1	17	1	
专科疾病防治院(所、站)	836	142	5	50	1	1
疾病预防控制中心	837	32	3	18	1	1
其他卫生活动	839	806	30	207	7	3
社会工作	84	1187	48	675	25	8
提供住宿社会工作	841	1019	44	533	22	7
不提供住宿社会工作	842	168	4	142	3	1
文化、体育和娱乐业	**R**	**74183**	**2540**	**15480**	**740**	**271**
新闻和出版业	85	1149	57	222	14	4
新闻业	851	120	1	26	2	
出版业	852	1029	56	196	12	4
广播、电视、电影和影视录音制作业	86	8759	345	689	144	53
广播	861	246	13	58	1	
电视	862	554	24	44	2	
电影和影视节目制作	863	4935	162	228	24	10
电影和影视节目发行	864	541	20	37	9	1
电影放映	865	1980	113	270	103	41
录音制作	866	503	13	52	5	1
文化艺术业	87	30083	768	2710	110	24
文艺创作与表演	871	5397	165	949	25	5
艺术表演场馆	872	249	9	53	4	3
图书馆与档案馆	873	195	8	31		
文物及非物质文化遗产保护	874	324	20	153	2	1
博物馆	875	155	9	50	3	2
烈士陵园、纪念馆	876	14	1	11		
群众文化活动	877	3598	106	381	11	1
其他文化艺术业	879	20151	450	1082	65	12
体育	88	7335	262	729	217	65
体育组织	881	1097	46	142	20	4
体育场馆	882	447	12	53	19	6
休闲健身活动	883	4717	158	435	167	52
其他体育	889	1074	46	99	11	3
娱乐业	89	26857	1108	11130	255	125
室内娱乐活动	891	20468	857	10442	149	97
游乐园	892	802	46	92	30	7
彩票活动	893	44	2	19		
文化、娱乐、体育经纪代理	894	3534	113	190	24	3
其他娱乐业	899	2009	90	387	52	18
公共管理、社会保障和社会组织	**S**	**37**		**47**		
社会保障	93	37		47		
社会保障	930	37		47		

单位：个

与港、澳、台商合作经营	港、澳、台商独资	港、澳、台商投资股份有限公司	其他港、澳、台投资	外商投资企业	中外合资经营	中外合作经营	外资企业	外商投资股份有限公司	其他外商投资	代码
2	7		1	23	5	7	6		5	833
				1	1					834
	1			2			1	1		835
										836
										837
	4			18	7	3	7	1		839
	17			11	3	1	5		2	84
	15			9	2	1	4		2	841
	2			2	1		1			842
81	**335**	**24**	**29**	**600**	**187**	**59**	**266**	**26**	**62**	**R**
3	5	1	1	19	5	2	7		5	85
1	1			5			1		4	851
2	4	1	1	14	5	2	6		1	852
6	71	6	8	64	28	2	24	3	7	86
			1	2	1		1			861
	2			3	2				1	862
2	12			27	6	1	16	1	3	863
	8			2	1				1	864
4	45	6	7	28	16	1	7	2	2	865
	4			2	2					866
5	72	4	5	102	21	3	58	3	17	87
2	17	1		17	7		7		3	871
1				3	2				1	872
				1			1			873
	1			1		1				874
	1			4	1		3			875
										876
	9		1	15	1	1	10	2	1	877
2	44	3	4	61	10	1	37	1	12	879
44	100	4	4	201	53	28	100	12	8	88
3	13			15	6	1	7	1		881
4	9			9	3		4	1	1	882
37	71	3	4	161	37	26	82	10	6	883
	7	1		16	7	1	7		1	889
23	87	9	11	214	80	24	77	8	25	89
14	27	4	7	125	46	17	34	6	22	891
3	17	1	2	28	7	2	16	1	2	892
										893
1	18		2	16	9		6		1	894
5	25	4		45	18	5	21	1		899
										S
										93
										930

2-5 按地区、登记注册类型

(2015年)

地区	企业单位数	内资企业	国有企业	集体企业	股份合作企业	国有联营企业	集体联营企业
全 国	**12593254**	**12355798**	**133631**	**144856**	**68593**	**2327**	**6813**
北 京	663135	646916	6117	10818	13588	57	275
天 津	296954	288883	3504	4386	899	59	241
河 北	487926	485566	4559	6113	2221	51	190
山 西	243379	242881	4975	3949	377	74	84
内蒙古	155636	155149	2387	963	640	27	70
辽 宁	453377	444871	7285	11480	2499	59	228
吉 林	123843	122799	3045	1745	630	37	110
黑龙江	149370	148500	4506	2542	1482	70	128
上 海	417855	383248	2836	5883	1887	86	200
江 苏	1388252	1354625	6965	10305	3264	139	355
浙 江	1189601	1166017	3434	10059	8676	42	141
安 徽	454812	452407	5416	3927	2017	85	175
福 建	556220	540577	6238	6705	2409	139	378
江 西	277496	275395	5296	2598	2433	115	387
山 东	1048450	1035735	7011	7630	2563	81	260
河 南	535639	534050	6799	6090	2449	232	565
湖 北	522899	519070	6351	4667	1619	151	367
湖 南	321582	319838	3823	3700	968	67	254
广 东	1204941	1147502	10244	17070	8472	213	678
广 西	290980	289332	3744	3644	731	37	120
海 南	55689	54968	1476	693	391	26	57
重 庆	392712	391011	2431	2111	1517	43	161
四 川	288685	286474	4350	4032	2132	58	294
贵 州	199132	198649	3620	1934	1070	93	237
云 南	283491	282320	4037	3136	1146	70	240
西 藏	9441	9379	678	388	74	20	66
陕 西	255984	254855	5291	4740	895	88	317
甘 肃	115557	115307	2389	2049	806	31	93
青 海	36105	35951	976	463	191	11	27
宁 夏	44519	44375	321	97	144	23	25
新 疆	129592	129148	3527	939	403	43	90

分组的企业法人单位数

单位：个

国有与集体联营	其他联营	国有独资公司	其他有限责任公司	股份有限公司	私营独资	私营合伙	私营有限责任公司
1526	**10340**	**30927**	**2188827**	**158864**	**2108512**	**263811**	**6099776**
88	154	1542	154455	5583	26612	7662	409876
33	636	664	61891	2853	17393	4272	171021
25	127	968	106097	7284	78408	11749	204949
12	29	682	26904	2299	26929	4457	149440
16	53	589	41201	3016	17280	2073	63254
53	305	972	84375	7299	80112	3347	210723
11	65	492	29778	3239	22186	1348	43864
24	156	421	40684	4098	23246	2139	42452
202	132	1296	31528	2027	38017	6641	286998
118	1000	1717	109561	12893	220362	18791	887442
47	103	3159	60133	4903	201890	30426	804406
49	686	1261	77363	6665	69389	11532	216987
71	228	1433	112433	7258	60537	17509	276498
57	195	537	63776	6640	52900	16962	84342
65	143	1260	135989	11160	178831	11749	542764
88	947	919	165801	9749	137121	10059	98941
66	206	902	156329	6485	97429	12422	176334
55	143	1560	48365	6456	69633	15116	122155
165	3938	2158	257807	15812	167861	26415	563167
16	63	886	37086	5011	71396	5534	140603
15	36	180	23539	1228	3357	1357	17648
28	173	1119	45153	4070	159470	10189	125644
52	210	1351	73680	6549	61700	9365	94133
40	145	1203	38311	2563	72814	6443	47522
30	135	924	54215	4432	61690	5660	101823
7	10	78	1300	266	2494	451	2337
32	164	848	91817	3808	44021	4281	70091
17	68	373	23522	2510	21111	2326	33925
8	18	182	4535	547	5357	966	15018
15	9	364	6518	613	5337	496	24502
21	63	887	24681	1548	13629	2074	70917

2-5 续表

地 区	私营股份有限公司	其他	港、澳、台商投资企业	与港、澳、台商合资经营	与港、澳、台商合作经营	港、澳、台商独资
全 国	**184395**	**952600**	**115168**	**26544**	**3621**	**79621**
北 京	7888	2201	6412	1282	197	4795
天 津	2675	18356	2457	879	44	1428
河 北	9943	52882	817	380	50	348
山 西	4015	18655	197	104	5	78
内蒙古	2950	20630	196	83	6	92
辽 宁	7386	28748	2249	1003	87	1069
吉 林	2488	13761	265	115	12	120
黑龙江	1991	24561	337	135	17	150
上 海	3240	2275	13198	2131	385	10516
江 苏	23778	57935	13484	4050	194	8819
浙 江	4484	34114	11293	4690	193	5482
安 徽	9059	47796	1010	379	25	545
福 建	8148	40593	10178	2020	169	7607
江 西	8091	31066	1306	304	30	889
山 东	14041	122188	3228	1387	103	1617
河 南	6157	88133	772	306	38	368
湖 北	6440	49302	1347	497	43	704
湖 南	8404	39139	991	456	41	437
广 东	13107	60395	40977	4821	1823	32151
广 西	6015	14446	866	280	57	485
海 南	1124	3841	400	104	16	242
重 庆	7616	31286	781	241	14	465
四 川	6076	22492	885	292	21	508
贵 州	2341	20313	244	99	7	117
云 南	6290	38492	507	201	14	239
西 藏	111	1099	20	3	2	10
陕 西	5286	23176	375	142	14	185
甘 肃	2146	23941	102	42	2	50
青 海	1037	6615	66	28	6	23
宁 夏	759	5152	53	19	2	22
新 疆	1309	9017	155	71	4	60

单位：个

港、澳、台商投资股份有限公司	其他港、澳、台投资	外商投资企业	中外合资经营	中外合作经营	外资企业	外商投资股份有限公司	其他外商投资
2685	**2697**	**122288**	**34365**	**3117**	**77211**	**3145**	**4450**
95	43	9807	2327	225	6943	177	135
66	40	5614	1612	131	3618	137	116
23	16	1543	730	70	632	60	51
7	3	301	169	21	78	16	17
9	6	291	137	13	105	18	18
68	22	6257	2469	220	3272	168	128
10	8	779	309	31	386	27	26
21	14	533	215	20	232	40	26
129	37	21409	3121	405	17621	138	124
313	108	20143	5827	299	13259	460	298
184	744	12291	5538	274	5789	306	384
46	15	1395	558	26	666	58	87
274	108	5465	1399	98	3536	257	175
60	23	795	287	23	362	57	66
77	44	9487	3031	200	5897	188	171
38	22	817	422	46	261	49	39
70	33	2482	608	38	586	62	1188
43	14	753	343	35	291	37	47
903	1279	16462	3151	724	11069	549	969
29	15	782	271	47	342	57	65
29	9	321	117	19	156	13	16
38	23	920	316	20	491	41	52
43	21	1326	538	40	637	63	48
11	10	239	85	16	101	23	14
35	18	664	178	18	320	48	100
4	1	42	18	2	15	5	2
27	7	754	306	21	331	50	46
5	3	148	75	8	48	11	6
7	2	88	37	8	28	13	2
6	4	91	56	2	27	3	3
15	5	289	115	17	112	14	31

2-6 按行业(中类)、开业(成立)

行业中类	代码	企业单位数			
			1949年及以前	1950-1977年	1978-1991年
总计	—	**12593254**	**2833**	**49038**	**150136**
农、林、牧、渔业	A	**739995**	**102**	**2359**	**2610**
农业	01	342759	41	767	653
谷物种植	011	67743	24	313	152
豆类、油料和薯类种植	012	12291	5	36	16
棉、麻、糖、烟草种植	013	6971		129	40
蔬菜、食用菌及园艺作物种植	014	110828	4	56	144
水果种植	015	67401	3	100	133
坚果、含油果、香料和饮料作物种植	016	22836	5	71	82
中药材种植	017	27571		6	17
其他农业	019	27118		56	69
林业	02	59926	19	887	619
林木育种和育苗	021	45748	6	163	173
造林和更新	022	7702	1	140	95
森林经营和管护	023	4299	8	379	259
木材和竹材采运	024	1167	4	114	79
林产品采集	025	1010		91	13
畜牧业	03	196562	21	235	447
牲畜饲养	031	136959	15	162	268
家禽饲养	032	43269	2	18	118
狩猎和捕捉动物	033	1019			2
其他畜牧业	039	15315	4	55	59
渔业	04	56352	2	154	323
水产养殖	041	54004	2	133	299
水产捕捞	042	2348		21	24
农、林、牧、渔服务业	05	84396	19	316	568
农业服务业	051	66426	13	194	379
林业服务业	052	5268	2	65	92
畜牧服务业	053	9041	2	33	46
渔业服务业	054	3661	2	24	51
采矿业	B	**103421**	**47**	**851**	**2748**
煤炭开采和洗选业	06	20517	22	451	1063
烟煤和无烟煤开采洗选	061	18620	22	421	1004
褐煤开采洗选	062	597		19	21
其他煤炭采选	069	1300		11	38
石油和天然气开采业	07	692	1	3	13
石油开采	071	428	1	3	8
天然气开采	072	264			5
黑色金属矿采选业	08	15680	9	53	223
铁矿采选	081	13958	9	42	192
锰矿、铬矿采选	082	945		8	22
其他黑色金属矿采选	089	777		3	9
有色金属矿采选业	09	11161	4	84	335

时间分组的企业法人单位数

单位：个

1992-1995年	1996年	1997年	1998年	1999年	2000年	2001年	2002年	2003年	代码
197503	**65643**	**72540**	**117670**	**120108**	**183423**	**222894**	**256333**	**325505**	--
2187	**784**	**861**	**2467**	**1714**	**3625**	**3894**	**3757**	**5100**	A
667	230	274	718	558	1123	1228	1180	1561	01
104	32	29	75	82	136	144	106	159	011
12	4	5	18	3	19	29	26	33	012
17	3	6	14	9	23	15	32	23	013
249	78	115	339	237	457	568	599	738	014
159	54	64	133	112	267	238	201	301	015
63	17	26	65	57	78	67	80	109	016
11	7	12	26	19	56	65	55	89	017
52	35	17	48	39	87	102	81	109	019
287	93	96	288	188	494	433	504	655	02
124	41	51	179	116	327	314	393	489	021
49	12	9	27	26	93	44	61	88	022
82	30	30	67	30	58	63	35	57	023
18	5	6	9	12	10	8	9	15	024
14	5		6	4	6	4	6	6	025
490	216	251	723	528	1111	1295	1145	1594	03
317	155	179	464	337	768	920	796	1144	031
142	43	58	189	149	262	295	247	325	032
1		1	2	1	1	6	11	3	033
30	18	13	68	41	80	74	91	122	039
339	107	115	276	185	368	356	353	466	04
315	98	110	263	172	343	340	330	450	041
24	9	5	13	13	25	16	23	16	042
404	138	125	462	255	529	582	575	824	05
289	101	78	315	164	349	421	402	587	051
39	15	17	41	23	55	59	46	76	052
38	13	19	59	36	81	71	83	102	053
38	9	11	47	32	44	31	44	59	054
2295	**939**	**865**	**1517**	**1232**	**2178**	**2658**	**2797**	**4366**	B
780	327	313	431	348	518	647	677	1163	06
750	314	293	414	330	497	616	632	1107	061
8	6	12	9	12	11	18	19	27	062
22	7	8	8	6	10	13	26	29	069
18	7	11	14	21	21	13	22	16	07
14	3	9	7	17	21	8	17	12	071
4	4	2	7	4		5	5	4	072
230	98	72	172	152	299	398	407	792	08
207	83	62	153	133	271	363	368	707	081
12	10	8	13	16	18	23	23	61	082
11	5	2	6	3	10	12	16	24	089
285	114	120	170	172	274	309	351	486	09

2-6 续表 1

行业中类	代码	企业单位数	1949年及以前	1950-1977年	1978-1991年
常用有色金属矿采选	091	7772	2	54	178
贵金属矿采选	092	2186	1	19	134
稀有稀土金属矿采选	093	1203	1	11	23
非金属矿采选业	10	49035	11	246	1068
土砂石开采	101	41712	5	142	769
化学矿开采	102	1712		25	63
采盐	103	545	5	48	111
石棉及其他非金属矿采选	109	5066	1	31	125
开采辅助活动	11	3735		10	31
煤炭开采和洗选辅助活动	111	586		4	13
石油和天然气开采辅助活动	112	2366		4	11
其他开采辅助活动	119	783		2	7
其他采矿业	12	2601		4	15
其他采矿业	120	2601		4	15
制造业	**C**	**2800992**	**617**	**11667**	**57269**
农副食品加工业	13	128141	33	848	2557
谷物磨制	131	27953	14	172	557
饲料加工	132	14833	1	9	231
植物油加工	133	11520	7	77	248
制糖业	134	942		40	57
屠宰及肉类加工	135	20966	5	424	655
水产品加工	136	11624		40	328
蔬菜、水果和坚果加工	137	18406	1	19	203
其他农副食品加工	139	21897	5	67	278
食品制造业	14	62972	16	326	1337
焙烤食品制造	141	16703	3	87	291
糖果、巧克力及蜜饯制造	142	5754	1	23	164
方便食品制造	143	11165	1	35	188
乳制品制造	144	1894	1	25	59
罐头食品制造	145	3692	2	16	106
调味品、发酵制品制造	146	8210	5	100	275
其他食品制造	149	15554	3	40	254
酒、饮料和精制茶制造业	15	49095	44	408	1436
酒的制造	151	16425	38	221	824
饮料制造	152	16759	1	20	206
精制茶加工	153	15911	5	167	406
烟草制品业	16	485	13	17	37
烟叶复烤	161	236		1	8
卷烟制造	162	102	13	11	16
其他烟草制品制造	169	147		5	13
纺织业	17	133435	26	432	2257
棉纺织及印染精加工	171	48655	13	211	897
毛纺织及染整精加工	172	7803	2	21	224
麻纺织及染整精加工	173	1519		12	55

单位：个

1992-1995年	1996年	1997年	1998年	1999年	2000年	2001年	2002年	2003年	代码
172	69	68	115	100	177	206	236	334	091
96	36	42	37	52	68	75	70	100	092
17	9	10	18	20	29	28	45	52	093
919	372	335	684	506	995	1176	1239	1794	10
730	304	258	548	403	819	969	1051	1523	101
34	25	21	31	23	47	38	51	58	102
57	11	7	14	10	19	15	11	21	103
98	32	49	91	70	110	154	126	192	109
39	13	11	33	21	44	76	65	84	11
8		4	8	4	8	11	11	10	111
29	11	5	19	15	27	51	41	59	112
2	2	2	6	2	9	14	13	15	119
24	8	3	13	12	27	39	36	31	12
24	8	3	13	12	27	39	36	31	120
77555	**25319**	**27111**	**43521**	**43177**	**65294**	**80549**	**92925**	**114277**	C
3226	1273	1325	2521	2303	3535	4096	4344	5348	13
790	294	262	695	542	920	1060	1088	1367	131
368	177	240	336	379	432	470	497	613	132
270	82	89	195	183	332	379	358	527	133
37	11	12	12	6	20	47	28	49	134
532	246	265	447	377	534	625	756	813	135
489	167	159	266	269	394	464	471	518	136
380	158	146	298	284	456	553	574	723	137
360	138	152	272	263	447	498	572	738	139
1936	705	716	1232	1113	1645	1897	1828	2198	14
428	172	147	296	227	349	386	360	470	141
295	94	108	165	138	165	209	203	221	142
232	93	80	169	166	252	279	276	331	143
61	27	29	55	50	87	94	99	124	144
158	35	61	86	85	139	141	154	184	145
302	122	126	214	192	273	319	302	350	146
460	162	165	247	255	380	469	434	518	149
1470	593	664	1117	1060	1496	1508	1663	1839	15
682	293	354	545	515	666	609	624	731	151
418	167	199	317	374	485	557	632	672	152
370	133	111	255	171	345	342	407	436	153
21	3	5	10	12	9	13	5	19	16
4	1		5	7	7	5	2	8	161
8	1	1	4	1	1	1	1	7	162
9	1	4	1	4	1	7	2	4	169
3092	1049	1280	2011	2101	3913	4251	5988	7149	17
1155	396	527	817	837	1578	1760	2696	2952	171
310	99	101	160	168	275	298	341	392	172
41	11	22	25	24	61	53	62	112	173

2-6 续表 2

行业中类	代码	企业单位数	1949年及以前	1950-1977年	1978-1991年
丝绢纺织及印染精加工	174	3693	4	32	118
化纤织造及印染精加工	175	12115	1	7	86
针织或钩针编织物及其制品制造	176	22455	2	56	302
家用纺织制成品制造	177	20694	1	52	235
非家用纺织制成品制造	178	16501	3	41	340
纺织服装、服饰业	18	158146	12	292	1901
机织服装制造	181	101663	10	215	1345
针织或钩针编织服装制造	182	22583		28	312
服饰制造	183	33900	2	49	244
皮革、毛皮、羽毛及其制品和制鞋业	19	73061	12	156	1050
皮革鞣制加工	191	3456	1	16	72
皮革制品制造	192	23946	2	32	263
毛皮鞣制及制品加工	193	5630	3	16	50
羽毛(绒)加工及制品制造	194	2390		6	53
制鞋业	195	37639	6	86	612
木材加工和木、竹、藤、棕、草制品业	20	88283	6	223	1046
木材加工	201	35234	3	119	433
人造板制造	202	17638	2	17	142
木制品制造	203	25643		52	338
竹、藤、棕、草等制品制造	204	9768	1	35	133
家具制造业	21	62157	4	102	614
木质家具制造	211	42477	4	75	436
竹、藤家具制造	212	1023		3	12
金属家具制造	213	6805		14	89
塑料家具制造	214	1109		1	12
其他家具制造	219	10743		9	65
造纸和纸制品业	22	65138	17	205	1495
纸浆制造	221	569		6	17
造纸	222	16264	15	94	498
纸制品制造	223	48305	2	105	980
印刷和记录媒介复制业	23	77283	77	657	4201
印刷	231	70205	72	595	3717
装订及印刷相关服务	232	6792	5	61	473
记录媒介复制	233	286		1	11
文教、工美、体育和娱乐用品制造业	24	94489	8	263	1705
文教办公用品制造	241	9338	1	57	229
乐器制造	242	2280		11	55
工艺美术品制造	243	60719	6	171	989
体育用品制造	244	8431		11	113
玩具制造	245	11455	1	10	296
游艺器材及娱乐用品制造	246	2266		3	23
石油加工和炼焦	25	8052	11	54	206
精炼石油产品制造	251	6478	9	40	175
炼焦	252	1574	2	14	31

单位：个

1992-1995年	1996年	1997年	1998年	1999年	2000年	2001年	2002年	2003年	代码
150	46	48	89	79	176	187	205	282	174
147	55	92	163	185	378	370	618	936	175
466	165	185	275	300	567	647	811	960	176
354	129	156	235	241	403	438	651	770	177
469	148	149	247	267	475	498	604	745	178
3480	1074	1138	1671	1918	3413	3965	4629	5622	18
2369	745	772	1127	1285	2291	2652	3053	3834	181
689	197	206	299	369	622	748	913	1006	182
422	132	160	245	264	500	565	663	782	183
2065	669	607	900	964	1337	1671	1907	2243	19
159	51	53	102	71	96	114	160	153	191
526	143	137	241	258	382	486	609	704	192
69	20	26	36	46	103	96	117	128	193
69	32	35	41	40	72	93	86	99	194
1242	423	356	480	549	684	882	935	1159	195
1334	528	506	954	934	1604	1940	2178	2845	20
388	170	153	336	330	516	678	643	903	201
254	91	121	215	214	381	497	556	814	202
487	180	166	284	266	458	539	677	792	203
205	87	66	119	124	249	226	302	336	204
1117	450	516	741	735	1062	1291	1417	1817	21
772	315	373	517	517	750	910	973	1257	211
24	3	5	11	12	13	26	19	19	212
168	73	61	98	99	157	188	201	236	213
27	11	7	10	15	11	18	41	38	214
126	48	70	105	92	131	149	183	267	219
2006	736	745	1123	1143	1580	2010	2376	2918	22
29	10	7	11	5	15	16	20	22	221
606	245	227	323	364	457	583	726	879	222
1371	481	511	789	774	1108	1411	1630	2017	223
4195	1204	1387	1976	1639	2570	3255	3681	4631	23
3796	1090	1259	1796	1475	2351	3031	3403	4265	231
380	110	118	171	149	214	212	273	350	232
19	4	10	9	15	5	12	5	16	233
2630	792	797	1308	1375	2074	2556	2954	3615	24
308	122	123	196	197	288	317	353	418	241
86	26	17	32	46	73	88	82	92	242
1533	459	460	783	834	1255	1571	1856	2225	243
225	74	67	109	109	177	203	255	292	244
436	93	105	151	163	243	330	342	521	245
42	18	25	37	26	38	47	66	67	246
295	88	93	165	156	219	283	325	439	25
247	76	78	142	137	189	246	263	287	251
48	12	15	23	19	30	37	62	152	252

2-6 续表 3

行业中类	代码	企业单位数	1949年及以前	1950-1977年	1978-1991年
化学原料和化学制品制造业	26	119308	33	744	3461
基础化学原料制造	261	19056	14	164	659
肥料制造	262	13966	1	162	210
农药制造	263	2794	2	33	157
涂料、油墨、颜料及类似产品制造	264	21460	6	76	597
合成材料制造	265	12068	2	37	282
专用化学产品制造	266	30704	3	125	981
炸药、火工及焰火产品制造	267	6197	1	103	250
日用化学产品制造	268	13063	4	44	325
医药制造业	27	23467	26	245	691
化学药品原料药制造	271	3139	6	38	120
化学药品制剂制造	272	2618	8	59	145
中药饮片加工	273	3854		16	57
中成药生产	274	3608	8	100	165
兽用药品制造	275	1730		14	59
生物药品制造	276	4373	4	6	53
卫生材料及医药用品制造	277	4145		12	92
化学纤维制造业	28	7072	1	13	120
纤维素纤维原料及纤维制造	281	1249	1	5	27
合成纤维制造	282	5823		8	93
橡胶和塑料制品业	29	166293	5	357	3270
橡胶制品业	291	29148	1	117	776
塑料制品业	292	137145	4	240	2494
非金属矿物制品业	30	256667	45	1532	7839
水泥、石灰和石膏制造	301	16197	8	373	709
石膏、水泥制品及类似制品制造	302	59661	9	164	1292
砖瓦、石材等建筑材料制造	303	108526	12	617	4157
玻璃制造	304	4721	1	16	59
玻璃制品制造	305	15320	4	57	260
玻璃纤维和玻璃纤维增强塑料制品制造	306	6031	1	23	170
陶瓷制品制造	307	15990	4	120	298
耐火材料制品制造	308	13352	5	95	531
石墨及其他非金属矿物制品制造	309	16869	1	67	363
黑色金属冶炼和压延加工业	31	41596	7	282	1441
炼铁	311	1802		11	42
炼钢	312	1086	1	15	23
黑色金属铸造	313	17908	1	139	911
钢压延加工	314	17393	5	102	377
铁合金冶炼	315	3407		15	88
有色金属冶炼和压延加工业	32	29670	11	110	647
常用有色金属冶炼	321	5730	6	30	132
贵金属冶炼	322	788		14	25
稀有稀土金属冶炼	323	1171		8	26
有色金属合金制造	324	3657	1	13	70

单位：个

1992-1995年	1996年	1997年	1998年	1999年	2000年	2001年	2002年	2003年	代码
4786	1543	1675	2792	2680	3976	4810	5181	6268	26
765	261	266	488	434	657	721	833	1145	261
285	134	105	238	179	320	381	458	522	262
152	55	53	102	101	125	146	107	138	263
1006	295	356	568	594	789	982	1099	1257	264
400	130	153	234	205	358	373	479	578	265
1382	402	440	718	735	1007	1244	1391	1695	266
187	67	59	116	119	303	484	314	325	267
609	199	243	328	313	417	479	500	608	268
1086	338	339	569	490	710	905	986	1167	27
154	51	51	85	80	110	116	153	180	271
237	62	62	96	75	108	147	145	152	272
66	34	28	47	33	60	86	114	157	273
249	84	72	134	104	148	192	200	222	274
72	19	30	55	58	76	92	81	77	275
157	46	51	67	61	104	124	137	160	276
151	42	45	85	79	104	148	156	219	277
195	71	72	93	116	244	253	349	417	28
45	12	12	13	22	45	39	47	52	281
150	59	60	80	94	199	214	302	365	282
4874	1597	1708	2773	2885	4219	5516	6480	7432	29
948	344	321	550	531	769	968	1063	1324	291
3926	1253	1387	2223	2354	3450	4548	5417	6108	292
8089	2745	2393	4465	3885	5854	6913	7524	10140	30
638	196	183	372	307	464	527	546	745	301
1460	529	449	892	717	1221	1380	1643	2172	302
3809	1228	972	1867	1608	2405	2726	2896	4090	303
112	37	34	47	48	76	90	119	144	304
340	132	104	195	215	320	386	435	528	305
222	79	80	123	108	167	198	239	310	306
500	180	186	301	283	383	495	551	647	307
605	186	210	359	314	372	556	532	741	308
403	178	175	309	285	446	555	563	763	309
1750	483	563	906	871	1225	1550	1917	2889	31
63	17	16	30	27	48	61	78	162	311
46	8	8	19	15	25	30	48	82	312
958	244	305	502	454	631	766	955	1195	313
592	182	191	298	323	443	564	713	1118	314
91	32	43	57	52	78	129	123	332	315
950	295	345	525	515	777	1058	1150	1333	32
174	55	60	119	103	158	213	197	281	321
41	9	13	7	17	36	31	36	44	322
45	13	19	33	19	39	53	44	58	323
107	36	36	73	60	100	114	145	147	324

2-6 续表 4

行业中类	代码	企业单位数	1949年及以前	1950-1977年	1978-1991年
有色金属铸造	325	2306	2	7	65
有色金属压延加工	326	16018	2	38	329
金属制品业	33	239597	30	699	4160
结构性金属制品制造	331	79703	8	135	1010
金属工具制造	332	26983	5	159	510
集装箱及金属包装容器制造	333	6814	2	45	229
金属丝绳及其制品制造	334	13069	3	48	218
建筑、安全用金属制品制造	335	33662	4	79	523
金属表面处理及热处理加工	336	12722		79	656
搪瓷制品制造	337	2176		10	29
金属制日用品制造	338	20555	3	41	271
其他金属制品制造	339	43913	5	103	714
通用设备制造业	34	264152	66	1196	5249
锅炉及原动设备制造	341	10982	10	143	384
金属加工机械制造	342	46660	15	200	784
物料搬运设备制造	343	11716	4	88	236
泵、阀门、压缩机及类似机械制造	344	35416	14	215	879
轴承、齿轮和传动部件制造	345	18207	1	120	445
烘炉、风机、衡器、包装等设备制造	346	25496	5	122	490
文化、办公用机械制造	347	3021	1	12	67
通用零部件制造	348	89254	10	250	1757
其他通用设备制造业	349	23400	6	46	207
专用设备制造业	35	180810	32	810	2935
采矿、冶金、建筑专用设备制造	351	29753	9	203	539
化工、木材、非金属加工专用设备制造	352	52066	4	84	580
食品、饮料、烟草及饲料生产专用设备制造	353	5553		52	169
印刷、制药、日化及日用品生产专用设备制造	354	10536	5	53	207
纺织、服装和皮革加工专用设备制造	355	11597	3	86	335
电子和电工机械专用设备制造	356	14596	2	28	141
农、林、牧、渔专用机械制造	357	11884	5	159	302
医疗仪器设备及器械制造	358	10806	1	58	205
环保、社会公共服务及其他专用设备制造	359	34019	3	87	457
汽车制造业	36	67573	16	313	1192
汽车整车制造	361	1068	5	18	31
改装汽车制造	362	1256	5	32	51
低速载货汽车制造	363	112		3	5
电车制造	364	820		1	3
汽车车身、挂车制造	365	1174		5	14
汽车零部件及配件制造	366	63143	6	254	1088
铁路、船舶、航空航天和其他运输设备制造业	37	32082	25	230	753
铁路运输设备制造	371	3389	12	57	220
城市轨道交通设备制造	372	208		3	5
船舶及相关装置制造	373	9631	11	106	205
航空、航天器及设备制造	374	1158	1	15	22

单位：个

1992-1995年	1996年	1997年	1998年	1999年	2000年	2001年	2002年	2003年	代码
87	23	26	49	44	60	82	111	114	325
496	159	191	244	272	384	565	617	689	326
5649	1803	1988	3195	3452	4869	6331	7608	9066	33
1602	532	558	971	1036	1446	1946	2325	2904	331
694	215	262	408	426	642	771	983	1059	332
316	82	100	145	153	185	218	289	302	333
300	97	109	173	171	235	303	337	420	334
701	247	278	394	473	701	938	1090	1206	335
538	148	167	289	302	371	467	566	751	336
37	26	15	31	24	23	54	35	61	337
510	171	194	246	323	457	573	677	779	338
951	285	305	538	544	809	1061	1306	1584	339
6931	2227	2495	3948	3851	5730	7327	8795	10712	34
434	130	166	251	224	306	349	403	479	341
923	305	370	585	538	842	1183	1361	1721	342
374	103	150	186	182	256	343	438	535	343
1299	390	443	735	676	1034	1208	1504	1669	344
588	229	185	311	337	533	657	767	940	345
861	285	290	455	487	670	808	997	1174	346
114	31	27	43	38	79	109	116	121	347
2055	671	768	1203	1206	1748	2313	2785	3498	348
283	83	96	179	163	262	357	424	575	349
3951	1307	1486	2408	2296	3603	4655	5407	6829	35
644	244	254	483	396	575	821	938	1216	351
886	300	341	496	561	954	1198	1481	1955	352
204	74	61	113	104	142	206	189	244	353
339	99	140	176	188	254	303	351	447	354
369	130	169	216	220	431	517	669	677	355
230	64	86	144	150	222	304	365	492	356
259	101	82	195	175	249	317	298	357	357
351	109	115	177	170	260	292	340	417	358
669	186	238	408	332	516	697	776	1024	359
1801	563	653	929	1000	1390	1839	2335	2965	36
39	20	21	19	15	22	33	27	39	361
55	14	14	28	24	28	48	73	52	362
4	4	2	5	3	5	4	5	2	363
3		2	2	2	6	9	7	6	364
22	6	8	9	19	15	29	39	49	365
1678	519	606	866	937	1314	1716	2184	2817	366
1063	321	356	517	565	769	906	1058	1196	37
160	41	37	61	75	107	135	129	154	371
3	3		1	5	2	1	4	3	372
264	67	73	116	119	150	214	232	281	373
20	8	9	14	16	21	21	19	21	374

2-6 续表 5

行业中类	代码	企业单位数	1949年及以前	1950-1977年	1978-1991年
摩托车制造	375	8095		26	190
自行车制造	376	7435	1	15	87
非公路休闲车及零配件制造	377	867		3	8
潜水救捞及其他未列明运输设备制造	379	1299		5	16
电气机械和器材制造业	38	169224	24	568	2893
电机制造	381	16647	4	109	301
输配电及控制设备制造	382	56654	9	238	1194
电线、电缆、光缆及电工器材制造	383	24005	4	87	620
电池制造	384	5355	4	21	78
家用电力器具制造	385	21825	2	38	257
非电力家用器具制造	386	5945		10	46
照明器具制造	387	28299	1	49	290
其他电气机械及器材制造	389	10494		16	107
计算机、通信和其他电子设备制造业	39	92146	4	155	907
计算机制造	391	8680		5	50
通信设备制造	392	7902	1	29	104
广播电视设备制造	393	3224	1	3	51
雷达及配套设备制造	394	228		9	4
视听设备制造	395	5208		6	69
电子器件制造	396	14232		30	135
电子元件制造	397	36233	1	59	425
其他电子设备制造	399	16439	1	14	69
仪器仪表制造业	40	36432	8	232	846
通用仪器仪表制造	401	18516	5	112	475
专用仪器仪表制造	402	6165	1	69	140
钟表与计时仪器制造	403	2436	2	18	81
光学仪器及眼镜制造	404	5907		21	91
其他仪器仪表制造业	409	3408		12	59
其他制造业	41	44503	2	63	451
日用杂品制造	411	12549	1	27	219
煤制品制造	412	3362		5	71
其他未列明制造业	419	28592	1	31	161
废弃资源综合利用业	42	12190	1	20	129
金属废料和碎屑加工处理	421	6158	1	10	75
非金属废料和碎屑加工处理	422	6032		10	54
金属制品、机械和设备修理业	43	17473	2	115	443
金属制品修理	431	1036		5	32
通用设备修理	432	2530	1	13	58
专用设备修理	433	2435		25	67
铁路、船舶、航空航天等运输设备修理	434	4945		50	163
电气设备修理	435	1389		4	27
仪器仪表修理	436	337		1	10
其他机械和设备修理业	439	4801	1	17	86

单位：个

1992-1995年	1996年	1997年	1998年	1999年	2000年	2001年	2002年	2003年	代码
414	154	158	206	251	275	280	338	354	375
173	40	64	96	80	172	219	287	311	376
18	6	6	8	7	22	11	19	32	377
11	2	9	15	12	20	25	30	40	379
4643	1490	1667	2341	2668	3696	4745	5399	6515	38
471	141	168	259	286	403	561	561	720	381
1700	505	617	812	1042	1273	1635	1933	2310	382
888	296	350	509	487	663	855	950	1125	383
140	34	45	65	66	113	153	159	216	384
561	232	184	280	301	477	548	658	796	385
101	43	49	52	63	116	126	147	174	386
623	199	200	287	331	499	673	767	850	387
159	40	54	77	92	152	194	224	324	389
2148	590	723	1009	1049	1745	2442	2751	3192	39
148	39	43	80	88	126	208	225	261	391
263	81	84	125	140	189	257	276	298	392
130	32	42	66	53	94	132	126	157	393
7	3	4	3	4	4	6	6	14	394
169	38	74	63	61	107	154	193	202	395
302	63	95	125	116	261	402	395	490	396
920	269	290	413	457	758	1014	1190	1368	397
209	65	91	134	130	206	269	340	402	399
1403	419	476	665	727	982	1223	1291	1580	40
710	226	273	384	410	529	675	700	860	401
231	69	73	114	132	154	210	231	291	402
150	33	34	32	46	59	69	73	90	403
201	58	62	88	89	151	191	198	224	404
111	33	34	47	50	89	78	89	115	409
697	191	223	360	372	620	777	799	1050	41
380	101	116	159	170	304	354	386	457	411
86	34	31	77	57	101	146	104	157	412
231	56	76	124	145	215	277	309	436	419
135	44	53	96	112	160	218	257	389	42
79	27	34	44	65	75	118	159	226	421
56	17	19	52	47	85	100	98	163	422
537	128	117	201	190	268	345	343	454	43
29	11	9	10	11	18	22	22	38	431
74	25	14	38	30	43	68	54	82	432
88	16	15	33	25	33	50	45	62	433
175	34	47	69	51	71	91	102	108	434
42	18	6	13	17	29	27	35	39	435
11	2	1	3	5	8	9	9	13	436
118	22	25	35	51	66	78	76	112	439

2-6 续表 6

行业中类	代码	企业单位数	1949年及以前	1950-1977年	1978-1991年
电力、热力、燃气及水生产和供应业	D	**85990**	**132**	**2811**	**6487**
电力、热力生产和供应业	44	56464	76	2007	4116
电力生产	441	45702	33	1339	3327
电力供应	442	4719	43	655	610
热力生产和供应	443	6043		13	179
燃气生产和供应业	45	7912	6	12	146
燃气生产和供应业	450	7912	6	12	146
水的生产和供应业	46	21614	50	792	2225
自来水生产和供应	461	15671	49	788	2169
污水处理及其再生利用	462	4742		4	23
其他水的处理、利用与分配	469	1201	1		33
建筑业	E	**574114**	**95**	**4453**	**10792**
房屋建筑业	47	107702	58	3187	5772
房屋建筑业	470	107702	58	3187	5772
土木工程建筑业	48	99915	19	917	2296
铁路、道路、隧道和桥梁工程建筑	481	38214	10	343	943
水利和内河港口工程建筑	482	8121	3	303	448
海洋工程建筑	483	315			4
工矿工程建筑	484	4095	3	89	152
架线和管道工程建筑	485	11008	1	81	387
其他土木工程建筑	489	38162	2	101	362
建筑安装业	49	97529	10	221	1449
电气安装	491	23443	4	50	465
管道和设备安装	492	21392		69	418
其他建筑安装业	499	52694	6	102	566
建筑装饰和其他建筑业	50	268968	8	128	1275
建筑装饰业	501	195938	7	51	870
工程准备活动	502	20857		27	136
提供施工设备服务	503	6503	1	6	40
其他未列明建筑业	509	45670		44	229
批发和零售业	F	**4197662**	**1138**	**15806**	**32073**
批发业	51	2561313	376	7201	17382
农、林、牧产品批发	511	138206	68	1502	2300
食品、饮料及烟草制品批发	512	259183	68	1255	2803
纺织、服装及家庭用品批发	513	346627	14	329	1311
文化、体育用品及器材批发	514	87604	20	123	457
医药及医疗器材批发	515	71817	4	285	553
矿产品、建材及化工产品批发	516	716145	163	2828	5721
机械设备、五金产品及电子产品批发	517	608542	17	442	2337
贸易经纪与代理	518	103708	10	176	539
其他批发业	519	229481	12	261	1361
零售业	52	1636349	762	8605	14691
综合零售	521	217348	318	4968	4873
食品、饮料及烟草制品专门零售	522	161677	44	1090	1948
纺织、服装及日用品专门零售	523	173422	26	465	1232

单位：个

1992-1995年	1996年	1997年	1998年	1999年	2000年	2001年	2002年	2003年	代码
3247	**1048**	**1115**	**1701**	**1547**	**2106**	**2460**	**3086**	**4306**	D
2071	726	750	1186	1092	1388	1717	2183	3229	44
1647	628	634	993	875	1122	1436	1901	2765	441
262	64	67	127	160	146	136	108	170	442
162	34	49	66	57	120	145	174	294	443
180	58	65	102	119	160	201	224	297	45
180	58	65	102	119	160	201	224	297	450
996	264	300	413	336	558	542	679	780	46
916	231	283	359	289	476	447	510	579	461
30	13	7	33	34	57	70	142	170	462
50	20	10	21	13	25	25	27	31	469
13591	**3902**	**4247**	**6382**	**6101**	**7676**	**10650**	**11819**	**13283**	E
4670	1118	1185	1843	1518	1875	3183	3123	2562	47
4670	1118	1185	1843	1518	1875	3183	3123	2562	470
2644	626	727	1176	1087	1368	1861	2071	2599	48
1160	281	309	501	446	582	729	790	1063	481
380	58	73	113	126	146	208	208	225	482
3	1	1	2	3	4	5	3	5	483
150	30	31	71	56	78	104	108	153	484
433	114	114	184	180	217	331	315	376	485
518	142	199	305	276	341	484	647	777	489
2426	782	925	1283	1344	1606	2174	2270	2653	49
759	255	327	413	419	508	704	750	800	491
664	185	227	299	337	422	540	563	632	492
1003	342	371	571	588	676	930	957	1221	499
3851	1376	1410	2080	2152	2827	3432	4355	5469	50
3085	1147	1165	1615	1666	2183	2613	3092	3874	501
327	78	89	168	181	222	290	477	671	502
48	22	19	39	48	67	89	116	146	503
391	129	137	258	257	355	440	670	778	509
42105	**16437**	**19039**	**32608**	**34283**	**51584**	**62695**	**72480**	**92353**	F
25012	9730	11468	19952	21406	32030	39601	46002	59521	51
1372	453	424	1009	926	1578	1894	1977	2346	511
2310	919	953	1818	1827	2769	3176	3321	4071	512
2406	993	1323	2035	2348	3715	4508	5188	6653	513
879	377	429	690	772	1234	1480	1670	2293	514
878	294	383	682	726	1015	1239	1518	2083	515
8768	3348	3874	6737	7332	10342	13030	15284	19905	516
5961	2446	3131	5329	5829	8541	10679	13186	16749	517
806	303	294	489	506	844	1052	1305	1709	518
1632	597	657	1163	1140	1992	2543	2553	3712	519
17093	6707	7571	12656	12877	19554	23094	26478	32832	52
2415	840	876	1440	1347	2214	2639	2492	3160	521
1446	575	607	1023	1175	1662	1872	2085	2434	522
1456	626	734	1161	1172	1937	2130	2349	2988	523

2-6 续表 7

行业中类	代码	企业单位数	1949年及以前	1950-1977年	1978-1991年
文化、体育用品及器材专门零售	524	95125	284	798	1009
医药及医疗器材专门零售	525	130549	22	484	1019
汽车、摩托车、燃料及零配件专门零售	526	203303	21	208	1618
家用电器及电子产品专门零售	527	216145	8	87	589
五金、家具及室内装饰材料专门零售	528	225292	10	236	1297
货摊、无店铺及其他零售业	529	213488	29	269	1106
交通运输、仓储和邮政业	**G**	**368906**	**208**	**2700**	**5880**
铁路运输业	53	3374	23	77	147
铁路旅客运输	531	502	10	26	10
铁路货物运输	532	1291	4	13	49
铁路运输辅助活动	533	1581	9	38	88
道路运输业	54	197899	62	1025	2530
城市公共交通运输	541	11946	8	203	419
公路旅客运输	542	10339	30	317	493
道路货物运输	543	161758	19	347	1200
道路运输辅助活动	544	13856	5	158	418
水上运输业	55	13046	9	243	627
水上旅客运输	551	1370	2	37	118
水上货物运输	552	8000	1	171	395
水上运输辅助活动	553	3676	6	35	114
航空运输业	56	1879		6	32
航空客货运输	561	754		2	16
通用航空服务	562	467			2
航空运输辅助活动	563	658		4	14
管道运输业	57	414	1	2	8
管道运输业	570	414	1	2	8
装卸搬运和运输代理业	58	100700	24	338	1065
装卸搬运	581	18167	20	291	603
运输代理业	582	82533	4	47	462
仓储业	59	33465	58	956	1377
谷物、棉花等农产品仓储	591	10441	56	799	775
其他仓储业	599	23024	2	157	602
邮政业	60	18129	31	53	94
邮政基本服务	601	1536	31	46	72
快递服务	602	16593		7	22
住宿和餐饮业	**H**	**270441**	**63**	**1116**	**4762**
住宿业	61	89619	32	694	3319
旅游饭店	611	29141	23	335	1248
一般旅馆	612	50731	8	326	1821
其他住宿业	619	9747	1	33	250
餐饮业	62	180822	31	422	1443
正餐服务	621	138405	24	345	1205
快餐服务	622	12573		22	106
饮料及冷饮服务	623	7887	2	1	13
其他餐饮业	629	21957	5	54	119

单位：个

1992-1995年	1996年	1997年	1998年	1999年	2000年	2001年	2002年	2003年	代码
1229	437	530	790	915	1313	1505	1869	2297	524
1055	448	417	895	806	1349	1772	2811	3646	525
3950	1355	1651	2675	2549	3835	4283	5051	5685	526
1565	809	980	1661	1897	2988	3674	4121	5600	527
2281	912	1070	1788	1825	2464	3197	3441	4281	528
1696	705	706	1223	1191	1792	2022	2259	2741	529
6125	**1984**	**2206**	**3793**	**3382**	**4756**	**6341**	**7170**	**8974**	**G**
83	32	21	39	37	48	64	52	64	53
8	9	8	2	4	7	11	7	7	531
36	15	8	20	20	19	28	27	36	532
39	8	5	17	13	22	25	18	21	533
2935	1005	1167	1776	1812	2532	3625	4051	4743	54
871	271	308	392	347	388	514	517	523	541
356	147	145	310	232	366	562	537	511	542
1302	417	537	823	966	1497	2176	2628	3205	543
406	170	177	251	267	281	373	369	504	544
452	114	141	223	196	246	335	440	520	55
54	19	18	27	29	32	41	69	56	551
272	68	85	136	122	156	225	291	327	552
126	27	38	60	45	58	69	80	137	553
58	21	14	34	20	33	49	50	67	56
27	8	6	11	8	14	23	21	25	561
8	4	4	8	4	2	8	10	12	562
23	9	4	15	8	17	18	19	30	563
11	1	5	3	3	11	6	6	11	57
11	1	5	3	3	11	6	6	11	570
1387	537	511	748	726	1118	1422	1671	2328	58
341	109	97	164	121	215	269	267	362	581
1046	428	414	584	605	903	1153	1404	1966	582
1124	246	282	556	417	570	670	735	1017	59
404	99	115	304	191	244	254	201	276	591
720	147	167	252	226	326	416	534	741	599
75	28	65	414	171	198	170	165	224	60
38	13	43	352	104	81	26	18	21	601
37	15	22	62	67	117	144	147	203	602
4588	**1712**	**1843**	**2778**	**2754**	**4041**	**4376**	**4852**	**6169**	**H**
2595	891	953	1354	1251	1674	1758	1945	2497	61
1143	404	445	597	576	687	658	770	1004	611
1237	422	443	671	597	861	969	1041	1327	612
215	65	65	86	78	126	131	134	166	619
1993	821	890	1424	1503	2367	2618	2907	3672	62
1685	676	716	1184	1244	1943	2146	2364	2991	621
146	77	87	95	111	159	200	201	238	622
27	11	22	38	45	77	103	144	187	623
135	57	65	107	103	188	169	198	256	629

2-6 续表 8

行业中类	代码	企业单位数	1949年及以前	1950-1977年	1978-1991年
信息传输、软件和信息技术服务业	**I**	**380228**	**26**	**68**	**514**
电信、广播电视和卫星传输服务	63	15056	19	46	174
电信	631	11547	17	30	88
广播电视传输服务	632	3128	2	14	80
卫星传输服务	633	381		2	6
互联网和相关服务	64	49455	2	8	39
互联网接入及相关服务	641	5408		2	7
互联网信息服务	642	33921	2	5	27
其他互联网服务	649	10126		1	5
软件和信息技术服务业	65	315717	5	14	301
软件开发	651	189791	3	7	141
信息系统集成服务	652	27303		4	38
信息技术咨询服务	653	53291		2	73
数据处理和存储服务	654	5491	1		3
集成电路设计	655	3289			3
其他信息技术服务业	659	36552	1	1	43
金融业	**J**	**104213**	**48**	**499**	**1946**
货币金融服务	66	34340	15	480	1636
中央银行服务	661				
货币银行服务	662	12293	13	475	1560
非货币银行服务	663	22047	2	5	76
银行监管服务	664				
资本市场服务	67	36986	3	3	65
证券市场服务	671	3012			22
期货市场服务	672	493			2
证券期货监管服务	673				
资本投资服务	674	26698	2	2	33
其他资本市场服务	679	6783	1	1	8
保险业	68	16558	30	12	176
人身保险	681	5610	13	2	31
财产保险	682	6126	16	4	136
再保险	683	43			
养老金	684	181		2	4
保险经纪与代理服务	685	3398		1	2
保险监管服务	686				
其他保险活动	689	1200	1	3	3
其他金融业	69	16329		4	69
金融信托与管理服务	691	4548		1	40
控股公司服务	692	1667			16
非金融机构支付服务	693	566			1
金融信息服务	694	3103		1	2
其他未列明金融业	699	6445		2	10

单位：个

1992-1995年	1996年	1997年	1998年	1999年	2000年	2001年	2002年	2003年	代码
1789	**742**	**939**	**1564**	**2245**	**4061**	**4898**	**5307**	**7370**	I
284	83	117	229	446	544	766	555	679	63
147	50	82	152	368	409	595	434	529	631
120	30	32	71	69	125	159	114	135	632
17	3	3	6	9	10	12	7	15	633
114	76	57	124	188	488	536	628	1034	64
16	7	8	24	23	57	72	71	104	641
90	62	40	79	138	361	405	478	791	642
8	7	9	21	27	70	59	79	139	649
1391	583	765	1211	1611	3029	3596	4124	5657	65
722	335	454	692	975	1886	2193	2533	3454	651
182	69	98	176	180	389	467	508	644	652
288	90	116	187	268	419	509	610	846	653
14	8	8	20	23	35	33	55	86	654
24	13	8	23	22	42	64	71	81	655
161	68	81	113	143	258	330	347	546	659
1332	**921**	**693**	**607**	**454**	**647**	**842**	**1409**	**1860**	J
832	516	338	325	225	226	233	389	388	66
									661
651	466	272	185	150	134	142	93	81	662
181	50	66	140	75	92	91	296	307	663
									664
287	85	85	107	103	224	269	259	356	67
40	15	15	10	16	28	37	50	48	671
98	25	2	1	1	1	5	1	7	672
									673
106	31	41	74	66	166	185	164	243	674
43	14	27	22	20	29	42	44	58	679
146	300	250	150	75	113	238	675	987	68
37	166	118	58	30	56	104	378	421	681
93	127	126	86	34	33	78	223	265	682
	1				1	1		6	683
2		1		1		4		2	684
7	2		4	4	18	40	49	228	685
									686
7	4	5	2	6	5	11	25	65	689
67	20	20	25	51	84	102	86	129	69
22	4	6	7	12	16	30	30	34	691
21	7	10	9	11	8	20	19	13	692
1	2		2	4	3	2	9	7	693
4	2		4	2	7	16	5	17	694
19	5	4	3	22	50	34	23	58	699

2-6 续表 9

行业中类	代码	企业单位数	1949年及以前	1950-1977年	1978-1991年
房地产业	K	**459706**	**53**	**2043**	**6278**
房地产业	70	459706	53	2043	6278
房地产开发经营	701	188888	6	57	2019
物业管理	702	143296	7	127	839
房地产中介服务	703	87210	1	54	280
自有房地产经营活动	704	22700	30	1396	2590
其他房地产业	709	17612	9	409	550
租赁和商务服务业	L	**1315261**	**95**	**1420**	**8087**
租赁业	71	91122	3	78	314
机械设备租赁	711	87999	2	68	287
文化及日用品出租	712	3123	1	10	27
商务服务业	72	1224139	92	1342	7773
企业管理服务	721	272866	68	968	3947
法律服务	722	12085	1	5	322
咨询与调查	723	335599	8	36	638
广告业	724	240193	3	21	306
知识产权服务	725	9703		1	16
人力资源服务	726	63861	2	26	430
旅行社及相关服务	727	46593	5	33	593
安全保护服务	728	10635		5	294
其他商务服务业	729	232604	5	247	1227
科学研究和技术服务业	M	**523736**	**30**	**840**	**3702**
研究和试验发展	73	67867	1	120	292
自然科学研究和试验发展	731	7479		14	25
工程和技术研究和试验发展	732	40874		82	159
农业科学研究和试验发展	733	8585	1	17	68
医学研究和试验发展	734	9967		7	34
社会人文科学研究	735	962			6
专业技术服务业	74	253352	20	589	2607
气象服务	741	1073		6	22
地震服务	742	383		1	
海洋服务	743	514			6
测绘服务	744	7721	2	5	59
质检技术服务	745	16825	3	23	222
环境与生态监测	746	4334	1	2	23
地质勘查	747	5475	1	61	158
工程技术	748	101928	9	353	1551
其他专业技术服务业	749	115099	4	138	566
科技推广和应用服务业	75	202517	9	131	803
技术推广服务	751	158170	9	108	635
科技中介服务	752	9727		5	83
其他科技推广和应用服务业	759	34620		18	85
水利、环境和公共设施管理业	N	**65981**	**13**	**191**	**692**
水利管理业	76	5688	4	125	219
防洪除涝设施管理	761	583		12	21

单位：个

1992-1995年	1996年	1997年	1998年	1999年	2000年	2001年	2002年	2003年	代码
14435	**3443**	**3995**	**6367**	**6445**	**9237**	**11475**	**12874**	**15928**	K
14435	3443	3995	6367	6445	9237	11475	12874	15928	70
8147	1514	1820	3255	2931	4492	5440	5767	6831	701
2597	1101	1220	1758	2116	2748	3367	3901	4906	702
722	232	335	468	616	926	1457	1701	2317	703
2200	435	462	632	568	747	840	1046	1224	704
769	161	158	254	214	324	371	459	650	709
14109	**3952**	**4996**	**6648**	**8163**	**13675**	**14549**	**16692**	**22675**	L
584	247	236	364	386	606	842	864	1127	71
552	234	225	336	368	572	799	815	1059	711
32	13	11	28	18	34	43	49	68	712
13525	3705	4760	6284	7777	13069	13707	15828	21548	72
4795	916	1480	1344	1372	2145	2426	2849	3721	721
604	160	136	223	246	457	562	365	349	722
1991	628	736	1120	2158	4023	3065	3892	5456	723
2058	781	1077	1472	1601	2539	2921	3297	4457	724
68	20	32	35	52	69	162	181	412	725
458	127	116	230	244	471	592	764	1164	726
969	299	338	567	699	1070	1310	1147	1590	727
283	46	57	66	78	117	176	205	314	728
2299	728	788	1227	1327	2178	2493	3128	4085	729
6465	**1841**	**1843**	**3008**	**3560**	**5578**	**7006**	**7976**	**10104**	M
557	132	146	278	316	601	642	705	921	73
35	7	14	13	24	52	56	63	54	731
327	76	81	159	165	313	323	344	483	732
74	18	25	49	42	90	90	101	112	733
112	30	25	53	79	135	163	190	261	734
9	1	1	4	6	11	10	7	11	735
4465	1335	1302	2065	2430	3609	4621	5345	6790	74
43	6	14	11	24	44	54	59	73	741
4	1	1	4	3	6	5	6	9	742
24	3	5	3		6	7	7	10	743
123	35	22	51	61	116	158	230	325	744
358	112	91	149	183	239	285	372	570	745
45	14	6	19	21	35	46	45	88	746
156	24	34	60	64	74	93	100	157	747
2630	753	692	1118	1323	1889	2543	2940	3333	748
1082	387	437	650	751	1200	1430	1586	2225	749
1443	374	395	665	814	1368	1743	1926	2393	75
1089	301	303	510	659	1082	1349	1460	1842	751
142	27	42	69	50	108	162	177	211	752
212	46	50	86	105	178	232	289	340	759
1120	**322**	**366**	**620**	**653**	**1071**	**1250**	**1489**	**1957**	N
190	45	38	87	75	118	115	126	160	76
18	5	3	13	10	15	11	9	22	761

2-6 续表 10

行业中类	代码	企业单位数	1949年及以前	1950-1977年	1978-1991年
水资源管理	762	1290	1	22	54
天然水收集与分配	763	737	1	56	64
水文服务	764	358	1	5	11
其他水利管理业	769	2720	1	30	69
生态保护和环境治理业	77	8885	1	22	63
生态保护	771	1426		21	21
环境治理业	772	7459	1	1	42
公共设施管理业	78	51408	8	44	410
市政设施管理	781	5887	1	14	91
环境卫生管理	782	5161	1	5	33
城乡市容管理	783	1419			4
绿化管理	784	25163	2	12	125
公园和游览景区管理	785	13778	4	13	157
居民服务、修理和其他服务业	O	**277682**	**18**	**422**	**2727**
居民服务业	79	98799	7	156	685
家庭服务	791	19101		3	31
托儿所服务	792	473		1	5
洗染服务	793	4251		3	35
理发及美容服务	794	20019	3	48	113
洗浴服务	795	8768	1	16	92
保健服务	796	8493		2	10
婚姻服务	797	8020		2	10
殡葬服务	798	3471	1	18	122
其他居民服务业	799	26203	2	63	267
机动车、电子产品和日用产品修理业	80	99699	8	209	1709
汽车、摩托车修理与维护	801	73262	8	175	1446
计算机和办公设备维修	802	10790		2	49
家用电器修理	803	10730		10	117
其他日用产品修理业	809	4917		22	97
其他服务业	81	79184	3	57	333
清洁服务	811	34263	3	4	94
其他未列明服务业	819	44921		53	239
教育	P	**61974**	**23**	**144**	**521**
教育	82	61974	23	144	521
学前教育	821	8845	3	51	122
初等教育	822	928	12	38	43
中等教育	823	1132	1	21	38
高等教育	824	260	2	3	12
特殊教育	825	405			3
技能培训、教育辅助及其他教育	829	50404	5	31	303
卫生和社会工作	Q	**32696**	**56**	**791**	**1139**
卫生	83	29068	55	779	1077
医院	831	11181	37	266	240
社区医疗与卫生院	832	2881	5	230	229

单位：个

1992-1995年	1996年	1997年	1998年	1999年	2000年	2001年	2002年	2003年	代码
57	15	7	17	25	30	28	36	38	762
24	5	6	21	11	20	20	19	36	763
9	1	1	4	2	5	8	5	13	764
82	19	21	32	27	48	48	57	51	769
109	25	31	68	92	135	135	178	244	77
34	8	11	17	27	44	29	47	35	771
75	17	20	51	65	91	106	131	209	772
821	252	297	465	486	818	1000	1185	1553	78
172	43	32	63	70	81	115	134	192	781
65	28	19	34	50	85	93	101	121	782
12	3	5	9	10	12	14	20	26	783
329	94	131	209	219	393	512	590	790	784
243	84	110	150	137	247	266	340	424	785
3753	**1305**	**1472**	**2270**	**2447**	**3531**	**4116**	**4703**	**6419**	**O**
937	333	448	745	821	1222	1389	1656	2294	79
34	18	19	55	56	111	143	145	213	791
	2	1	2	1	5	8	4	10	792
59	23	33	58	54	76	76	119	121	793
159	70	86	174	228	312	383	559	682	794
129	81	99	164	183	234	226	292	449	795
36	6	28	38	37	92	115	122	226	796
31	18	23	39	43	56	61	76	84	797
217	48	67	70	61	83	91	90	140	798
272	67	92	145	158	253	286	249	369	799
2303	837	835	1209	1271	1711	1993	2180	3009	80
1927	687	648	955	961	1267	1492	1651	2231	801
98	57	74	88	123	174	206	220	342	802
175	71	88	126	135	194	215	227	332	803
103	22	25	40	52	76	80	82	104	809
513	135	189	316	355	598	734	867	1116	81
219	72	98	173	193	322	376	497	609	811
294	63	91	143	162	276	358	370	507	819
641	**232**	**243**	**435**	**418**	**835**	**819**	**1052**	**1325**	**P**
641	232	243	435	418	835	819	1052	1325	82
116	51	61	103	83	218	151	210	217	821
12	5	11	18	13	23	19	23	46	822
27	11	7	21	19	43	41	44	41	823
7	1	2	1	6	5	13	10	6	824
5	2	1	3		4	1	5	4	825
474	162	161	289	297	542	594	760	1011	829
652	**252**	**175**	**343**	**331**	**534**	**550**	**682**	**1031**	**Q**
624	239	164	305	286	488	515	644	978	83
157	46	38	69	69	120	157	256	370	831
86	46	21	60	55	92	86	88	91	832

2-6 续表 11

行业中类	代码	企业单位数	1949年及以前	1950-1977年	1978-1991年
门诊部(所)	833	12073	11	258	550
计划生育技术服务活动	834	95		1	8
妇幼保健院(所、站)	835	130		3	3
专科疾病防治院(所、站)	836	481		9	14
疾病预防控制中心	837	142	2	5	4
其他卫生活动	839	2085		7	29
社会工作	84	3628	1	12	62
提供住宿社会工作	841	3018	1	7	36
不提供住宿社会工作	842	610		5	26
文化、体育和娱乐业	**R**	**230020**	**69**	**855**	**1894**
新闻和出版业	85	5196	21	77	533
新闻业	851	331			6
出版业	852	4865	21	77	527
广播、电视、电影和影视录音制作业	86	19309	26	613	820
广播	861	698		1	15
电视	862	1378		2	34
电影和影视节目制作	863	8683	2	18	28
电影和影视节目发行	864	1217	2	65	67
电影放映	865	6373	22	525	669
录音制作	866	960		2	7
文化艺术业	87	55712	20	129	251
文艺创作与表演	871	13300	11	67	93
艺术表演场馆	872	848	5	30	50
图书馆与档案馆	873	467	2	2	7
文物及非物质文化遗产保护	874	1086	2	7	14
博物馆	875	440		3	2
烈士陵园、纪念馆	876	81		1	1
群众文化活动	877	6782		11	53
其他文化艺术业	879	32708		8	31
体育	88	15220		2	61
体育组织	881	2153			11
体育场馆	882	1110		1	12
休闲健身活动	883	10083		1	34
其他体育	889	1874			4
娱乐业	89	134583	2	34	229
室内娱乐活动	891	121401	2	22	166
游乐园	892	2014		3	18
彩票活动	893	137			4
文化、娱乐、体育经纪代理	894	6255		5	17
其他娱乐业	899	4776		4	24
公共管理、社会保障和社会组织	**S**	**236**		**2**	**15**
社会保障	93	236		2	15
社会保障	930	236		2	15

单位：个

1992－1995年	1996年	1997年	1998年	1999年	2000年	2001年	2002年	2003年	代码
336	129	90	151	150	248	238	264	476	833
8	3		2	1	3	1		1	834
3	1	1	1	1		2		2	835
6	4	3	5	2	4	9	14	16	836
4	1	2	3	1	3	2	4	1	837
24	9	9	14	7	18	20	18	21	839
28	13	11	38	45	46	35	38	53	84
12	13	7	23	29	35	25	33	43	841
16		4	15	16	11	10	5	10	842
1502	**505**	**530**	**1036**	**1201**	**2990**	**3763**	**5258**	**8004**	**R**
321	61	37	73	105	138	128	127	170	85
10	2	1	2	1	6	4	3	8	851
311	59	36	71	104	132	124	124	162	852
274	70	63	111	112	177	204	247	305	86
10	1	3	7		10	13	7	13	861
40	9	10	18	20	20	40	30	40	862
81	30	26	36	45	86	87	108	140	863
17	3	4	17	13	14	16	32	25	864
113	23	14	30	27	35	34	50	69	865
13	4	6	3	7	12	14	20	18	866
214	74	78	134	171	307	353	364	529	87
85	26	23	50	62	83	118	107	173	871
11	7	6	4	9	7	7	14	13	872
12	1		4	6	12	3	11	10	873
6	3	4	9	4	12	13	8	18	874
4	2	1	3	1	5	6	2	8	875
4	3	1	1	1	1	1	2	3	876
33	9	8	14	26	52	49	59	85	877
59	23	35	49	62	135	156	161	219	879
165	46	58	89	101	157	198	251	388	88
20	9	8	8	16	24	18	27	49	881
20	7	5	4	8	23	22	24	34	882
115	26	41	68	70	94	146	181	279	883
10	4	4	9	7	16	12	19	26	889
528	254	294	629	712	2211	2880	4269	6612	89
411	213	254	551	628	2066	2717	4084	6364	891
35	10	10	17	17	28	34	26	35	892
1	1	2	4	1	7	4	9	1	893
33	13	8	22	36	51	82	90	134	894
48	17	20	35	30	59	43	60	78	899
12	**3**	**1**	**5**	**1**	**4**	**3**	**5**	**4**	**S**
12	3	1	5	1	4	3	5	4	93
12	3	1	5	1	4	3	5	4	930

2-6 续表 12

行业中类	代码	2004年	2005年	2006年	2007年	2008年
总计	--	**341676**	**387109**	**457462**	**460546**	**518905**
农、林、牧、渔业	A	**4841**	**7362**	**8638**	**11936**	**21451**
农业	01	1522	2145	2768	3907	6735
谷物种植	011	178	264	310	374	815
豆类、油料和薯类种植	012	38	60	83	127	241
棉、麻、糖、烟草种植	013	19	52	52	63	119
蔬菜、食用菌及园艺作物种植	014	693	868	1113	1634	2733
水果种植	015	303	435	616	910	1527
坚果、含油果、香料和饮料作物种植	016	106	159	248	313	518
中药材种植	017	82	133	153	206	357
其他农业	019	103	174	193	280	425
林业	02	562	722	946	1107	1598
林木育种和育苗	021	394	486	642	717	1105
造林和更新	022	82	110	142	183	259
森林经营和管护	023	63	78	117	146	160
木材和竹材采运	024	11	32	25	37	42
林产品采集	025	12	16	20	24	32
畜牧业	03	1560	2681	3022	4359	8304
牲畜饲养	031	1126	1867	2124	3030	6018
家禽饲养	032	338	615	684	1025	1750
狩猎和捕捉动物	033	2	14	12	17	40
其他畜牧业	039	94	185	202	287	496
渔业	04	449	676	695	913	1614
水产养殖	041	431	648	663	893	1571
水产捕捞	042	18	28	32	20	43
农、林、牧、渔服务业	05	748	1138	1207	1650	3200
农业服务业	051	500	731	865	1182	2246
林业服务业	052	56	84	91	100	201
畜牧服务业	053	101	133	173	285	594
渔业服务业	054	91	190	78	83	159
采矿业	B	**5480**	**6378**	**6933**	**6311**	**7080**
煤炭开采和洗选业	06	1400	1495	1176	1044	1267
烟煤和无烟煤开采洗选	061	1335	1411	1103	966	1164
褐煤开采洗选	062	31	45	37	35	42
其他煤炭采选	069	34	39	36	43	61
石油和天然气开采业	07	19	29	28	25	36
石油开采	071	14	16	13	18	20
天然气开采	072	5	13	15	7	16
黑色金属矿采选业	08	1316	1400	1262	1250	1408
铁矿采选	081	1211	1242	1114	1114	1284
锰矿、铬矿采选	082	72	95	84	89	64
其他黑色金属矿采选	089	33	63	64	47	60
有色金属矿采选业	09	597	798	1053	984	779

单位：个

2009年	2010年	2011年	2012年	2013年	2014年	2015年	无开业年份	代码
698962	**897330**	**1053255**	**1155825**	**1327182**	**1632370**	**1850532**	**48474**	--
34762	**41139**	**58523**	**86861**	**106470**	**153082**	**171402**	**4068**	A
12166	15885	23652	34962	47189	85011	95644	2173	01
1934	1959	2577	3904	9032	22017	22593	430	011
580	702	968	1247	1491	3323	3180	45	012
280	323	501	1028	1478	1125	1598	22	013
4583	6643	9670	12484	15490	25104	25594	635	014
2431	2949	4973	8146	9892	14386	18733	335	015
922	1206	1733	2806	3111	4828	5853	313	016
533	955	1745	3242	3588	7398	8601	215	017
903	1148	1485	2105	3107	6830	9492	178	019
2706	3333	5050	7768	8432	11600	11146	393	02
1956	2440	3786	5922	6414	9888	9305	317	021
391	453	715	1091	1439	1033	1118	41	022
258	314	400	560	399	352	333	21	023
61	62	56	89	101	173	183	6	024
40	64	93	106	79	154	207	8	025
12069	12617	16301	26130	28546	32382	39898	637	03
8827	8584	10506	17987	20990	23679	26248	448	031
2498	3057	4452	6137	5578	5735	9435	117	032
33	47	93	122	122	202	282	5	033
711	929	1250	1884	1856	2766	3933	67	039
2482	2980	6036	8075	9358	8875	10840	315	04
2407	2903	5883	7760	9064	8357	10266	303	041
75	77	153	315	294	518	574	12	042
5339	6324	7484	9926	12945	15214	13874	550	05
3847	4612	5507	7504	10320	13331	12034	455	051
321	398	543	653	663	852	742	34	052
924	970	1038	1331	1502	628	744	35	053
247	344	396	438	460	403	354	26	054
7479	**7713**	**7849**	**7968**	**6647**	**5524**	**5031**	**535**	B
1320	1250	1245	1149	951	717	655	108	06
1213	1117	1082	986	813	470	466	94	061
42	46	38	34	31	27	23	4	062
65	87	125	129	107	220	166	10	069
42	41	48	51	52	90	65	6	07
24	25	27	32	28	53	37	1	071
18	16	21	19	24	37	28	5	072
1076	1178	1194	961	786	540	333	71	08
951	1062	1070	856	685	451	267	61	081
65	63	50	40	47	36	23	3	082
60	53	74	65	54	53	43	7	089
717	671	746	745	527	390	337	113	09

2-6 续表 13

行业中类	代码	2004年	2005年	2006年	2007年	2008年
常用有色金属矿采选	091	421	546	790	745	567
贵金属矿采选	092	110	125	148	140	132
稀有稀土金属矿采选	093	66	127	115	99	80
非金属矿采选业	10	2014	2478	3148	2752	3222
土砂石开采	101	1691	2147	2687	2352	2783
化学矿开采	102	93	76	119	86	134
采盐	103	25	36	25	19	19
石棉及其他非金属矿采选	109	205	219	317	295	286
开采辅助活动	11	99	112	185	162	250
煤炭开采和洗选辅助活动	111	19	13	22	19	36
石油和天然气开采辅助活动	112	63	73	139	116	166
其他开采辅助活动	119	17	26	24	27	48
其他采矿业	12	35	66	81	94	118
其他采矿业	120	35	66	81	94	118
制造业	**C**	**112480**	**120848**	**144411**	**134254**	**134670**
农副食品加工业	13	5306	6116	6570	6264	7058
谷物磨制	131	1369	1559	1560	1398	1645
饲料加工	132	648	895	909	728	819
植物油加工	133	575	516	527	519	770
制糖业	134	40	36	40	45	42
屠宰及肉类加工	135	872	917	1036	1068	1208
水产品加工	136	419	556	574	544	513
蔬菜、水果和坚果加工	137	749	809	976	996	997
其他农副食品加工	139	634	828	948	966	1064
食品制造业	14	2183	2420	2777	2721	2950
焙烤食品制造	141	481	513	657	662	793
糖果、巧克力及蜜饯制造	142	220	233	319	314	265
方便食品制造	143	314	420	464	441	550
乳制品制造	144	113	133	106	87	92
罐头食品制造	145	189	207	209	185	182
调味品、发酵制品制造	146	341	327	400	411	373
其他食品制造	149	525	587	622	621	695
酒、饮料和精制茶制造业	15	1795	2023	2299	2220	2366
酒的制造	151	637	682	776	643	687
饮料制造	152	691	771	864	796	826
精制茶加工	153	467	570	659	781	853
烟草制品业	16	13	14	25	9	13
烟叶复烤	161	7	7	8	5	4
卷烟制造	162	4	1	12	2	5
其他烟草制品制造	169	2	6	5	2	4
纺织业	17	6098	6274	7369	6214	5430
棉纺织及印染精加工	171	2496	2672	3041	2301	1954
毛纺织及染整精加工	172	343	317	392	341	275
麻纺织及染整精加工	173	84	82	88	60	81

单位：个

2009年	2010年	2011年	2012年	2013年	2014年	2015年	无开业年份	代码
505	475	510	547	361	281	231	82	091
143	122	151	128	107	64	64	22	092
69	74	85	70	59	45	42	9	093
3891	4062	4131	4495	3741	2875	2681	200	10
3408	3556	3563	3840	3297	2454	2255	158	101
111	101	118	181	105	74	86	12	102
19	22	18	11	5	7	9	1	103
353	383	432	463	334	340	331	29	109
257	284	274	325	348	530	470	12	11
31	62	42	44	43	97	73	4	111
157	155	152	202	225	339	303	4	112
69	67	80	79	80	94	94	4	119
176	227	211	242	242	382	490	25	12
176	227	211	242	242	382	490	25	120
164140	**206550**	**221397**	**219826**	**238632**	**229913**	**222993**	**11597**	**C**
7589	7935	8894	10482	11103	8651	10374	390	13
1661	1644	1821	2196	2528	1237	1536	38	131
988	1080	1014	1065	946	985	961	42	132
775	745	836	937	985	633	921	34	133
36	40	65	81	76	42	79	1	134
1207	1263	1410	1754	1605	1284	1598	65	135
553	672	700	803	892	940	825	68	136
1082	1161	1414	1633	1768	1569	1405	52	137
1287	1330	1634	2013	2303	1961	3049	90	139
3054	3383	4663	5583	5386	5213	7384	306	14
714	921	1548	1779	1783	1651	1899	86	141
289	292	442	475	461	322	323	13	142
587	644	842	1102	1140	1049	1465	45	143
94	77	79	90	97	85	118	12	144
187	216	212	283	194	193	256	12	145
395	397	550	631	598	473	708	26	146
788	836	990	1223	1113	1440	2615	112	149
2487	2753	3071	4085	4202	3213	4793	490	15
651	754	825	1105	973	863	1668	59	151
890	890	1094	1364	1364	1351	1728	82	152
946	1109	1152	1616	1865	999	1397	349	153
14	25	62	49	35	25	37		16
8	17	48	31	22	6	25		161
2	2	1	1	1	4	2		162
4	6	13	17	12	15	10		169
6900	9631	9623	8599	11309	10689	11394	356	17
2369	3307	3080	2637	3752	3193	3930	84	171
335	542	530	516	589	600	614	18	172
53	90	84	88	99	105	126	1	173

2-6 续表 14

行业中类	代码	2004年	2005年	2006年	2007年	2008年
丝绢纺织及印染精加工	174	222	226	238	192	154
化纤织造及印染精加工	175	648	496	681	540	447
针织或钩针编织物及其制品制造	176	900	974	1224	1154	936
家用纺织制成品制造	177	746	754	850	812	841
非家用纺织制成品制造	178	659	753	855	814	742
纺织服装、服饰业	18	5559	6115	7234	6698	6293
机织服装制造	181	3873	4267	5117	4795	4364
针织或钩针编织服装制造	182	920	946	1136	959	871
服饰制造	183	766	902	981	944	1058
皮革、毛皮、羽毛及其制品和制鞋业	19	2229	2583	3069	2854	2753
皮革鞣制加工	191	148	220	202	149	141
皮革制品制造	192	757	854	1001	966	977
毛皮鞣制及制品加工	193	131	183	254	206	189
羽毛(绒)加工及制品制造	194	86	104	117	99	99
制鞋业	195	1107	1222	1495	1434	1347
木材加工和木、竹、藤、棕、草制品业	20	3012	3621	4735	4591	4617
木材加工	201	1006	1359	1739	1675	1814
人造板制造	202	874	861	1235	1248	1072
木制品制造	203	835	1030	1301	1244	1297
竹、藤、棕、草等制品制造	204	297	371	460	424	434
家具制造业	21	2043	2197	2815	2626	2717
木质家具制造	211	1382	1464	1880	1757	1817
竹、藤家具制造	212	29	30	42	50	36
金属家具制造	213	270	290	387	339	344
塑料家具制造	214	41	42	67	52	61
其他家具制造	219	321	371	439	428	459
造纸和纸制品业	22	2746	2900	3479	3326	3068
纸浆制造	221	27	16	20	26	21
造纸	222	796	748	941	876	816
纸制品制造	223	1923	2136	2518	2424	2231
印刷和记录媒介复制业	23	4188	3849	4501	3609	3377
印刷	231	3814	3501	4092	3291	3061
装订及印刷相关服务	232	361	340	394	306	298
记录媒介复制	233	13	8	15	12	18
文教、工美、体育和娱乐用品制造业	24	3586	3822	4732	4263	4078
文教办公用品制造	241	413	413	423	428	387
乐器制造	242	118	99	104	93	87
工艺美术品制造	243	2177	2446	3067	2710	2662
体育用品制造	244	345	332	425	368	359
玩具制造	245	461	474	621	570	480
游艺器材及娱乐用品制造	246	72	58	92	94	103
石油加工和炼焦	25	452	381	441	436	442
精炼石油产品制造	251	292	282	364	360	307
炼焦	252	160	99	77	76	135

单位：个

2009年	2010年	2011年	2012年	2013年	2014年	2015年	无开业年份	代码
173	190	205	181	205	137	148	6	174
679	1034	1183	831	1028	785	700	25	175
1236	1810	1706	1667	1944	2077	2000	91	176
1019	1328	1536	1622	2401	2415	2629	76	177
1036	1330	1299	1057	1291	1377	1247	55	178
8363	12744	13673	13229	17381	15259	15677	806	18
5772	9024	9488	8359	11156	8379	6915	456	181
1251	1708	1700	1843	2450	1754	1598	58	182
1340	2012	2485	3027	3775	5126	7164	292	183
3740	5613	6181	5966	9010	9203	5935	344	19
150	217	233	218	254	231	237	8	191
1246	1919	2152	2304	3174	2649	2082	82	192
358	412	465	537	844	740	580	21	193
119	147	187	185	188	194	234	5	194
1867	2918	3144	2722	4550	5389	2802	228	195
5572	6974	7104	7862	8936	7641	9285	235	20
2267	2964	2974	3551	3997	2915	4221	80	201
1215	1406	1369	1288	1413	1109	1201	43	202
1551	1941	2020	2239	2580	2644	2643	79	203
539	663	741	784	946	973	1220	33	204
3449	4798	5161	6079	6678	7204	6180	344	21
2334	3245	3590	4181	4548	4834	4319	227	211
42	68	71	107	113	156	127	5	212
386	521	562	558	646	620	462	36	213
77	87	103	104	112	95	76	1	214
610	877	835	1129	1259	1499	1196	75	219
4162	4845	4692	4765	5304	4954	4345	198	22
42	41	34	34	38	49	59	4	221
1075	1222	1116	1155	1095	739	627	41	222
3045	3582	3542	3576	4171	4166	3659	153	223
4141	4776	4643	4287	3979	3175	3164	121	23
3760	4370	4241	3910	3523	2849	2838	105	231
368	395	385	367	440	304	307	11	232
13	11	17	10	16	22	19	5	233
5193	6740	7519	8249	9510	8484	7906	330	24
468	579	639	660	823	747	724	25	241
104	138	184	187	201	160	187	10	242
3401	4508	4871	5629	6546	5345	4993	222	243
485	568	650	606	679	1005	941	33	244
601	794	968	966	1040	949	807	33	245
134	153	207	201	221	278	254	7	246
524	513	496	570	484	469	448	62	25
413	414	409	489	412	418	386	43	251
111	99	87	81	72	51	62	19	252

2-6 续表 15

行业中类	代码	2004年	2005年	2006年	2007年	2008年
化学原料和化学制品制造业	26	6014	6477	7421	6118	6078
基础化学原料制造	261	1096	1193	1342	1138	1033
肥料制造	262	594	684	706	624	767
农药制造	263	132	133	150	126	125
涂料、油墨、颜料及类似产品制造	264	1179	1158	1244	1042	979
合成材料制造	265	563	563	653	611	612
专用化学产品制造	266	1606	1717	1950	1688	1686
炸药、火工及焰火产品制造	267	306	469	692	310	272
日用化学产品制造	268	538	560	684	579	604
医药制造业	27	1121	1121	1118	905	928
化学药品原料药制造	271	166	166	179	161	142
化学药品制剂制造	272	127	128	104	79	84
中药饮片加工	273	171	175	136	129	151
中成药生产	274	214	135	134	116	106
兽用药品制造	275	107	125	138	82	63
生物药品制造	276	147	195	205	197	227
卫生材料及医药用品制造	277	189	197	222	141	155
化学纤维制造业	28	392	339	511	399	274
纤维素纤维原料及纤维制造	281	62	65	79	61	57
合成纤维制造	282	330	274	432	338	217
橡胶和塑料制品业	29	7210	7927	9737	9111	8466
橡胶制品业	291	1265	1423	1638	1534	1486
塑料制品业	292	5945	6504	8099	7577	6980
非金属矿物制品业	30	9374	10602	13759	12200	14080
水泥、石灰和石膏制造	301	713	724	803	736	921
石膏、水泥制品及类似制品制造	302	1832	2201	3003	2761	3309
砖瓦、石材等建筑材料制造	303	3595	4410	6173	5323	6432
玻璃制造	304	185	202	228	208	211
玻璃制品制造	305	519	576	749	686	651
玻璃纤维和玻璃纤维增强塑料制品制造	306	321	313	355	344	356
陶瓷制品制造	307	614	632	749	680	635
耐火材料制品制造	308	797	785	819	678	681
石墨及其他非金属矿物制品制造	309	798	759	880	784	884
黑色金属冶炼和压延加工业	31	2798	2720	2675	2447	2451
炼铁	311	132	148	103	115	124
炼钢	312	63	47	41	49	65
黑色金属铸造	313	1187	1223	1286	1049	969
钢压延加工	314	988	1047	1036	1015	1036
铁合金冶炼	315	428	255	209	219	257
有色金属冶炼和压延加工业	32	1425	1570	1959	1847	1712
常用有色金属冶炼	321	306	358	448	421	381
贵金属冶炼	322	36	51	45	50	37
稀有稀土金属冶炼	323	71	90	80	88	74
有色金属合金制造	324	160	197	245	216	202

单位：个

2009年	2010年	2011年	2012年	2013年	2014年	2015年	无开业年份	代码
6980	7233	7373	7429	6752	6463	6452	569	26
1132	1044	1095	1061	857	781	777	100	261
1070	948	962	1110	942	1152	1346	66	262
126	117	150	141	132	131	151	9	263
1166	1231	1174	1297	1283	1031	914	137	264
692	846	907	868	877	827	744	74	265
1790	1913	1893	1815	1604	1466	1336	117	266
224	322	358	282	204	205	223	2	267
780	812	834	855	853	870	961	64	268
1228	1370	1522	1587	1647	1447	1798	123	27
152	179	184	156	146	172	174	18	271
115	119	126	113	123	114	79	11	272
176	231	396	365	409	296	497	24	273
141	170	158	176	195	151	220	14	274
116	103	80	118	54	45	61	5	275
282	297	322	353	415	358	376	29	276
246	271	256	306	305	311	391	22	277
355	580	595	408	446	411	391	27	28
67	112	104	79	93	89	59	2	281
288	468	491	329	353	322	332	25	282
10225	12313	12534	12252	13022	11762	10079	539	29
1656	2092	2094	2073	2027	2208	1859	81	291
8569	10221	10440	10179	10995	9554	8220	458	292
16503	19174	21639	21739	21514	17866	15832	961	30
1144	1110	1202	1046	920	874	886	50	301
4003	5067	5813	6188	5829	4076	3500	151	302
7112	7851	8893	9204	8952	7286	6428	480	303
276	435	422	424	490	453	388	16	304
833	1124	1238	1294	2020	1358	1243	53	305
360	389	421	377	354	380	330	11	306
898	1095	1231	1200	1138	1742	1321	107	307
850	876	928	826	639	467	458	42	308
1027	1227	1491	1180	1172	1230	1278	51	309
2462	2633	2521	2087	1932	1374	1499	113	31
125	121	117	85	73	43	52	9	311
70	84	78	66	73	68	58	4	312
974	986	935	702	629	349	514	44	313
1095	1260	1197	1090	1043	833	801	44	314
198	182	194	144	114	81	74	12	315
1739	2014	2223	2143	2030	1678	1505	109	32
334	361	374	391	250	284	269	25	321
41	54	45	54	36	36	29	1	322
52	71	76	73	41	59	37	2	323
227	258	317	287	268	191	175	12	324

2-6 续表 16

行业中类	代码	2004年	2005年	2006年	2007年	2008年
有色金属铸造	325	111	113	144	119	117
有色金属压延加工	326	741	761	997	953	901
金属制品业	33	9135	9901	11854	11266	11359
结构性金属制品制造	331	2884	3110	3762	3847	4051
金属工具制造	332	1077	1176	1345	1221	1252
集装箱及金属包装容器制造	333	347	347	368	353	343
金属丝绳及其制品制造	334	473	483	584	513	440
建筑、安全用金属制品制造	335	1237	1320	1722	1588	1508
金属表面处理及热处理加工	336	681	700	725	653	646
搪瓷制品制造	337	60	75	90	92	102
金属制日用品制造	338	762	861	1056	901	937
其他金属制品制造	339	1614	1829	2202	2098	2080
通用设备制造业	34	11140	11679	13817	13549	13524
锅炉及原动设备制造	341	503	485	521	492	507
金属加工机械制造	342	1804	2012	2371	2359	2483
物料搬运设备制造	343	533	517	668	618	570
泵、阀门、压缩机及类似机械制造	344	1715	1669	1931	1913	1760
轴承、齿轮和传动部件制造	345	948	949	1104	1008	989
烘炉、风机、衡器、包装等设备制造	346	1188	1250	1369	1339	1308
文化、办公用机械制造	347	115	145	160	162	132
通用零部件制造	348	3726	4032	5016	4934	4866
其他通用设备制造业	349	608	620	677	724	909
专用设备制造业	35	7070	7577	9175	8484	8667
采矿、冶金、建筑专用设备制造	351	1307	1460	1783	1584	1595
化工、木材、非金属加工专用设备制造	352	2170	2327	2947	2835	2759
食品、饮料、烟草及饲料生产专用设备制造	353	201	224	255	217	239
印刷、制药、日化及日用品生产专用设备制造	354	419	426	479	476	502
纺织、服装和皮革加工专用设备制造	355	615	601	680	519	470
电子和电工机械专用设备制造	356	496	519	693	693	700
农、林、牧、渔专用机械制造	357	392	419	483	453	533
医疗仪器设备及器械制造	358	446	485	517	434	458
环保、社会公共服务及其他专用设备制造	359	1024	1116	1338	1273	1411
汽车制造业	36	2949	2944	3451	3317	3054
汽车整车制造	361	33	45	40	44	26
改装汽车制造	362	71	65	57	57	57
低速载货汽车制造	363	3	9	3	2	6
电车制造	364	15	16	28	23	15
汽车车身、挂车制造	365	71	54	53	63	66
汽车零部件及配件制造	366	2756	2755	3270	3128	2884
铁路、船舶、航空航天和其他运输设备制造业	37	1274	1369	1691	1685	1686
铁路运输设备制造	371	140	160	167	175	160
城市轨道交通设备制造	372	4	7	7	8	14
船舶及相关装置制造	373	334	406	545	568	666
航空、航天器及设备制造	374	42	31	46	56	52

单位：个

2009年	2010年	2011年	2012年	2013年	2014年	2015年	无开业年份	代码
138	147	194	140	180	110	115	8	325
947	1123	1217	1198	1255	998	880	61	326
14095	18242	19702	19646	21951	22222	20390	984	33
5111	6633	7127	7092	7855	6886	6572	300	331
1402	2129	2161	2088	2312	2232	2280	174	332
400	490	462	471	435	399	317	16	333
635	644	624	1122	1701	1849	1569	18	334
1970	2520	2925	2845	3610	3373	2320	90	335
605	827	788	748	822	653	484	56	336
117	156	195	167	189	345	232	11	337
1258	1484	1689	1691	1750	1954	1849	118	338
2597	3359	3731	3422	3277	4531	4767	201	339
15559	20555	22462	19251	20208	21809	21278	794	34
633	720	813	743	658	851	746	31	341
2910	4201	4363	3739	3752	4074	3589	176	342
703	896	929	770	884	852	830	51	343
2008	2422	2633	2203	2432	2344	2219	101	344
932	1298	1375	1141	1224	1155	926	45	345
1474	1840	2042	1856	1874	1781	1452	79	346
201	201	270	217	242	221	189	8	347
5365	7178	8008	6557	7330	7072	6701	205	348
1333	1799	2029	2025	1812	3459	4626	98	349
11421	14864	15535	15067	15301	16494	14709	727	35
2007	2455	2511	2393	2129	2275	1816	116	351
3244	4595	4876	4632	4991	4340	3393	117	352
385	375	348	374	425	505	431	16	353
727	842	846	868	879	832	624	54	354
564	799	874	677	816	618	510	32	355
874	1289	1460	1373	1497	1415	1188	171	356
778	1011	1048	1038	1010	1094	1086	40	357
599	785	800	856	864	988	1043	36	358
2243	2713	2772	2856	2690	4427	4618	145	359
3858	5358	5396	5002	5611	5882	5467	288	36
53	60	64	58	83	114	158	1	361
69	85	80	88	66	78	57	2	362
5	6	9	7	7	5	7	1	363
53	61	58	72	79	145	207	7	364
96	136	88	80	65	106	77	4	365
3582	5010	5097	4697	5311	5434	4961	273	366
2065	2491	2385	2218	2411	2578	2306	164	37
225	253	211	175	183	187	161	4	371
6	11	25	17	14	32	33		372
768	854	792	679	542	785	803	51	373
72	101	98	79	93	149	147	5	374

2-6 续表 17

行业中类	代码	2004年	2005年	2006年	2007年	2008年
摩托车制造	375	387	412	424	386	364
自行车制造	376	299	287	391	393	336
非公路休闲车及零配件制造	377	28	27	48	39	34
潜水救捞及其他未列明运输设备制造	379	40	39	63	60	60
电气机械和器材制造业	38	6366	6663	8334	8170	8218
电机制造	381	772	707	836	812	873
输配电及控制设备制造	382	2276	2185	2891	2678	2759
电线、电缆、光缆及电工器材制造	383	1032	1218	1472	1402	1185
电池制造	384	203	247	291	288	280
家用电力器具制造	385	773	849	1007	973	1041
非电力家用器具制造	386	162	261	320	282	385
照明器具制造	387	840	898	1082	1329	1277
其他电气机械及器材制造	389	308	298	435	406	418
计算机、通信和其他电子设备制造业	39	3514	3755	4420	4531	4516
计算机制造	391	307	326	386	420	433
通信设备制造	392	283	308	347	379	365
广播电视设备制造	393	150	163	162	170	159
雷达及配套设备制造	394	4	19	10	9	6
视听设备制造	395	272	278	286	308	269
电子器件制造	396	559	575	669	679	716
电子元件制造	397	1457	1548	1918	1904	1809
其他电子设备制造	399	482	538	642	662	759
仪器仪表制造业	40	1519	1521	1779	1661	1576
通用仪器仪表制造	401	808	823	982	894	786
专用仪器仪表制造	402	270	241	319	303	292
钟表与计时仪器制造	403	92	107	98	103	114
光学仪器及眼镜制造	404	240	231	259	240	237
其他仪器仪表制造业	409	109	119	121	121	147
其他制造业	41	983	1215	1382	1332	1330
日用杂品制造	411	462	556	662	615	536
煤制品制造	412	148	174	175	192	200
其他未列明制造业	419	373	485	545	525	594
废弃资源综合利用业	42	478	582	579	678	720
金属废料和碎屑加工处理	421	303	331	330	366	398
非金属废料和碎屑加工处理	422	175	251	249	312	322
金属制品、机械和设备修理业	43	508	571	703	723	869
金属制品修理	431	25	28	40	47	54
通用设备修理	432	92	90	96	106	119
专用设备修理	433	70	68	87	82	119
铁路、船舶、航空航天等运输设备修理	434	123	167	229	240	295
电气设备修理	435	50	62	62	58	50
仪器仪表修理	436	14	15	9	13	11
其他机械和设备修理业	439	134	141	180	177	221

单位：个

2009年	2010年	2011年	2012年	2013年	2014年	2015年	无开业年份	代码
405	535	526	529	630	446	341	64	375
440	528	526	547	719	768	621	35	376
53	64	54	61	141	87	89	2	377
96	145	153	131	89	124	111	3	379
10690	13693	14889	14106	14513	14218	11880	835	38
1051	1374	1465	1227	1036	1414	967	129	381
3558	4497	4839	4155	4346	4780	4257	165	382
1420	1677	1734	1592	1734	1409	1220	76	383
391	469	494	420	483	329	331	35	384
1337	1645	1906	1917	2077	2189	1678	99	385
524	544	573	486	506	502	434	39	386
1742	2588	2763	3327	3469	2255	1715	245	387
667	899	1115	982	862	1340	1278	47	389
5930	8123	8660	8653	9258	7515	5924	632	39
573	770	842	935	986	758	646	25	391
511	643	649	661	654	688	544	23	392
210	251	264	298	252	155	100	3	393
12	19	16	16	15	25	13		394
346	447	471	473	482	282	145	13	395
932	1373	1449	1360	1509	1076	870	51	396
2286	3140	3256	3204	3537	2752	2095	163	397
1060	1480	1713	1706	1823	1779	1511	354	399
2055	2465	2851	2908	2984	2675	2481	105	40
1078	1253	1381	1338	1301	1299	1162	52	401
369	439	485	489	454	416	358	15	402
121	146	271	293	259	86	52	7	403
289	409	474	486	728	503	421	16	404
198	218	240	302	242	371	488	15	409
1905	2442	2606	2939	3097	8261	10892	514	41
679	803	901	874	1087	1315	1342	43	411
216	207	216	192	200	258	299	16	412
1010	1432	1489	1873	1810	6688	9251	455	419
807	975	1160	1065	1044	1180	1224	84	42
424	517	651	536	462	463	437	27	421
383	458	509	529	582	717	787	57	422
1075	1295	1562	1521	1594	1898	1964	47	43
64	69	98	84	85	127	107	1	431
141	188	218	194	213	279	291	3	432
160	183	232	246	260	235	226	8	433
366	435	466	416	379	394	459	15	434
78	113	112	115	139	141	149	3	435
30	22	28	30	20	36	37		436
236	285	408	436	498	686	695	17	439

2-6 续表 18

行业中类	代码	2004年	2005年	2006年	2007年	2008年
电力、热力、燃气及水生产和供应业	D	**4192**	**4200**	**4392**	**3554**	**3830**
电力、热力生产和供应业	44	3156	3099	3162	2384	2328
电力生产	441	2788	2671	2776	1980	1874
电力供应	442	137	149	119	109	120
热力生产和供应	443	231	279	267	295	334
燃气生产和供应业	45	269	277	306	289	389
燃气生产和供应业	450	269	277	306	289	389
水的生产和供应业	46	767	824	924	881	1113
自来水生产和供应	461	571	604	644	580	688
污水处理及其再生利用	462	167	185	240	255	377
其他水的处理、利用与分配	469	29	35	40	46	48
建筑业	E	**14869**	**16478**	**18142**	**17759**	**19833**
房屋建筑业	47	2816	3278	3708	3329	3508
房屋建筑业	470	2816	3278	3708	3329	3508
土木工程建筑业	48	2703	2965	3078	3071	3517
铁路、道路、隧道和桥梁工程建筑	481	1065	1117	1187	1132	1345
水利和内河港口工程建筑	482	211	245	251	263	256
海洋工程建筑	483	7	10	8	4	7
工矿工程建筑	484	136	161	206	227	201
架线和管道工程建筑	485	442	406	426	438	455
其他土木工程建筑	489	842	1026	1000	1007	1253
建筑安装业	49	2999	3235	3534	3364	3815
电气安装	491	885	918	975	895	993
管道和设备安装	492	731	780	826	786	862
其他建筑安装业	499	1383	1537	1733	1683	1960
建筑装饰和其他建筑业	50	6351	7000	7822	7995	8993
建筑装饰业	501	4434	4858	5396	5664	6528
工程准备活动	502	753	766	816	784	908
提供施工设备服务	503	205	257	319	313	311
其他未列明建筑业	509	959	1119	1291	1234	1246
批发和零售业	F	**96038**	**109884**	**133951**	**138248**	**165455**
批发业	51	62436	70620	85584	89715	106155
农、林、牧产品批发	511	2372	3269	3707	4032	6182
食品、饮料及烟草制品批发	512	4028	4864	6348	7518	10474
纺织、服装及家庭用品批发	513	6948	8451	10636	11203	12554
文化、体育用品及器材批发	514	2503	2599	2908	2994	3611
医药及医疗器材批发	515	2242	2624	2792	2465	2693
矿产品、建材及化工产品批发	516	20517	22213	27283	28024	32321
机械设备、五金产品及电子产品批发	517	17445	19260	23130	24038	27515
贸易经纪与代理	518	2061	2403	2894	3165	3580
其他批发业	519	4320	4937	5886	6276	7225
零售业	52	33602	39264	48367	48533	59300
综合零售	521	2994	3611	4445	3969	5345
食品、饮料及烟草制品专门零售	522	2395	3174	4164	4533	6035
纺织、服装及日用品专门零售	523	3112	3832	4670	4933	6175

单位：个

2009年	2010年	2011年	2012年	2013年	2014年	2015年	无开业年份	代码
4277	**4437**	**4341**	**4626**	**4415**	**5437**	**7721**	**522**	D
2519	2592	2510	2591	2388	3399	5437	358	44
1979	1962	1842	1934	1826	2691	4359	320	441
146	149	189	174	141	222	504	12	442
394	481	479	483	421	486	574	26	443
478	543	568	719	726	829	886	63	45
478	543	568	719	726	829	886	63	450
1280	1302	1263	1316	1301	1209	1398	101	46
785	801	822	833	783	629	793	42	461
437	420	361	382	416	431	435	53	462
58	81	80	101	102	149	170	6	469
28575	**37059**	**43532**	**46228**	**50572**	**91653**	**94162**	**2261**	E
5305	6583	7122	8023	8452	13492	11591	401	47
5305	6583	7122	8023	8452	13492	11591	401	470
5173	6603	7678	8370	8874	15049	15043	400	48
2044	2495	2743	3102	3362	5709	5599	157	481
417	523	609	625	657	880	861	32	482
11	21	22	25	33	67	68	1	483
244	272	315	296	263	382	358	9	484
569	751	797	848	709	1197	1211	26	485
1888	2541	3192	3474	3850	6814	6946	175	489
5153	6410	7294	7533	7546	14485	14714	304	49
1331	1528	1823	1875	1700	2616	2385	65	491
1058	1264	1475	1658	1662	2968	2917	49	492
2764	3618	3996	4000	4184	8901	9412	190	499
12944	17463	21438	22302	25700	48627	52814	1156	50
9295	12893	15968	17091	20005	34633	36989	816	501
1176	1469	1636	1685	2047	3302	2738	111	502
457	530	601	548	564	876	851	30	503
2016	2571	3233	2978	3084	9816	12236	199	509
239797	**314738**	**381805**	**412682**	**476084**	**582483**	**660757**	**13139**	F
154150	203185	240646	253882	277347	353542	366588	7782	51
9660	11288	13581	17128	21239	13714	15848	337	511
14982	19625	25111	30897	34203	34509	40558	776	512
19032	25770	32638	34106	43288	56182	53644	1352	513
4883	6556	8222	8646	10135	12317	11637	169	514
4278	5059	6105	7122	7442	8653	10537	145	515
46574	62484	70501	66921	69047	86500	84366	2062	516
38444	50161	58032	60257	62449	77002	74923	1239	517
5281	7369	9356	11447	13047	17543	16872	657	518
11016	14873	17100	17358	16497	47122	58203	1045	519
85647	111553	141159	158800	198737	228941	294169	5357	52
8058	10469	12857	15630	24473	36398	60829	688	521
8041	11064	15475	20262	24126	20293	25625	529	522
8258	11662	17247	18698	27274	24017	26630	638	523

2-6 续表 19

行业中类	代码	2004年	2005年	2006年	2007年	2008年
文化、体育用品及器材专门零售	524	2313	2610	3143	3356	3882
医药及医疗器材专门零售	525	3817	4495	4589	4057	4869
汽车、摩托车、燃料及零配件专门零售	526	5482	6019	7384	6820	7702
家用电器及电子产品专门零售	527	5969	6792	8737	9248	10886
五金、家具及室内装饰材料专门零售	528	4482	5264	6836	7093	8726
货摊、无店铺及其他零售业	529	3038	3467	4399	4524	5680
交通运输、仓储和邮政业	**G**	**11564**	**13838**	**14752**	**14637**	**16753**
铁路运输业	53	91	121	120	102	151
铁路旅客运输	531	13	18	16	16	27
铁路货物运输	532	52	43	49	42	67
铁路运输辅助活动	533	26	60	55	44	57
道路运输业	54	5920	6361	7348	7383	8803
城市公共交通运输	541	553	475	452	487	465
公路旅客运输	542	485	503	543	493	468
道路货物运输	543	4360	4822	5779	5827	7195
道路运输辅助活动	544	522	561	574	576	675
水上运输业	55	677	709	673	742	665
水上旅客运输	551	51	41	53	51	50
水上货物运输	552	486	492	465	488	441
水上运输辅助活动	553	140	176	155	203	174
航空运输业	56	82	66	87	75	65
航空客货运输	561	34	33	48	38	33
通用航空服务	562	20	14	10	15	12
航空运输辅助活动	563	28	19	29	22	20
管道运输业	57	11	10	14	17	17
管道运输业	570	11	10	14	17	17
装卸搬运和运输代理业	58	3437	4912	4728	4443	4900
装卸搬运	581	415	434	522	649	773
运输代理业	582	3022	4478	4206	3794	4127
仓储业	59	1001	1245	1357	1346	1408
谷物、棉花等农产品仓储	591	273	355	411	415	507
其他仓储业	599	728	890	946	931	901
邮政业	60	345	414	425	529	744
邮政基本服务	601	27	30	22	20	30
快递服务	602	318	384	403	509	714
住宿和餐饮业	**H**	**6837**	**8607**	**10235**	**10733**	**12674**
住宿业	61	2797	3398	4274	4457	5089
旅游饭店	611	1097	1205	1313	1434	1508
一般旅馆	612	1499	1962	2631	2678	3155
其他住宿业	619	201	231	330	345	426
餐饮业	62	4040	5209	5961	6276	7585
正餐服务	621	3267	4216	4825	5024	5965
快餐服务	622	275	382	380	467	574
饮料及冷饮服务	623	193	257	338	325	399
其他餐饮业	629	305	354	418	460	647

单位：个

2009年	2010年	2011年	2012年	2013年	2014年	2015年	无开业年份	代码
5203	6824	9012	9998	12207	11402	11967	232	524
7871	9556	11333	12077	11590	14981	26312	278	525
11890	15687	16896	18726	20753	24200	28265	598	526
15367	17886	21263	22486	25559	22966	24600	407	527
11802	16186	21514	24695	33017	30558	31632	685	528
9157	12219	15562	16228	19738	44126	58309	1302	529
21999	**28202**	**29539**	**30588**	**35716**	**45673**	**50931**	**1195**	G
179	260	270	262	303	460	358	10	53
35	47	38	49	43	44	47		531
73	92	93	98	115	154	130	8	532
71	121	139	115	145	262	181	2	533
11909	14613	15812	16561	19177	25948	30219	582	54
516	584	615	638	834	741	807	18	541
535	559	475	522	449	557	732	12	542
10107	12654	13793	14389	16844	23236	27129	506	543
751	816	929	1012	1050	1414	1551	46	544
792	829	795	698	767	1144	955	54	55
68	77	77	77	78	106	134	5	551
462	479	417	372	393	710	521	25	552
262	273	301	249	296	328	300	24	553
84	120	125	157	222	209	195	8	56
40	47	54	65	68	67	64	2	561
19	38	31	50	53	75	66	2	562
25	35	40	42	101	67	65	4	563
26	42	31	39	40	54	43	2	57
26	42	31	39	40	54	43	2	570
5793	7311	8294	8956	10377	12560	12813	301	58
859	1025	1225	1329	1780	2836	3410	51	581
4934	6286	7069	7627	8597	9724	9403	250	582
1857	2437	2490	2445	2846	3381	3452	192	59
615	765	691	610	698	738	622	23	591
1242	1672	1799	1835	2148	2643	2830	169	599
1359	2590	1722	1470	1984	1917	2896	46	60
25	65	53	43	38	79	257	2	601
1334	2525	1669	1427	1946	1838	2639	44	602
13885	**18292**	**21609**	**27229**	**33705**	**28941**	**37876**	**764**	H
4893	6367	7052	8282	9002	6735	8008	302	61
1546	1876	1987	2432	2332	1958	2406	157	611
2842	3819	4265	4849	5520	3687	4000	101	612
505	672	800	1001	1150	1090	1602	44	619
8992	11925	14557	18947	24703	22206	29868	462	62
7004	9288	11237	14479	18451	16357	21475	294	621
698	883	1054	1407	1766	1460	1752	33	622
452	571	700	953	1204	938	868	19	623
838	1183	1566	2108	3282	3451	5773	116	629

2-6 续表 20

行业中类	代码	2004年	2005年	2006年	2007年	2008年
信息传输、软件和信息技术服务业	I	**8818**	**9764**	**11323**	**11680**	**13249**
电信、广播电视和卫星传输服务	63	793	671	673	566	831
电信	631	641	469	488	419	610
广播电视传输服务	632	135	185	170	136	205
卫星传输服务	633	17	17	15	11	16
互联网和相关服务	64	1205	1231	1613	1691	1730
互联网接入及相关服务	641	146	142	176	190	171
互联网信息服务	642	933	945	1279	1301	1340
其他互联网服务	649	126	144	158	200	219
软件和信息技术服务业	65	6820	7862	9037	9423	10688
软件开发	651	4215	4792	5631	5893	6514
信息系统集成服务	652	702	897	914	954	1025
信息技术咨询服务	653	1046	1257	1400	1410	1765
数据处理和存储服务	654	108	110	139	162	161
集成电路设计	655	110	103	152	153	170
其他信息技术服务业	659	639	703	801	851	1053
金融业	J	**1719**	**2553**	**2845**	**3774**	**4767**
货币金融服务	66	307	893	963	1495	1687
中央银行服务	661					
货币银行服务	662	152	463	478	726	848
非货币银行服务	663	155	430	485	769	839
银行监管服务	664					
资本市场服务	67	387	422	556	761	978
证券市场服务	671	27	36	24	40	59
期货市场服务	672	8	3	5	4	14
证券期货监管服务	673					
资本投资服务	674	271	316	429	593	730
其他资本市场服务	679	81	67	98	124	175
保险业	68	877	1093	1094	1216	1728
人身保险	681	214	212	245	315	740
财产保险	682	284	530	537	544	600
再保险	683	5	2		1	7
养老金	684	1	2	1	51	37
保险经纪与代理服务	685	306	285	255	258	263
保险监管服务	686					
其他保险活动	689	67	62	56	47	81
其他金融业	69	148	145	232	302	374
金融信托与管理服务	691	33	32	50	72	92
控股公司服务	692	23	19	37	55	45
非金融机构支付服务	693	8	10	12	15	22
金融信息服务	694	18	28	39	39	45
其他未列明金融业	699	66	56	94	121	170

单位：个

2009年	2010年	2011年	2012年	2013年	2014年	2015年	无开业年份	代码
17866	**22564**	**28717**	**33520**	**42738**	**60858**	**88260**	**1348**	I
885	926	950	1073	1013	1188	1520	25	63
701	645	732	829	808	985	1295	24	631
169	255	191	219	173	169	170		632
15	26	27	25	32	34	55	1	633
2100	2774	3348	3916	4513	7556	14200	284	64
229	309	387	474	613	748	1415	17	641
1569	2047	2408	2710	2869	4879	8936	227	642
302	418	553	732	1031	1929	3849	40	649
14881	18864	24419	28531	37212	52114	72540	1039	65
9012	11461	14804	17502	21907	31398	42771	496	651
1453	1711	2201	2397	2509	4183	5513	89	652
2583	3224	4257	4995	7891	7892	11887	276	653
199	271	393	488	734	1062	1360	18	654
246	301	305	360	387	382	266	3	655
1388	1896	2459	2789	3784	7197	10743	157	659
5525	**7249**	**9489**	**10607**	**12829**	**15177**	**16034**	**387**	J
2428	3149	3763	3912	3952	3153	2989	46	66
								661
516	780	815	652	710	985	934	12	662
1912	2369	2948	3260	3242	2168	2055	34	663
								664
1434	2319	3489	4247	5988	7157	7188	214	67
112	183	287	379	531	546	492	15	671
11	25	28	28	55	78	90	1	672
								673
1081	1676	2557	2857	3775	5404	5719	177	674
230	435	617	983	1627	1129	887	21	679
977	853	1059	1189	1046	957	1289	28	68
363	351	462	426	359	258	243	8	681
244	219	305	478	425	362	366	11	682
1	1	1	2	2	5	7		683
6	10	11	26	4	12	4		684
296	213	221	184	177	171	408	6	685
								686
67	59	59	73	79	149	261	3	689
686	928	1178	1259	1843	3910	4568	99	69
151	224	313	389	635	966	1345	44	691
78	127	245	213	217	300	169	5	692
28	41	55	50	55	133	102	4	693
70	107	120	183	420	859	1093	22	694
359	429	445	424	516	1652	1859	24	699

2-6 续表 21

行业中类	代码	2004年	2005年	2006年	2007年	2008年
房地产业	K	**15954**	**17670**	**20834**	**23757**	**20364**
房地产业	70	15954	17670	20834	23757	20364
房地产开发经营	701	6472	7796	9659	11653	8620
物业管理	702	5157	5523	6252	6527	6895
房地产中介服务	703	2526	2668	3188	3930	3347
自有房地产经营活动	704	1182	1061	1000	790	810
其他房地产业	709	617	622	735	857	692
租赁和商务服务业	L	**27410**	**32573**	**37217**	**40380**	**48699**
租赁业	71	1363	1708	2064	2146	2804
机械设备租赁	711	1304	1639	1970	2059	2690
文化及日用品出租	712	59	69	94	87	114
商务服务业	72	26047	30865	35153	38234	45895
企业管理服务	721	3663	4491	5268	6447	8091
法律服务	722	367	416	453	401	518
咨询与调查	723	7344	9151	9892	10786	13143
广告业	724	5786	6671	7907	8589	9912
知识产权服务	725	388	342	390	364	414
人力资源服务	726	1554	1848	2212	2414	3170
旅行社及相关服务	727	1847	1924	2068	1875	1883
安全保护服务	728	290	331	363	394	446
其他商务服务业	729	4808	5691	6600	6964	8318
科学研究和技术服务业	M	**11821**	**13616**	**15690**	**16100**	**19442**
研究和试验发展	73	1043	1148	1509	1496	1790
自然科学研究和试验发展	731	82	74	119	110	153
工程和技术研究和试验发展	732	568	637	894	853	1022
农业科学研究和试验发展	733	103	147	170	163	220
医学研究和试验发展	734	265	270	301	350	365
社会人文科学研究	735	25	20	25	20	30
专业技术服务业	74	7929	8678	9707	9424	10367
气象服务	741	51	50	44	52	47
地震服务	742	7	8	5	5	10
海洋服务	743	9	10	13	13	20
测绘服务	744	365	401	369	306	305
质检技术服务	745	707	814	1169	809	778
环境与生态监测	746	98	113	138	125	171
地质勘查	747	203	252	282	330	399
工程技术	748	3875	4126	4265	4035	4333
其他专业技术服务业	749	2614	2904	3422	3749	4304
科技推广和应用服务业	75	2849	3790	4474	5180	7285
技术推广服务	751	2188	2817	3532	4112	6035
科技中介服务	752	225	302	332	413	463
其他科技推广和应用服务业	759	436	671	610	655	787
水利、环境和公共设施管理业	N	**1861**	**2071**	**2245**	**2316**	**2821**
水利管理业	76	175	167	204	176	243
防洪除涝设施管理	761	15	20	29	19	18

单位：个

2009年	2010年	2011年	2012年	2013年	2014年	2015年	无开业年份	代码
28757	**39802**	**39928**	**34954**	**41910**	**44067**	**37341**	**1795**	K
28757	39802	39928	34954	41910	44067	37341	1795	70
12355	18674	16937	12440	14100	16406	10852	645	701
8726	10939	11876	12151	12850	16172	14970	571	702
5868	7924	8618	8222	12424	9488	9622	276	703
823	915	1069	926	1109	457	349	39	704
985	1350	1428	1215	1427	1544	1548	264	709
66258	**88164**	**110701**	**128840**	**149810**	**213375**	**250416**	**6357**	L
4461	6226	7981	9231	10727	16223	20198	339	71
4310	6027	7721	8974	10321	15759	19582	326	711
151	199	260	257	406	464	616	13	712
61797	81938	102720	119609	139083	197152	230218	6018	72
10879	16488	22234	26134	33163	49363	58718	1896	721
1008	926	763	790	757	994	1240	22	722
16988	21772	27511	32469	40707	56012	64938	1135	723
13450	17832	22091	25195	25875	36806	38935	611	724
551	784	868	1027	1088	1182	1234	23	725
3913	5057	6142	7703	7815	7835	9350	224	726
2206	3266	3663	3858	4081	4421	6680	201	727
554	714	1040	1004	1297	1335	1196	30	728
12248	15099	18408	21429	24300	39204	47927	1876	729
27509	**35521**	**43668**	**50339**	**58541**	**78380**	**99154**	**2002**	M
2809	3953	5166	5880	6769	13410	17780	403	73
244	377	461	524	588	1889	2462	39	731
1615	2282	3068	3473	4128	8357	11183	282	732
348	444	577	750	806	1738	2377	55	733
571	788	994	1062	1157	1225	1510	20	734
31	62	66	71	90	201	248	7	735
13995	17981	21879	23980	27299	32399	33870	666	74
49	77	52	51	43	90	109	2	741
10	8	19	24	28	103	115	1	742
22	23	37	46	61	80	109		743
401	483	541	573	569	1077	1125	19	744
1059	1223	1241	1388	1413	1779	1771	67	745
233	307	366	427	474	694	830	13	746
346	385	462	409	393	504	499	29	747
5967	7680	9447	10112	11159	9771	7822	202	748
5908	7795	9714	10950	13159	18301	21490	333	749
10705	13587	16623	20479	24473	32571	47504	933	75
8832	11190	13713	17264	20973	23817	33548	802	751
521	653	847	949	931	1447	1536	32	752
1352	1744	2063	2266	2569	7307	12420	99	759
4044	**4593**	**5484**	**6261**	**6723**	**8595**	**8554**	**669**	N
327	334	426	475	474	719	649	17	76
35	29	39	53	46	80	59	2	761

2-6 续表 22

行业中类	代码	2004年	2005年	2006年	2007年	2008年
水资源管理	762	42	34	56	62	63
天然水收集与分配	763	29	33	37	17	32
水文服务	764	14	13	4	10	19
其他水利管理业	769	75	67	78	68	111
生态保护和环境治理业	77	237	282	341	324	422
生态保护	771	29	31	63	56	53
环境治理业	772	208	251	278	268	369
公共设施管理业	78	1449	1622	1700	1816	2156
市政设施管理	781	182	205	206	243	266
环境卫生管理	782	129	188	164	189	270
城乡市容管理	783	24	38	40	32	45
绿化管理	784	725	731	768	822	954
公园和游览景区管理	785	389	460	522	530	621
居民服务、修理和其他服务业	**O**	**7022**	**7986**	**9169**	**8940**	**10825**
居民服务业	79	2573	2906	3169	3047	3812
家庭服务	791	310	322	369	383	564
托儿所服务	792	8	9	18	15	25
洗染服务	793	132	142	155	170	176
理发及美容服务	794	708	880	873	767	1050
洗浴服务	795	489	499	491	455	502
保健服务	796	233	264	314	302	381
婚姻服务	797	116	172	218	259	244
殡葬服务	798	139	142	130	122	147
其他居民服务业	799	438	476	601	574	723
机动车、电子产品和日用产品修理业	80	3112	3435	4141	3807	4429
汽车、摩托车修理与维护	801	2251	2422	2956	2693	3114
计算机和办公设备维修	802	386	420	496	529	585
家用电器修理	803	358	423	537	422	514
其他日用产品修理业	809	117	170	152	163	216
其他服务业	81	1337	1645	1859	2086	2584
清洁服务	811	751	909	1085	1282	1519
其他未列明服务业	819	586	736	774	804	1065
教育	**P**	**1816**	**2377**	**2390**	**2053**	**2573**
教育	82	1816	2377	2390	2053	2573
学前教育	821	213	278	289	265	420
初等教育	822	27	35	28	27	25
中等教育	823	47	56	60	39	30
高等教育	824	6	6	10	9	9
特殊教育	825	11	13	18	8	17
技能培训、教育辅助及其他教育	829	1512	1989	1985	1705	2072
卫生和社会工作	**Q**	**1134**	**1423**	**1547**	**1301**	**1560**
卫生	83	1091	1367	1485	1242	1456
医院	831	489	580	582	447	522
社区医疗与卫生院	832	112	132	131	130	154

单位：个

2009年	2010年	2011年	2012年	2013年	2014年	2015年	无开业年份	代码
80	87	99	91	121	95	126	4	762
43	41	35	41	52	59	30	5	763
25	20	32	38	29	55	33	1	764
144	157	221	252	226	430	401	5	769
534	595	728	812	834	1189	1430	54	77
74	96	143	141	113	149	174	10	771
460	499	585	671	721	1040	1256	44	772
3183	3664	4330	4974	5415	6687	6475	598	78
402	455	445	512	545	709	678	31	781
317	336	418	520	523	618	817	37	782
89	103	109	131	142	169	168	214	783
1506	1858	2225	2578	2733	3597	3124	136	784
869	912	1133	1233	1472	1594	1688	180	785
14161	**17795**	**21614**	**24825**	**31226**	**38488**	**51662**	**786**	**O**
4722	6253	7995	9733	12136	13475	18023	262	79
819	1168	1506	2149	2782	3223	4623	55	791
28	27	33	38	41	85	107		792
184	239	398	485	542	419	541	11	793
1071	1350	1965	2240	2644	1542	2098	14	794
485	574	595	692	787	606	616	11	795
507	750	852	954	1252	829	1122	21	796
378	521	702	975	1214	1229	1527	22	797
158	183	220	209	260	343	397	13	798
1092	1441	1724	1991	2614	5199	6992	115	799
5551	6995	8269	9168	11012	9711	12584	211	80
3938	4985	5824	6581	7817	7120	9950	163	801
709	846	997	1074	1245	1085	962	23	802
638	816	1041	1079	1295	940	962	15	803
266	348	407	434	655	566	710	10	809
3888	4547	5350	5924	8078	15302	21055	313	81
1921	2272	2829	3361	3648	5559	6330	137	811
1967	2275	2521	2563	4430	9743	14725	176	819
3195	**4403**	**4904**	**6239**	**7346**	**7473**	**10336**	**181**	**P**
3195	4403	4904	6239	7346	7473	10336	181	82
419	655	658	732	741	1300	1458	31	821
32	51	40	45	69	130	149	7	822
59	73	61	60	72	138	119	4	823
14	12	14	20	29	38	25		824
17	31	30	37	41	64	89	1	825
2654	3581	4101	5345	6394	5803	8496	138	829
1431	**1838**	**2193**	**2759**	**2947**	**3154**	**4772**	**101**	**Q**
1317	1685	2024	2513	2662	2462	3545	65	83
527	627	849	1012	1112	988	1592	29	831
121	189	154	196	192	136	140	5	832

2-6 续表 23

行业中类	代码	2004年	2005年	2006年	2007年	2008年
门诊部(所)	833	422	556	658	525	660
计划生育技术服务活动	834	3	11	8	2	1
妇幼保健院(所、站)	835	2	4	6	7	4
专科疾病防治院(所、站)	836	16	26	26	16	25
疾病预防控制中心	837	4	5	5	8	9
其他卫生活动	839	43	53	69	107	81
社会工作	84	43	56	62	59	104
提供住宿社会工作	841	32	40	52	54	84
不提供住宿社会工作	842	11	16	10	5	20
文化、体育和娱乐业	**R**	**7813**	**9474**	**12743**	**12811**	**12852**
新闻和出版业	85	186	224	181	156	268
新闻业	851	9	9	11	4	13
出版业	852	177	215	170	152	255
广播、电视、电影和影视录音制作业	86	439	523	614	596	718
广播	861	13	21	16	11	26
电视	862	44	77	74	46	67
电影和影视节目制作	863	239	260	298	309	341
电影和影视节目发行	864	42	53	48	52	57
电影放映	865	67	81	125	149	190
录音制作	866	34	31	53	29	37
文化艺术业	87	656	904	1104	1453	1856
文艺创作与表演	871	172	220	296	305	420
艺术表演场馆	872	14	18	24	33	25
图书馆与档案馆	873	4	10	19	16	14
文物及非物质文化遗产保护	874	15	27	28	31	32
博物馆	875	13	14	16	15	21
烈士陵园、纪念馆	876		5	5	3	3
群众文化活动	877	102	168	169	212	258
其他文化艺术业	879	336	442	547	838	1083
体育	88	377	521	583	634	715
体育组织	881	45	58	72	80	99
体育场馆	882	29	45	41	57	41
休闲健身活动	883	269	381	432	446	511
其他体育	889	34	37	38	51	64
娱乐业	89	6155	7302	10261	9972	9295
室内娱乐活动	891	5876	6940	9781	9464	8755
游乐园	892	45	38	47	51	82
彩票活动	893	3	4	4	4	6
文化、娱乐、体育经纪代理	894	158	221	285	274	282
其他娱乐业	899	73	99	144	179	170
公共管理、社会保障和社会组织	**S**	**7**	**7**	**5**	**2**	**7**
社会保障	93	7	7	5	2	7
社会保障	930	7	7	5	2	7

单位：个

2009年	2010年	2011年	2012年	2013年	2014年	2015年	无开业年份	代码
539	716	826	1063	1025	904	1258	20	833
6	4	3	2	7	6	14		834
5	8	6	14	15	18	23	1	835
21	22	39	46	58	46	54		836
5	10	6	9	16	12	21		837
93	109	141	171	237	352	443	10	839
114	153	169	246	285	692	1227	36	84
90	129	143	215	249	591	1042	33	841
24	24	26	31	36	101	185	3	842
15289	**17261**	**17953**	**21460**	**20858**	**20062**	**33071**	**766**	**R**
306	323	356	444	357	275	325	4	85
16	26	27	35	35	44	59		851
290	297	329	409	322	231	266	4	852
937	1321	1639	1868	1905	2170	3478	79	86
32	47	49	64	76	106	154	3	861
71	101	81	88	88	169	206	3	862
482	599	725	902	931	945	1912	53	863
84	85	105	108	83	77	144	4	864
212	409	597	606	616	774	922	14	865
56	80	82	100	111	99	140	2	866
2788	3846	4703	6370	7267	8758	13100	283	87
710	831	1123	1550	1696	2126	2895	58	871
58	56	68	90	68	100	130	1	872
23	34	21	50	52	59	93	2	873
37	52	71	121	128	216	200	28	874
34	48	37	52	47	45	54	7	875
8	5	4	6	3	11	8	1	876
375	539	620	826	1094	914	1074	32	877
1543	2281	2759	3675	4179	5287	8646	154	879
891	989	1150	1340	1588	1869	2972	75	88
101	113	140	150	174	278	639	14	881
69	70	90	74	87	135	206	6	882
643	691	781	940	1117	1185	1588	44	883
78	115	139	176	210	271	539	11	889
10367	10782	10105	11438	9741	6990	13196	325	89
9675	9906	9004	10188	8369	5059	10672	234	891
102	124	126	158	207	308	481	12	892
9	10	14	13	8	13	15		893
344	441	575	598	640	952	969	25	894
237	301	386	481	517	658	1059	54	899
13	**10**	**9**	**13**	**13**	**35**	**59**	**1**	**S**
13	10	9	13	13	35	59	1	93
13	10	9	13	13	35	59	1	930

2-7 按地区、开业(成立)时间

地 区	企业单位数	1949年及以前	1950-1977年	1978-1991年	1992-1995年	1996年	1997年	1998年	1999年	2000年	2001年
全 国	**12593254**	**2833**	**49038**	**150136**	**197503**	**65643**	**72540**	**117670**	**120108**	**183423**	**222894**
北 京	663135	48	1075	7348	14159	4163	4735	7390	8860	12795	16639
天 津	296954	68	517	3411	5800	1756	1885	2635	2705	3969	4648
河 北	487926	211	2173	4048	4593	1961	2099	3672	3745	8078	7328
山 西	243379	163	2080	3296	2633	930	1112	1939	1902	2419	2747
内蒙古	155636	50	701	1135	1069	500	635	1198	1245	1920	2209
辽 宁	453377	332	2395	9713	10335	2911	3348	5694	6309	8374	9625
吉 林	123843	160	1010	2228	1694	686	744	1517	1568	2618	3276
黑龙江	149370	219	1485	3035	2738	1007	889	1788	1794	2961	3373
上 海	417855	95	608	5684	16882	4515	5098	6975	7493	10391	13367
江 苏	1388252	154	2692	16629	19843	5991	7095	14428	11773	19536	25443
浙 江	1189601	126	2133	11535	19715	7306	7837	11276	13072	19223	21882
安 徽	454812	61	1545	3366	3743	1482	1809	2282	2309	3931	4726
福 建	556220	88	2733	6380	9993	3559	3525	5282	5538	8471	9041
江 西	277496	63	2095	2940	2192	815	828	1472	1524	2990	3815
山 东	1048450	178	2315	8603	11160	3892	4294	8049	8469	12847	16940
河 南	535639	237	3733	7316	6640	3454	2921	6353	5747	9455	11086
湖 北	522899	96	1931	5035	4811	2088	2196	3506	3404	5699	7546
湖 南	321582	69	1864	4481	4231	1534	1492	3043	2838	5181	6843
广 东	1204941	96	3067	20556	29808	7655	9021	11531	13663	18346	23139
广 西	290980	29	2347	3061	3259	893	1041	1523	1463	2159	2610
海 南	55689	5	643	1006	1248	286	305	453	470	650	839
重 庆	392712	26	771	2672	3637	1287	1756	2496	1899	2962	3604
四 川	288685	32	1970	4969	5890	2230	2484	4063	3747	5575	6779
贵 州	199132	28	1228	1294	1362	486	722	1068	1089	1653	1754
云 南	283491	27	1415	2348	2593	1132	1226	1855	1671	2350	2697
西 藏	9441	6	202	205	147	61	59	110	107	182	170
陕 西	255984	103	2195	3860	3525	1493	1661	2950	2434	3661	4557
甘 肃	115557	43	969	1949	1805	714	787	1299	1192	1913	2446
青 海	36105	5	242	356	282	149	161	340	325	584	663
宁 夏	44519	3	191	408	417	214	227	406	384	626	590
新 疆	129592	12	713	1269	1299	493	548	1077	1369	1904	2512

分组的企业法人单位数

单位：个

2002年	2003年	2004年	2005年	2006年	2007年	2008年	2009年	2010年	2011年	2012年	2013年	2014年	2015年	无开业年份
256333	**325505**	**341676**	**387109**	**457462**	**460546**	**518905**	**698962**	**897330**	**1053255**	**1155825**	**1327182**	**1632370**	**1850532**	**48474**
19165	23598	27748	30963	31904	35936	41739	51034	58533	65314	68451	71165	23168	36229	976
5569	7219	7550	8522	10650	10974	12925	16206	20387	25506	25407	27884	32793	56121	1847
8373	9861	10939	12480	15991	14803	17373	26788	32691	38990	43215	57564	74693	85351	906
3323	4449	5184	5892	7047	7287	8179	10114	11801	14716	16836	17911	41599	69002	818
2379	3067	3610	4427	5797	6124	6923	9426	12407	13567	13934	15248	22525	24858	682
10788	13694	15052	16522	18793	19039	20907	26866	37287	38931	36373	33576	53148	49973	3392
3031	3936	4089	5515	6519	6181	6079	8833	11010	12975	12881	12266	5883	8970	174
3198	3916	3951	4943	5370	5623	7559	10386	12405	13096	14562	14349	11567	18818	338
17225	21931	24852	26175	22837	19403	20971	27124	32587	33509	34766	30883	25267	8932	285
32845	41230	37606	40986	52016	51828	52504	76381	108650	115794	118338	111972	188823	232042	3653
27741	32346	30756	33079	42020	42989	43501	58047	73810	86462	86660	158632	182860	169148	7445
5934	7868	8689	9849	13469	14531	17429	22468	31549	37968	42899	50178	70582	91790	4355
9966	13787	14827	16910	20264	19673	23362	31650	41446	48068	48516	47365	70909	87463	7404
4142	5232	5073	6561	7654	6896	8537	13748	19030	21614	27414	21184	46977	63686	1014
18750	24510	24390	28241	34028	32352	38566	52883	67113	73998	78070	95442	180139	221487	1734
10374	13848	14214	19931	22603	20198	27810	34590	39503	41813	43941	51648	62123	75270	831
8399	10516	11209	12796	13859	14225	18866	25898	32355	38441	45047	77286	76234	100720	736
6478	8973	9241	11430	13118	12161	12936	18737	25873	29108	32331	39680	49856	19831	253
26679	34621	39068	41924	51062	53337	53779	74280	93105	116331	130526	154815	132000	59838	6694
3296	4142	4463	5345	6433	7495	7808	12783	16564	25293	35662	34355	46583	62079	294
956	1287	1379	1623	1922	2094	2446	2837	4670	4946	5330	6037	6722	7362	173
3791	5332	5315	5883	6825	8897	9526	12284	23950	47261	51262	52591	61743	76272	670
7358	9283	9289	10312	13056	13056	15112	18921	22124	25787	28216	27430	23252	27079	671
1986	2640	3031	3584	4937	5355	6445	8113	10350	13231	32862	30754	23780	40616	764
3029	4222	4772	5329	6771	6523	8782	12604	14888	17992	21976	21362	52043	85154	730
206	259	305	395	474	497	439	713	712	987	1439	1628	103	25	10
4473	5616	6039	7492	9069	9351	12094	16661	20230	23348	25316	23452	33606	32071	727
2546	2898	2963	3388	4043	4055	5443	6684	8335	9884	12510	15487	12436	11621	147
721	812	836	852	1034	1303	1371	1701	2282	3129	3502	4135	6054	5205	61
716	987	1101	981	1203	1347	1629	2354	2952	3491	4402	5553	4662	9613	62
2896	3425	4135	4779	6694	7013	7865	7848	8731	11705	13181	15350	10240	13906	628

2-8 按开业(成立)时间、营业状态分组的企业法人单位数

单位：个

开业(成立)时间	企业单位数	营业	停业(歇业)	筹建	当年关闭	当年破产	其他
总计	**12593254**	**10886472**	**546573**	**882631**	**143092**	**10812**	**123674**
1949年及以前	2833	2521	225	6	48	5	28
1950–1952年	6634	5823	562	1	117	28	103
1953–1957年	11078	9243	1386	1	208	50	190
1958–1962年	8579	7224	990	5	147	45	168
1963–1965年	4035	3438	444	1	76	21	55
1966–1970年	6233	5247	697		126	54	109
1971–1975年	8391	7125	895	2	199	51	119
1976–1980年	20143	17170	2195	7	431	89	251
1981–1985年	42445	36874	4154	46	747	132	492
1986–1990年	76320	66508	7126	76	1514	228	868
1991–1995年	212819	189253	17008	189	3948	341	2080
1996–2000年	559384	505275	36139	976	10702	1022	5270
2001年	222894	202414	13513	250	4279	366	2072
2002年	256333	234249	14699	293	4497	376	2219
2003年	325505	296355	19573	474	5798	471	2834
2004年	341676	311924	19795	697	5846	425	2989
2005年	387109	350613	24115	954	7499	572	3356
2006年	457462	414739	28236	1346	8439	678	4024
2007年	460546	416207	29015	2154	8230	594	4346
2008年	518905	463779	32868	6843	9120	788	5507
2009年	698962	629408	40052	10176	11186	864	7276
2010年	897330	805427	53305	14166	14055	1012	9365
2011年	1053255	934387	56472	38243	14147	957	9049
2012年	1155825	1019589	57135	54121	13865	831	10284
2013年	1327182	1104429	45690	156674	9696	445	10248
2014年	1632370	1368310	22900	218872	4514	192	17582
2015年	1850532	1478941	17384	327584	3658	175	22790
无开业年份	48474			48474			

2-9 按行业(中类)、营业状态分组的企业法人单位数

(2015年) 单位：个

行业中类	代码	企业单位数	营业	停业(歇业)	筹建	当年关闭	当年破产	其他
总计	—	**12593254**	**10886472**	**546573**	**882631**	**143092**	**10812**	**123674**
农、林、牧、渔业	A	**739995**	**617050**	**28327**	**77165**	**5071**	**682**	**11700**
农业	01	342759	279881	12391	42383	2033	228	5843
谷物种植	011	67743	57062	2129	7072	252	39	1189
豆类、油料和薯类种植	012	12291	10199	481	1300	76	9	226
棉、麻、糖、烟草种植	013	6971	5968	311	510	54	8	120
蔬菜、食用菌及园艺作物种植	014	110828	90898	4836	12908	791	75	1320
水果种植	015	67401	55699	2152	7948	402	34	1166
坚果、含油果、香料和饮料作物种植	016	22836	17607	795	3617	175	19	623
中药材种植	017	27571	21093	825	4877	153	22	601
其他农业	019	27118	21355	862	4151	130	22	598
林业	02	59926	48503	2849	7069	502	45	958
林木育种和育苗	021	45748	36840	2140	5770	324	26	648
造林和更新	022	7702	6237	358	847	91	11	158
森林经营和管护	023	4299	3627	227	270	63	6	106
木材和竹材采运	024	1167	987	68	81	14	1	16
林产品采集	025	1010	812	56	101	10	1	30
畜牧业	03	196562	168773	7205	15993	1479	242	2870
牲畜饲养	031	136959	117228	4748	11769	980	148	2086
家禽饲养	032	43269	37378	1831	3055	366	73	566
狩猎和捕捉动物	033	1019	897	30	66	5	1	20
其他畜牧业	039	15315	13270	596	1103	128	20	198
渔业	04	56352	48272	2284	4665	448	51	632
水产养殖	041	54004	46288	2184	4442	435	47	608
水产捕捞	042	2348	1984	100	223	13	4	24
农、林、牧、渔服务业	05	84396	71621	3598	7055	609	116	1397
农业服务业	051	66426	56134	2812	5883	468	76	1053
林业服务业	052	5268	4347	234	499	55	10	123
畜牧服务业	053	9041	7947	403	436	62	22	171
渔业服务业	054	3661	3193	149	237	24	8	50
采矿业	B	**103421**	**77020**	**15113**	**6750**	**3139**	**414**	**985**
煤炭开采和洗选业	06	20517	15035	3050	1174	894	83	281
烟煤和无烟煤开采洗选	061	18620	13676	2823	934	851	79	257
褐煤开采洗选	062	597	470	66	33	19	2	7
其他煤炭采选	069	1300	889	161	207	24	2	17
石油和天然气开采业	07	692	560	45	76	5	1	5
石油开采	071	428	355	30	38	3		2
天然气开采	072	264	205	15	38	2	1	3
黑色金属矿采选业	08	15680	10728	3534	800	415	70	133
铁矿采选	081	13958	9636	3159	655	353	53	102
锰矿、铬矿采选	082	945	587	236	53	37	11	21
其他黑色金属矿采选	089	777	505	139	92	25	6	10
有色金属矿采选业	09	11161	7141	2469	999	397	54	101

2-9　续表 1　　单位：个

行业中类	代码	企 业单位数	营业	停业(歇业)	筹建	当年关闭	当年破产	其他
常用有色金属矿采选	091	7772	4911	1758	694	301	36	72
贵金属矿采选	092	2186	1387	501	220	50	8	20
稀有稀土金属矿采选	093	1203	843	210	85	46	10	9
非金属矿采选业	10	49035	38868	5386	2932	1288	187	374
土砂石开采	101	41712	33478	4362	2302	1105	158	307
化学矿开采	102	1712	1258	287	115	36	6	10
采盐	103	545	488	28	15	11	3	
石棉及其他非金属矿采选	109	5066	3644	709	500	136	20	57
开采辅助活动	11	3735	2945	308	353	81	6	42
煤炭开采和洗选辅助活动	111	586	390	97	66	24	2	7
石油和天然气开采辅助活动	112	2366	2007	118	186	36	2	17
其他开采辅助活动	119	783	548	93	101	21	2	18
其他采矿业	12	2601	1743	321	416	59	13	49
其他采矿业	120	2601	1743	321	416	59	13	49
制造业	**C**	**2800992**	**2445671**	**142567**	**148541**	**41675**	**4382**	**18156**
农副食品加工业	13	128141	111435	6617	6349	2248	331	1161
谷物磨制	131	27953	25288	1130	700	513	107	215
饲料加工	132	14833	12837	805	715	333	34	109
植物油加工	133	11520	9832	657	539	248	41	203
制糖业	134	942	777	81	51	21	4	8
屠宰及肉类加工	135	20966	18419	953	1064	343	46	141
水产品加工	136	11624	9806	792	709	165	19	133
蔬菜、水果和坚果加工	137	18406	15871	1088	1005	290	37	115
其他农副食品加工	139	21897	18605	1111	1566	335	43	237
食品制造业	14	62972	53713	3095	4551	996	159	458
焙烤食品制造	141	16703	14558	679	1104	225	28	109
糖果、巧克力及蜜饯制造	142	5754	5101	254	244	101	20	34
方便食品制造	143	11165	9686	478	736	159	29	77
乳制品制造	144	1894	1592	136	106	41	7	12
罐头食品制造	145	3692	3111	243	197	89	18	34
调味品、发酵制品制造	146	8210	7116	416	475	135	20	48
其他食品制造	149	15554	12549	889	1689	246	37	144
酒、饮料和精制茶制造业	15	49095	41812	2738	3333	719	122	371
酒的制造	151	16425	13756	1204	995	282	40	148
饮料制造	152	16759	14306	873	1211	229	36	104
精制茶加工	153	15911	13750	661	1127	208	46	119
烟草制品业	16	485	398	20	18	41	1	7
烟叶复烤	161	236	174	9	8	39		6
卷烟制造	162	102	94	6	1	1		
其他烟草制品制造	169	147	130	5	9	1	1	1
纺织业	17	133435	117563	7314	5083	2624	244	607
棉纺织及印染精加工	171	48655	43156	2598	1530	1027	115	229
毛纺织及染整精加工	172	7803	6757	529	264	193	23	37
麻纺织及染整精加工	173	1519	1299	122	43	42	3	10

2-9 续表 2

单位：个

行业中类	代码	企业单位数	营业	停业(歇业)	筹建	当年关闭	当年破产	其他
丝绢纺织及印染精加工	174	3693	3135	346	110	79	8	15
化纤织造及印染精加工	175	12115	10675	795	430	180	12	23
针织或钩针编织物及其制品制造	176	22455	19497	1228	1023	568	32	107
家用纺织制成品制造	177	20694	18210	971	1035	331	32	115
非家用纺织制成品制造	178	16501	14834	725	648	204	19	71
纺织服装、服饰业	18	158146	136231	9532	7596	3367	225	1195
机织服装制造	181	101663	87328	6630	4407	2336	157	805
针织或钩针编织服装制造	182	22583	19633	1434	828	540	29	119
服饰制造	183	33900	29270	1468	2361	491	39	271
皮革、毛皮、羽毛及其制品和制鞋业	19	73061	63504	4155	3348	1359	123	572
皮革鞣制加工	191	3456	2736	408	121	137	4	50
皮革制品制造	192	23946	21162	1058	1062	491	30	143
毛皮鞣制及制品加工	193	5630	5000	286	221	97	6	20
羽毛(绒)加工及制品制造	194	2390	2011	160	150	48	7	14
制鞋业	195	37639	32595	2243	1794	586	76	345
木材加工和木、竹、藤、棕、草制品业	20	88283	77543	4324	3959	1641	215	601
木材加工	201	35234	31201	1682	1433	585	78	255
人造板制造	202	17638	15760	747	517	467	65	82
木制品制造	203	25643	22339	1349	1340	415	38	162
竹、藤、棕、草等制品制造	204	9768	8243	546	669	174	34	102
家具制造业	21	62157	53825	2836	3940	952	84	520
木质家具制造	211	42477	36696	1948	2802	629	61	341
竹、藤家具制造	212	1023	848	57	75	22	3	18
金属家具制造	213	6805	5970	328	344	105	10	48
塑料家具制造	214	1109	957	65	55	20	1	11
其他家具制造	219	10743	9354	438	664	176	9	102
造纸和纸制品业	22	65138	57578	3185	2782	1098	103	392
纸浆制造	221	569	446	39	58	18	3	5
造纸	222	16264	14218	999	504	389	45	109
纸制品制造	223	48305	42914	2147	2220	691	55	278
印刷和记录媒介复制业	23	77283	71701	2632	1661	782	93	414
印刷	231	70205	65156	2344	1514	727	87	377
装订及印刷相关服务	232	6792	6296	277	130	50	5	34
记录媒介复制	233	286	249	11	17	5	1	3
文教、工美、体育和娱乐用品制造业	24	94489	82491	4670	5110	1439	108	671
文教办公用品制造	241	9338	8292	488	376	114	1	67
乐器制造	242	2280	2001	86	138	27	2	26
工艺美术品制造	243	60719	52601	3143	3479	964	87	445
体育用品制造	244	8431	7415	333	523	100	6	54
玩具制造	245	11455	10163	538	459	208	12	75
游艺器材及娱乐用品制造	246	2266	2019	82	135	26		4
石油加工和炼焦	25	8052	6410	692	662	191	33	64
精炼石油产品制造	251	6478	5277	487	527	123	17	47
炼焦	252	1574	1133	205	135	68	16	17

2-9 续表 3 单位：个

行业中类	代码	企业单位数	营业	停业(歇业)	筹建	当年关闭	当年破产	其他
化学原料和化学制品制造业	26	119308	101889	7509	6617	2191	266	836
基础化学原料制造	261	19056	16010	1435	1026	415	47	123
肥料制造	262	13966	11115	1191	1177	313	55	115
农药制造	263	2794	2359	193	149	57	13	23
涂料、油墨、颜料及类似产品制造	264	21460	18546	1266	1128	352	27	141
合成材料制造	265	12068	10400	568	781	206	19	94
专用化学产品制造	266	30704	26550	1920	1471	521	74	168
炸药、火工及焰火产品制造	267	6197	5769	203	71	109	12	33
日用化学产品制造	268	13063	11140	733	814	218	19	139
医药制造业	27	23467	19722	1134	2059	314	43	195
化学药品原料药制造	271	3139	2631	177	233	64	7	27
化学药品制剂制造	272	2618	2249	143	167	34		25
中药饮片加工	273	3854	3158	147	471	38	11	29
中成药生产	274	3608	3113	164	246	58	4	23
兽用药品制造	275	1730	1536	91	71	20	8	4
生物药品制造	276	4373	3466	249	538	61	4	55
卫生材料及医药用品制造	277	4145	3569	163	333	39	9	32
化学纤维制造业	28	7072	6120	411	334	151	20	36
纤维素纤维原料及纤维制造	281	1249	1070	71	67	30	5	6
合成纤维制造	282	5823	5050	340	267	121	15	30
橡胶和塑料制品业	29	166293	147891	7908	7251	2167	205	871
橡胶制品业	291	29148	26370	1153	1079	349	43	154
塑料制品业	292	137145	121521	6755	6172	1818	162	717
非金属矿物制品业	30	256667	220315	16287	12949	4596	719	1801
水泥、石灰和石膏制造	301	16197	13317	1337	760	551	95	137
石膏、水泥制品及类似制品制造	302	59661	52143	3404	2781	780	117	436
砖瓦、石材等建筑材料制造	303	108526	92699	7004	5516	2221	342	744
玻璃制造	304	4721	4060	236	318	65	7	35
玻璃制品制造	305	15320	13446	714	826	219	32	83
玻璃纤维和玻璃纤维增强塑料制品制造	306	6031	5399	284	215	84	8	41
陶瓷制品制造	307	15990	13476	982	1131	208	47	146
耐火材料制品制造	308	13352	11518	1139	416	185	23	71
石墨及其他非金属矿物制品制造	309	16869	14257	1187	986	283	48	108
黑色金属冶炼和压延加工业	31	41596	35842	3119	1317	999	103	216
炼铁	311	1802	1297	310	73	92	10	20
炼钢	312	1086	866	117	74	18	2	9
黑色金属铸造	313	17908	15980	1111	326	381	34	76
钢压延加工	314	17393	15000	1183	732	354	32	92
铁合金冶炼	315	3407	2699	398	112	154	25	19
有色金属冶炼和压延加工业	32	29670	25136	2174	1444	649	68	199
常用有色金属冶炼	321	5730	4381	757	311	198	21	62
贵金属冶炼	322	788	645	62	40	26	3	12
稀有稀土金属冶炼	323	1171	947	119	52	44	4	5
有色金属合金制造	324	3657	3184	199	193	60	2	19

2-9　续表 4　　　　单位：个

行业中类	代码	企业单位数	营业	停业(歇业)	筹建	当年关闭	当年破产	其他
有色金属铸造	325	2306	2025	141	103	15	5	17
有色金属压延加工	326	16018	13954	896	745	306	33	84
金属制品业	33	239597	210498	11591	12799	3036	222	1451
结构性金属制品制造	331	79703	69109	4228	4693	1033	76	564
金属工具制造	332	26983	23968	1157	1263	430	33	132
集装箱及金属包装容器制造	333	6814	6083	343	272	76	7	33
金属丝绳及其制品制造	334	13069	12118	493	254	147	13	44
建筑、安全用金属制品制造	335	33662	29461	1943	1705	361	29	163
金属表面处理及热处理加工	336	12722	11218	669	611	177	8	39
搪瓷制品制造	337	2176	1856	110	175	22	2	11
金属制日用品制造	338	20555	18033	843	1217	293	25	144
其他金属制品制造	339	43913	38652	1805	2609	497	29	321
通用设备制造业	34	264152	234975	11740	13198	2664	264	1311
锅炉及原动设备制造	341	10982	9592	558	600	141	22	69
金属加工机械制造	342	46660	41015	2156	2613	516	66	294
物料搬运设备制造	343	11716	10370	451	716	108	5	66
泵、阀门、压缩机及类似机械制造	344	35416	31787	1619	1536	315	42	117
轴承、齿轮和传动部件制造	345	18207	16558	721	641	189	31	67
烘炉、风机、衡器、包装等设备制造	346	25496	22888	1010	1239	215	16	128
文化、办公用机械制造	347	3021	2686	126	149	38	1	21
通用零部件制造	348	89254	79859	4280	3695	937	68	415
其他通用设备制造业	349	23400	20220	819	2009	205	13	134
专用设备制造业	35	180810	158836	7681	11091	1828	178	1196
采矿、冶金、建筑专用设备制造	351	29753	26121	1398	1622	367	45	200
化工、木材、非金属加工专用设备制造	352	52066	46786	1888	2577	459	29	327
食品、饮料、烟草及饲料生产专用设备制造	353	5553	4884	269	298	53	3	46
印刷、制药、日化及日用品生产专用设备制造	354	10536	9155	537	609	146	14	75
纺织、服装和皮革加工专用设备制造	355	11597	10370	593	449	125	12	48
电子和电工机械专用设备制造	356	14596	12545	612	1163	147	10	119
农、林、牧、渔专用机械制造	357	11884	10397	530	697	154	35	71
医疗仪器设备及器械制造	358	10806	9327	415	872	84	9	99
环保、社会公共服务及其他专用设备制造	359	34019	29251	1439	2804	293	21	211
汽车制造业	36	67573	59014	2768	4664	661	83	383
汽车整车制造	361	1068	872	36	129	12	3	16
改装汽车制造	362	1256	1132	51	47	13	3	10
低速载货汽车制造	363	112	86	9	10	4	1	2
电车制造	364	820	647	26	132	10	1	4
汽车车身、挂车制造	365	1174	1019	50	78	20	1	6
汽车零部件及配件制造	366	63143	55258	2596	4268	602	74	345
铁路、船舶、航空航天和其他运输设备制造业	37	32082	27709	1688	2046	406	47	186
铁路运输设备制造	371	3389	3033	138	157	27	4	30
城市轨道交通设备制造	372	208	173	7	23	3		2
船舶及相关装置制造	373	9631	8167	645	622	122	12	63
航空、航天器及设备制造	374	1158	956	39	152	4		7

2-9 续表 5

单位：个

行业中类	代码	企业单位数	营业	停业(歇业)	筹建	当年关闭	当年破产	其他
摩托车制造	375	8095	7287	359	323	88	9	29
自行车制造	376	7435	6204	407	635	134	15	40
非公路休闲车及零配件制造	377	867	772	32	53	4	1	5
潜水救捞及其他未列明运输设备制造	379	1299	1117	61	81	24	6	10
电气机械和器材制造业	38	169224	147473	8330	10079	2170	141	1031
电机制造	381	16647	14384	757	1094	295	16	101
输配电及控制设备制造	382	56654	50790	2408	2695	477	39	245
电线、电缆、光缆及电工器材制造	383	24005	21307	1176	1053	327	28	114
电池制造	384	5355	4380	300	472	131	22	50
家用电力器具制造	385	21825	18309	1373	1670	329	12	132
非电力家用器具制造	386	5945	4872	403	503	96	7	64
照明器具制造	387	28299	24335	1503	1776	422	17	246
其他电气机械及器材制造	389	10494	9096	410	816	93		79
计算机、通信和其他电子设备制造业	39	92146	81339	3246	5720	1148	79	614
计算机制造	391	8680	7748	275	483	91	11	72
通信设备制造	392	7902	7012	303	425	97	6	59
广播电视设备制造	393	3224	2957	107	106	37	1	16
雷达及配套设备制造	394	228	198	6	18	3	1	2
视听设备制造	395	5208	4656	189	245	78	7	33
电子器件制造	396	14232	12556	460	945	168	15	88
电子元件制造	397	36233	32220	1361	1920	502	28	202
其他电子设备制造	399	16439	13992	545	1578	172	10	142
仪器仪表制造业	40	36432	32526	1501	1900	281	18	206
通用仪器仪表制造	401	18516	16671	716	888	134	9	98
专用仪器仪表制造	402	6165	5507	252	306	47	5	48
钟表与计时仪器制造	403	2436	2193	105	85	37	2	14
光学仪器及眼镜制造	404	5907	5269	280	309	32		17
其他仪器仪表制造业	409	3408	2886	148	312	31	2	29
其他制造业	41	44503	37449	1687	4538	457	44	328
日用杂品制造	411	12549	11275	488	566	146	11	63
煤制品制造	412	3362	2731	332	178	75	16	30
其他未列明制造业	419	28592	23443	867	3794	236	17	235
废弃资源综合利用业	42	12190	9626	1006	1117	304	25	112
金属废料和碎屑加工处理	421	6158	4852	540	504	187	11	64
非金属废料和碎屑加工处理	422	6032	4774	466	613	117	14	48
金属制品、机械和设备修理业	43	17473	15107	977	1026	196	16	151
金属制品修理	431	1036	913	56	46	14	2	5
通用设备修理	432	2530	2197	168	120	22	4	19
专用设备修理	433	2435	2100	134	141	27	1	32
铁路、船舶、航空航天等运输设备修理	434	4945	4154	341	326	74	5	45
电气设备修理	435	1389	1230	67	65	15		12
仪器仪表修理	436	337	304	9	20	2		2
其他机械和设备修理业	439	4801	4209	202	308	42	4	36

2-9 续表 6 单位：个

行业中类	代码	企　业单位数	营业	停业（歇业）	筹建	当年关闭	当年破产	其他
电力、热力、燃气及水生产和供应业	D	**85990**	**74379**	**2465**	**7697**	**636**	**77**	**736**
电力、热力生产和供应业	44	56464	48457	1654	5386	439	51	477
电力生产	441	45702	38979	1287	4685	344	37	370
电力供应	442	4719	4240	118	251	48	4	58
热力生产和供应	443	6043	5238	249	450	47	10	49
燃气生产和供应业	45	7912	6518	248	1013	49	8	76
燃气生产和供应业	450	7912	6518	248	1013	49	8	76
水的生产和供应业	46	21614	19404	563	1298	148	18	183
自来水生产和供应	461	15671	14576	297	567	104	16	111
污水处理及其再生利用	462	4742	3822	218	614	34	1	53
其他水的处理、利用与分配	469	1201	1006	48	117	10	1	19
建筑业	E	**574114**	**485841**	**25873**	**48543**	**8142**	**336**	**5379**
房屋建筑业	47	107702	92415	4266	8073	1993	103	852
房屋建筑业	470	107702	92415	4266	8073	1993	103	852
土木工程建筑业	48	99915	83454	4741	9478	1283	54	905
铁路、道路、隧道和桥梁工程建筑	481	38214	32190	1692	3504	468	20	340
水利和内河港口工程建筑	482	8121	6938	368	654	97	3	61
海洋工程建筑	483	315	247	13	52	1		2
工矿工程建筑	484	4095	3543	208	254	59	2	29
架线和管道工程建筑	485	11008	9509	452	752	206	7	82
其他土木工程建筑	489	38162	31027	2008	4262	452	22	391
建筑安装业	49	97529	84476	4026	6818	1336	51	822
电气安装	491	23443	20566	913	1405	383	10	166
管道和设备安装	492	21392	18676	913	1329	307	11	156
其他建筑安装业	499	52694	45234	2200	4084	646	30	500
建筑装饰和其他建筑业	50	268968	225496	12840	24174	3530	128	2800
建筑装饰业	501	195938	165282	9099	16936	2548	87	1986
工程准备活动	502	20857	16497	1813	2049	326	11	161
提供施工设备服务	503	6503	5454	361	503	120	4	61
其他未列明建筑业	509	45670	38263	1567	4686	536	26	592
批发和零售业	F	**4197662**	**3679087**	**162682**	**268118**	**45440**	**2637**	**39698**
批发业	51	2561313	2229729	107487	169038	27876	1538	25645
农、林、牧产品批发	511	138206	121244	6241	6924	1435	176	2186
食品、饮料及烟草制品批发	512	259183	225211	10075	17985	2521	176	3215
纺织、服装及家庭用品批发	513	346627	302890	13188	24920	3139	101	2389
文化、体育用品及器材批发	514	87604	77649	3011	5528	667	27	722
医药及医疗器材批发	515	71817	64918	1758	4057	536	28	520
矿产品、建材及化工产品批发	516	716145	611867	39387	45635	11275	614	7367
机械设备、五金产品及电子产品批发	517	608542	545574	19760	33635	4710	204	4659
贸易经纪与代理	518	103708	86510	5100	9435	1232	76	1355
其他批发业	519	229481	193866	8967	20919	2361	136	3232
零售业	52	1636349	1449358	55195	99080	17564	1099	14053
综合零售	521	217348	189962	7520	15038	2370	227	2231
食品、饮料及烟草制品专门零售	522	161677	141955	6510	9661	1878	148	1525
纺织、服装及日用品专门零售	523	173422	152456	6595	10899	1998	98	1376

2-9 续表 7

单位：个

行业中类	代码	企业单位数	营业	停业(歇业)	筹建	当年关闭	当年破产	其他
文化、体育用品及器材专门零售	524	95125	84261	3633	5402	1010	50	769
医药及医疗器材专门零售	525	130549	121577	2191	5080	941	54	706
汽车、摩托车、燃料及零配件专门零售	526	203303	182076	6020	11182	2641	139	1245
家用电器及电子产品专门零售	527	216145	196324	6210	9412	2264	136	1799
五金、家具及室内装饰材料专门零售	528	225292	197197	9602	13806	2456	126	2105
货摊、无店铺及其他零售业	529	213488	183550	6914	18600	2006	121	2297
交通运输、仓储和邮政业	**G**	**368906**	**321645**	**15244**	**25136**	**3289**	**299**	**3293**
铁路运输业	53	3374	2871	169	224	28	3	79
铁路旅客运输	531	502	419	31	34	2		16
铁路货物运输	532	1291	1079	70	102	13		27
铁路运输辅助活动	533	1581	1373	68	88	13	3	36
道路运输业	54	197899	173376	8066	12901	1817	162	1577
城市公共交通运输	541	11946	11159	260	344	79	9	95
公路旅客运输	542	10339	9564	271	324	95	12	73
道路货物运输	543	161758	140620	6850	11406	1498	129	1255
道路运输辅助活动	544	13856	12033	685	827	145	12	154
水上运输业	55	13046	11341	658	774	135	23	115
水上旅客运输	551	1370	1206	57	71	18	2	16
水上货物运输	552	8000	7023	399	401	87	20	70
水上运输辅助活动	553	3676	3112	202	302	30	1	29
航空运输业	56	1879	1619	52	176	13	1	18
航空客货运输	561	754	677	22	42	4		9
通用航空服务	562	467	368	13	78	3	1	4
航空运输辅助活动	563	658	574	17	56	6		5
管道运输业	57	414	354	13	40	2		5
管道运输业	570	414	354	13	40	2		5
装卸搬运和运输代理业	58	100700	88098	3857	6934	840	58	913
装卸搬运	581	18167	15726	900	1178	226	17	120
运输代理业	582	82533	72372	2957	5756	614	41	793
仓储业	59	33465	27381	2031	3267	331	41	414
谷物、棉花等农产品仓储	591	10441	9133	620	440	107	26	115
其他仓储业	599	23024	18248	1411	2827	224	15	299
邮政业	60	18129	16605	398	820	123	11	172
邮政基本服务	601	1536	1424	25	41	11		35
快递服务	602	16593	15181	373	779	112	11	137
住宿和餐饮业	**H**	**270441**	**242061**	**8936**	**12533**	**4884**	**297**	**1730**
住宿业	61	89619	80808	2907	4034	1259	95	516
旅游饭店	611	29141	25566	1038	1699	589	49	200
一般旅馆	612	50731	46665	1526	1667	585	40	248
其他住宿业	619	9747	8577	343	668	85	6	68
餐饮业	62	180822	161253	6029	8499	3625	202	1214
正餐服务	621	138405	123869	4626	5702	3148	178	882
快餐服务	622	12573	11443	368	529	151	4	78
饮料及冷饮服务	623	7887	7150	247	325	110	5	50
其他餐饮业	629	21957	18791	788	1943	216	15	204

2-9 续表 8

单位：个

行业中类	代码	企业单位数	营业	停业(歇业)	筹建	当年关闭	当年破产	其他
信息传输、软件和信息技术服务业	I	**380228**	**328017**	**11893**	**34172**	**2348**	**78**	**3720**
电信、广播电视和卫星传输服务	63	15056	13706	453	542	150	7	198
电信	631	11547	10467	338	456	118	3	165
广播电视传输服务	632	3128	2910	92	62	29	4	31
卫星传输服务	633	381	329	23	24	3		2
互联网和相关服务	64	49455	42379	1444	4783	343	15	491
互联网接入及相关服务	641	5408	4744	174	412	40	1	37
互联网信息服务	642	33921	29193	1029	3155	238	10	296
其他互联网服务	649	10126	8442	241	1216	65	4	158
软件和信息技术服务业	65	315717	271932	9996	28847	1855	56	3031
软件开发	651	189791	163362	5854	17618	1024	30	1903
信息系统集成服务	652	27303	24087	806	1988	205	5	212
信息技术咨询服务	653	53291	45239	2091	5115	360	9	477
数据处理和存储服务	654	5491	4679	147	576	44	1	44
集成电路设计	655	3289	2897	116	229	22	1	24
其他信息技术服务业	659	36552	31668	982	3321	200	10	371
金融业	J	**104213**	**88786**	**3706**	**9272**	**582**	**49**	**1818**
货币金融服务	66	34340	31737	674	1543	148	13	225
中央银行服务	661							
货币银行服务	662	12293	11901	69	220	24	1	78
非货币银行服务	663	22047	19836	605	1323	124	12	147
银行监管服务	664							
资本市场服务	67	36986	28425	2270	4653	299	24	1315
证券市场服务	671	3012	2599	88	267	9		49
期货市场服务	672	493	445	12	31	1	1	3
证券期货监管服务	673							
资本投资服务	674	26698	20019	1730	3572	218	18	1141
其他资本市场服务	679	6783	5362	440	783	71	5	122
保险业	68	16558	15895	170	358	43	2	90
人身保险	681	5610	5462	29	77	10		32
财产保险	682	6126	5952	37	94	15	1	27
再保险	683	43	42		1			
养老金	684	181	163	9	5			4
保险经纪与代理服务	685	3398	3215	62	91	15	1	14
保险监管服务	686							
其他保险活动	689	1200	1061	33	90	3		13
其他金融业	69	16329	12729	592	2718	92	10	188
金融信托与管理服务	691	4548	3549	177	746	24	4	48
控股公司服务	692	1667	1257	108	273	9	2	18
非金融机构支付服务	693	566	486	20	55	2		3
金融信息服务	694	3103	2398	98	553	28	1	25
其他未列明金融业	699	6445	5039	189	1091	29	3	94

2-9 续表 9

单位：个

行业中类	代码	企业单位数	营业	停业(歇业)	筹建	当年关闭	当年破产	其他
房地产业	**K**	**459706**	**388185**	**26040**	**30068**	**6956**	**332**	**8125**
房地产业	70	459706	388185	26040	30068	6956	332	8125
房地产开发经营	701	188888	157000	11039	11145	4444	179	5081
物业管理	702	143296	123385	6063	11311	1103	71	1363
房地产中介服务	703	87210	75370	4779	5156	1008	31	866
自有房地产经营活动	704	22700	19100	2405	606	184	29	376
其他房地产业	709	17612	13330	1754	1850	217	22	439
租赁和商务服务业	**L**	**1315261**	**1107700**	**58887**	**120128**	**11426**	**587**	**16533**
租赁业	71	91122	76667	4091	8404	903	78	979
机械设备租赁	711	87999	73963	3977	8179	866	71	943
文化及日用品出租	712	3123	2704	114	225	37	7	36
商务服务业	72	1224139	1031033	54796	111724	10523	509	15554
企业管理服务	721	272866	214033	15567	35622	2438	122	5084
法律服务	722	12085	11235	283	382	69	1	115
咨询与调查	723	335599	281774	15523	31101	2715	100	4386
广告业	724	240193	212681	8442	14849	2177	81	1963
知识产权服务	725	9703	8781	263	526	57		76
人力资源服务	726	63861	53059	3848	5275	825	67	787
旅行社及相关服务	727	46593	39842	1863	4128	372	19	369
安全保护服务	728	10635	9532	265	650	88	7	93
其他商务服务业	729	232604	200096	8742	19191	1782	112	2681
科学研究和技术服务业	**M**	**523736**	**442764**	**19772**	**51531**	**3520**	**190**	**5959**
研究和试验发展	73	67867	54078	2856	9498	418	18	999
自然科学研究和试验发展	731	7479	5805	236	1269	51	3	115
工程和技术研究和试验发展	732	40874	33104	1501	5506	214	7	542
农业科学研究和试验发展	733	8585	6532	461	1345	81	7	159
医学研究和试验发展	734	9967	7842	619	1277	66	1	162
社会人文科学研究	735	962	795	39	101	6		21
专业技术服务业	74	253352	220351	8982	19494	1871	91	2563
气象服务	741	1073	998	23	32	11		9
地震服务	742	383	333	10	30	3		7
海洋服务	743	514	439	20	43	3		9
测绘服务	744	7721	6994	189	448	40	1	49
质检技术服务	745	16825	14691	531	1389	89	6	119
环境与生态监测	746	4334	3628	158	479	22	3	44
地质勘查	747	5475	4460	390	450	73	5	97
工程技术	748	101928	89631	3966	6650	823	43	815
其他专业技术服务业	749	115099	99177	3695	9973	807	33	1414
科技推广和应用服务业	75	202517	168335	7934	22539	1231	81	2397
技术推广服务	751	158170	130805	6270	18170	936	62	1927
科技中介服务	752	9727	8018	603	885	102	4	115
其他科技推广和应用服务业	759	34620	29512	1061	3484	193	15	355
水利、环境和公共设施管理业	**N**	**65981**	**53454**	**3828**	**7338**	**549**	**45**	**767**
水利管理业	76	5688	4820	276	421	60	6	105
防洪除涝设施管理	761	583	485	36	43	6		13

2-9　续表 10

单位：个

行业中类	代码	企业单位数	营业	停业(歇业)	筹建	当年关闭	当年破产	其他
水资源管理	762	1290	1089	69	94	20		18
天然水收集与分配	763	737	638	31	49	4	1	14
水文服务	764	358	320	14	16	3		5
其他水利管理业	769	2720	2288	126	219	27	5	55
生态保护和环境治理业	77	8885	7289	416	1023	64	4	89
生态保护	771	1426	1224	60	106	16		20
环境治理业	772	7459	6065	356	917	48	4	69
公共设施管理业	78	51408	41345	3136	5894	425	35	573
市政设施管理	781	5887	4962	307	499	46	2	71
环境卫生管理	782	5161	4324	257	475	40	4	61
城乡市容管理	783	1419	995	65	333	12	2	12
绿化管理	784	25163	20689	1525	2441	208	14	286
公园和游览景区管理	785	13778	10375	982	2146	119	13	143
居民服务、修理和其他服务业	**O**	**277682**	**245567**	**10051**	**16793**	**2679**	**178**	**2414**
居民服务业	79	98799	86660	4063	6147	1014	63	852
家庭服务	791	19101	16135	1093	1547	156	13	157
托儿所服务	792	473	428	12	26	1	1	5
洗染服务	793	4251	3816	151	197	55	4	28
理发及美容服务	794	20019	18458	598	616	221	9	117
洗浴服务	795	8768	7952	389	234	121	11	61
保健服务	796	8493	7654	277	420	96	4	42
婚姻服务	797	8020	7029	344	523	70	5	49
殡葬服务	798	3471	3041	120	248	22	1	39
其他居民服务业	799	26203	22147	1079	2336	272	15	354
机动车、电子产品和日用产品修理业	80	99699	91059	3104	3949	875	70	642
汽车、摩托车修理与维护	801	73262	67104	2142	2890	642	50	434
计算机和办公设备维修	802	10790	9785	393	425	90	7	90
家用电器修理	803	10730	9777	365	408	108	9	63
其他日用产品修理业	809	4917	4393	204	226	35	4	55
其他服务业	81	79184	67848	2884	6697	790	45	920
清洁服务	811	34263	29379	1559	2670	347	27	281
其他未列明服务业	819	44921	38469	1325	4027	443	18	639
教育	**P**	**61974**	**54740**	**2038**	**3926**	**511**	**31**	**728**
教育	82	61974	54740	2038	3926	511	31	728
学前教育	821	8845	8250	110	267	62	6	150
初等教育	822	928	824	16	40	3		45
中等教育	823	1132	973	60	55	19	1	24
高等教育	824	260	227	17	12	4		
特殊教育	825	405	358	10	30	1		6
技能培训、教育辅助及其他教育	829	50404	44108	1825	3522	422	24	503
卫生和社会工作	**Q**	**32696**	**29568**	**698**	**1919**	**173**	**19**	**319**
卫生	83	29068	26868	522	1283	147	19	229
医院	831	11181	10292	149	627	40	11	62
社区医疗与卫生院	832	2881	2760	33	41	15	2	30

2-9 续表 11

单位：个

行业中类	代码	企业单位数	营业	停业(歇业)	筹建	当年关闭	当年破产	其他
门诊部(所)	833	12073	11292	234	381	75	2	89
计划生育技术服务活动	834	95	87		3	1		4
妇幼保健院(所、站)	835	130	114	2	13			1
专科疾病防治院(所、站)	836	481	435	18	21	3	1	3
疾病预防控制中心	837	142	129	4	7			2
其他卫生活动	839	2085	1759	82	190	13	3	38
社会工作	84	3628	2700	176	636	26		90
提供住宿社会工作	841	3018	2213	132	591	20		62
不提供住宿社会工作	842	610	487	44	45	6		28
文化、体育和娱乐业	**R**	**230020**	**204740**	**8441**	**12989**	**2071**	**178**	**1601**
新闻和出版业	85	5196	4813	154	120	55	4	50
新闻业	851	331	291	13	18	3	1	5
出版业	852	4865	4522	141	102	52	3	45
广播、电视、电影和影视录音制作业	86	19309	16909	746	1326	123	21	184
广播	861	698	610	23	46	5	2	12
电视	862	1378	1246	51	53	7	1	20
电影和影视节目制作	863	8683	7472	324	759	58	4	66
电影和影视节目发行	864	1217	1067	54	73	6	3	14
电影放映	865	6373	5663	263	337	37	10	63
录音制作	866	960	851	31	58	10	1	9
文化艺术业	87	55712	46446	2480	5850	317	17	602
文艺创作与表演	871	13300	11587	514	956	95	3	145
艺术表演场馆	872	848	751	36	48	3	2	8
图书馆与档案馆	873	467	400	18	39	1		9
文物及非物质文化遗产保护	874	1086	854	46	142	6	1	37
博物馆	875	440	343	32	52	5	1	7
烈士陵园、纪念馆	876	81	70	3	7	1		
群众文化活动	877	6782	5696	392	561	30	2	101
其他文化艺术业	879	32708	26745	1439	4045	176	8	295
体育	88	15220	12819	826	1287	157	8	123
体育组织	881	2153	1756	114	236	19		28
体育场馆	882	1110	948	53	88	10	1	10
休闲健身活动	883	10083	8625	541	740	100	6	71
其他体育	889	1874	1490	118	223	28	1	14
娱乐业	89	134583	123753	4235	4406	1419	128	642
室内娱乐活动	891	121401	113047	3561	2874	1290	120	509
游乐园	892	2014	1638	108	226	22	1	19
彩票活动	893	137	118	5	10	2	1	1
文化、娱乐、体育经纪代理	894	6255	5176	305	657	50	4	63
其他娱乐业	899	4776	3774	256	639	55	2	50
公共管理、社会保障和社会组织	**S**	**236**	**197**	**12**	**12**	**1**	**1**	**13**
社会保障	93	236	197	12	12	1	1	13
社会保障	930	236	197	12	12	1	1	13

2-10 按地区、营业状态分组的企业法人单位数

(2015年) 单位：个

地区	企业单位数	营业	停业(歇业)	筹建	当年关闭	当年破产	其他
全国	**12593254**	**10886472**	**546573**	**882631**	**143092**	**10812**	**123674**
北京	663135	584132	49080	20888	4106	86	4843
天津	296954	205083	18886	58636	7473	216	6660
河北	487926	451675	17017	15370	2607	143	1114
山西	243379	214013	10108	16686	1220	190	1162
内蒙古	155636	132356	8984	11531	1307	231	1227
辽宁	453377	360245	42817	39493	7226	612	2984
吉林	123843	110696	7109	3750	1195	249	844
黑龙江	149370	132189	8285	5480	1480	244	1692
上海	417855	362851	8750	40639	1467	43	4105
江苏	1388252	1244076	50974	72993	13623	392	6194
浙江	1189601	1020016	71614	85046	10535	222	2168
安徽	454812	337240	28225	74079	9696	799	4773
福建	556220	430171	27306	79153	11867	723	7000
江西	277496	245229	6707	17395	4252	251	3662
山东	1048450	960431	25744	44188	10733	1310	6044
河南	535639	494502	11640	18625	4689	983	5200
湖北	522899	453344	16652	32595	3926	409	15973
湖南	321582	292809	9770	9037	4872	721	4373
广东	1204941	1059841	37708	73921	16646	701	16124
广西	290980	250011	12153	15613	8101	248	4854
海南	55689	42758	3520	7225	359	43	1784
重庆	392712	356890	8490	22180	2700	174	2278
四川	288685	256558	12241	13627	3258	349	2652
贵州	199132	167116	10159	17630	1798	346	2083
云南	283491	221394	12377	39321	1758	130	8511
西藏	9441	8635	269	339	63	14	121
陕西	255984	226089	8315	16177	2988	280	2135
甘肃	115557	101565	5962	5686	980	306	1058
青海	36105	26433	2503	6577	178	75	339
宁夏	44519	37409	2737	3132	695	99	447
新疆	129592	100715	10471	15619	1294	223	1270

2-11 按行业(大类)、控股情况分组的企业法人单位数

(2015年)

单位：个

行业大类	代码	企业单位数	国有控股	集体控股	私人控股	港澳台商控股	外商控股	其他
总计	--	**12593254**	**291263**	**253199**	**10677612**	**101730**	**99693**	**1169757**
农、林、牧、渔业	**A**	**739995**	**8834**	**17122**	**551415**	**1010**	**510**	**161104**
农业	01	342759	3276	7869	250722	538	253	80101
林业	02	59926	2057	1662	47043	115	67	8982
畜牧业	03	196562	1315	3301	150310	161	103	41372
渔业	04	56352	570	1165	46025	109	42	8441
农、林、牧、渔服务业	05	84396	1616	3125	57315	87	45	22208
采矿业	**B**	**103421**	**3923**	**3836**	**88210**	**215**	**196**	**7041**
煤炭开采和洗选业	06	20517	1936	1120	16303	31	35	1092
石油和天然气开采业	07	692	171	25	392	8	15	81
黑色金属矿采选业	08	15680	327	509	14012	31	25	776
有色金属矿采选业	09	11161	579	503	9160	46	49	824
非金属矿采选业	10	49035	636	1565	43051	89	61	3633
开采辅助活动	11	3735	222	68	3128	7	10	300
其他采矿业	12	2601	52	46	2164	3	1	335
制造业	**C**	**2800992**	**32658**	**52133**	**2453032**	**53902**	**48912**	**160355**
农副食品加工业	13	128141	2623	2270	110310	1014	1491	10433
食品制造业	14	62972	1034	901	54157	978	1135	4767
酒、饮料和精制茶制造业	15	49095	960	1401	41257	475	685	4317
烟草制品业	16	485	170	34	158	2	1	120
纺织业	17	133435	945	1638	120377	3133	1791	5551
纺织服装、服饰业	18	158146	766	1716	139020	5449	3349	7846
皮革、毛皮、羽毛及其制品和制鞋业	19	73061	256	810	64096	2686	1465	3748
木材加工和木、竹、藤、棕、草制品业	20	88283	688	1027	79662	605	496	5805
家具制造业	21	62157	215	576	55418	1105	888	3955
造纸和纸制品业	22	65138	455	1343	58099	1349	621	3271
印刷和记录媒介复制业	23	77283	1725	3399	66281	859	404	4615
文教、工美、体育和娱乐用品制造业	24	94489	468	1257	81718	3604	2394	5048
石油加工和炼焦	25	8052	394	242	6631	104	122	559
化学原料和化学制品制造业	26	119308	2508	3200	101149	2573	2948	6930
医药制造业	27	23467	793	485	19025	508	703	1953
化学纤维制造业	28	7072	107	94	6227	241	163	240
橡胶和塑料制品业	29	166293	919	2908	146916	4350	2838	8362
非金属矿物制品业	30	256667	3412	6524	225155	1943	1777	17856
黑色金属冶炼和压延加工业	31	41596	711	1321	37016	402	416	1730
有色金属冶炼和压延加工业	32	29670	837	674	25580	502	465	1612

2-11 续表 1

单位：个

行业大类	代码	企 业单位数	国有控股	集体控股	私人控股	港澳台商控股	外商控股	其他
金属制品业	33	239597	1465	4352	214483	3570	2825	12902
通用设备制造业	34	264152	2351	5139	237802	2836	4245	11779
专用设备制造业	35	180810	2315	2829	158763	2882	3766	10255
汽车制造业	36	67573	1238	1226	57865	1097	2816	3331
铁路、船舶、航空航天和其他运输设备制造业	37	32082	876	767	27786	469	673	1511
电气机械和器材制造业	38	169224	1625	2888	148679	4206	3542	8284
计算机、通信和其他电子设备制造业	39	92146	1212	796	74686	4938	5027	5487
仪器仪表制造业	40	36432	613	855	30838	1100	1146	1880
其他制造业	41	44503	362	491	38648	705	484	3813
废弃资源综合利用业	42	12190	198	238	10501	127	128	998
金属制品、机械和设备修理业	43	17473	417	732	14729	90	108	1397
电力、热力、燃气及水生产和供应业	**D**	**85990**	**15211**	**8084**	**54123**	**834**	**588**	**7150**
电力、热力生产和供应业	44	56464	9408	4454	37752	423	209	4218
燃气生产和供应业	45	7912	839	202	5573	237	197	864
水的生产和供应业	46	21614	4964	3428	10798	174	182	2068
建筑业	**E**	**574114**	**15338**	**13635**	**494279**	**848**	**626**	**49388**
房屋建筑业	47	107702	3574	5636	89556	98	97	8741
土木工程建筑业	48	99915	6732	3104	81447	142	109	8381
建筑安装业	49	97529	2084	2273	84650	191	184	8147
建筑装饰和其他建筑业	50	268968	2948	2622	238626	417	236	24119
批发和零售业	**F**	**4197662**	**62467**	**63032**	**3653636**	**16179**	**21595**	**380753**
批发业	51	2561313	37906	33218	2234596	12892	18710	223991
零售业	52	1636349	24561	29814	1419040	3287	2885	156762
交通运输、仓储和邮政业	**G**	**368906**	**20088**	**9468**	**301108**	**2327**	**1624**	**34291**
铁路运输业	53	3374	1811	200	953	4	3	403
道路运输业	54	197899	7179	5038	166385	544	306	18447
水上运输业	55	13046	1099	773	9797	94	63	1220
航空运输业	56	1879	368	31	1217	19	28	216
管道运输业	57	414	105	11	244	4	10	40
装卸搬运和运输代理业	58	100700	2535	2105	85612	1034	614	8800
仓储业	59	33465	5586	1123	22381	610	585	3180
邮政业	60	18129	1405	187	14519	18	15	1985
住宿和餐饮业	**H**	**270441**	**9631**	**6592**	**226287**	**2220**	**2119**	**23592**
住宿业	61	89619	7017	3894	69772	720	502	7714
餐饮业	62	180822	2614	2698	156515	1500	1617	15878

2-11 续表 2 单位：个

行业大类	代码	企业单位数	国有控股	集体控股	私人控股	港澳台商控股	外商控股	其他
信息传输、软件和信息技术服务业	**I**	**380228**	**8066**	**2593**	**326453**	**3893**	**4993**	**34230**
电信、广播电视和卫星传输服务	63	15056	3816	446	8759	256	188	1591
互联网和相关服务	64	49455	725	290	43091	172	168	5009
软件和信息技术服务业	65	315717	3525	1857	274603	3465	4637	27630
金融业	**J**	**104213**	**13935**	**4905**	**68863**	**857**	**1031**	**14622**
货币金融服务	66	34340	6331	2879	18704	542	461	5423
资本市场服务	67	36986	1847	496	30304	149	120	4070
保险业	68	16558	4955	1312	6857	83	389	2962
其他金融业	69	16329	802	218	12998	83	61	2167
房地产业	**K**	**459706**	**23332**	**16823**	**363381**	**6708**	**3259**	**46203**
房地产业	70	459706	23332	16823	363381	6708	3259	46203
租赁和商务服务业	**L**	**1315261**	**38029**	**31753**	**1098948**	**7866**	**8578**	**130087**
租赁业	71	91122	1289	919	78402	438	264	9810
商务服务业	72	1224139	36740	30834	1020546	7428	8314	120277
科学研究和技术服务业	**M**	**523736**	**17897**	**9258**	**434419**	**3079**	**4125**	**54958**
研究和试验发展	73	67867	1743	915	56970	602	1015	6622
专业技术服务业	74	253352	12697	4881	209532	1495	1808	22939
科技推广和应用服务业	75	202517	3457	3462	167917	982	1302	25397
水利、环境和公共设施管理业	**N**	**65981**	**6445**	**2606**	**49488**	**336**	**205**	**6901**
水利管理业	76	5688	1289	439	3154	13	18	775
生态保护和环境治理业	77	8885	676	180	6831	83	82	1033
公共设施管理业	78	51408	4480	1987	39503	240	105	5093
居民服务、修理和其他服务业	**O**	**277682**	**4367**	**5931**	**239417**	**596**	**629**	**26742**
居民服务业	79	98799	1487	2208	84964	268	282	9590
机动车、电子产品和日用产品修理业	80	99699	1487	2419	87279	190	177	8147
其他服务业	81	79184	1393	1304	67174	138	170	9005
教育	**P**	**61974**	**1859**	**1383**	**50173**	**146**	**184**	**8229**
教育	82	61974	1859	1383	50173	146	184	8229
卫生和社会工作	**Q**	**32696**	**1406**	**1326**	**24553**	**78**	**85**	**5248**
卫生	83	29068	1220	1140	21995	56	80	4577
社会工作	84	3628	186	186	2558	22	5	671
文化、体育和娱乐业	**R**	**230020**	**7710**	**2703**	**199743**	**636**	**434**	**18794**
新闻和出版业	85	5196	2240	267	2189	9	12	479
广播、电视、电影和影视录音制作业	86	19309	2637	507	14160	133	44	1828
文化艺术业	87	55712	1697	848	47866	104	73	5124
体育	88	15220	392	273	12885	193	168	1309
娱乐业	89	134583	744	808	122643	197	137	10054
公共管理、社会保障和社会组织	**S**	**236**	**67**	**16**	**84**			**69**
社会保障	93	236	67	16	84			69

2-12 按地区、控股情况分组的企业法人单位数

(2015年) 单位：个

地 区	企 业单位数	国有控股	集体控股	私人控股	港澳台商控股	外商控股	其他
全 国	**12593254**	**291263**	**253199**	**10677612**	**101730**	**99693**	**1169757**
北 京	663135	17315	19345	591978	6160	9245	19092
天 津	296954	8379	5969	233366	1882	4304	43054
河 北	487926	9769	9659	407222	606	976	59694
山 西	243379	9690	5579	213305	156	192	14457
内蒙古	155636	5107	2462	128702	138	168	19059
辽 宁	453377	13263	15783	381241	1851	4653	36586
吉 林	123843	5166	3107	99692	194	474	15210
黑龙江	149370	7453	4841	109192	262	342	27280
上 海	417855	11003	9642	352007	12376	20095	12732
江 苏	1388252	17978	17284	1252077	11636	16598	72679
浙 江	1189601	12025	22328	1125276	8088	9592	12292
安 徽	454812	11111	7111	390178	875	973	44564
福 建	556220	11966	9586	466542	9227	4439	54460
江 西	277496	8938	6464	229576	1127	572	30819
山 东	1048450	17766	14991	891045	2528	7449	114671
河 南	535639	14213	11469	413262	636	542	95517
湖 北	522899	13203	8945	407280	1089	938	91444
湖 南	321582	9080	7088	267281	779	529	36825
广 东	1204941	20962	26780	981428	38174	13575	124022
广 西	290980	7460	5174	247128	792	531	29895
海 南	55689	2351	1296	43566	353	229	7894
重 庆	392712	6684	4345	336105	709	647	44222
四 川	288685	9814	7123	237040	765	953	32990
贵 州	199132	6880	4948	170616	217	183	16288
云 南	283491	7954	5771	217359	418	480	51509
西 藏	9441	937	721	6794	18	23	948
陕 西	255984	9305	7906	215479	347	594	22353
甘 肃	115557	4661	3772	89576	92	83	17373
青 海	36105	1692	949	27559	49	62	5794
宁 夏	44519	1226	474	39247	45	43	3484
新 疆	129592	7912	2287	106493	141	209	12550

2-13 按行业(大类)、地区分组的

(2015年)

行业大类	代码	企业单位数	北京	天津	河北	山西	内蒙古
总计	--	**291263**	**17315**	**8379**	**9769**	**9690**	**5107**
农、林、牧、渔业	A	**8834**	**131**	**74**	**329**	**243**	**274**
农业	01	3276	50	28	161	75	105
林业	02	2057	25	6	61	100	38
畜牧业	03	1315	28	17	46	34	70
渔业	04	570	13	14	6	3	5
农、林、牧、渔服务业	05	1616	15	9	55	31	56
采矿业	B	**3923**	**18**	**17**	**154**	**741**	**173**
煤炭开采和洗选业	06	1936	1		56	670	93
石油和天然气开采业	07	171	4	3	3	12	8
黑色金属矿采选业	08	327	5		45	17	15
有色金属矿采选业	09	579	1		12	16	28
非金属矿采选业	10	636	3	6	30	12	20
开采辅助活动	11	222	4	8	7	12	4
其他采矿业	12	52			1	2	5
制造业	C	**32658**	**1390**	**1296**	**1308**	**1000**	**517**
农副食品加工业	13	2623	49	38	49	88	33
食品制造业	14	1034	36	42	30	32	20
酒、饮料和精制茶制造业	15	960	32	20	32	32	22
烟草制品业	16	170	1	1	3	1	2
纺织业	17	945	22	72	47	16	12
纺织服装、服饰业	18	766	22	29	27	14	11
皮革、毛皮、羽毛及其制品和制鞋业	19	256	6	12	9	6	4
木材加工和木、竹、藤、棕、草制品业	20	688	4	9	14	2	21
家具制造业	21	215	7	8	16	1	3
造纸和纸制品业	22	455	12	25	12	2	7
印刷和记录媒介复制业	23	1725	142	37	66	70	32
文教、工美、体育和娱乐用品制造业	24	468	22	26	13	9	1
石油加工和炼焦	25	394	11	14	22	28	17
化学原料和化学制品制造业	26	2508	81	99	115	118	52
医药制造业	27	793	53	38	22	14	7
化学纤维制造业	28	107	1	5	6	5	1
橡胶和塑料制品业	29	919	37	62	45	33	7
非金属矿物制品业	30	3412	104	75	161	120	59
黑色金属冶炼和压延加工业	31	711	15	55	48	27	19
有色金属冶炼和压延加工业	32	837	17	18	26	29	47
金属制品业	33	1465	72	85	91	27	15

国有控股企业法人单位数

单位：个

辽宁	吉林	黑龙江	上海	江苏	浙江	安徽	福建	江西	山东	代码
13263	**5166**	**7453**	**11003**	**17978**	**12025**	**11111**	**11966**	**8938**	**17766**	--
319	**395**	**499**	**82**	**291**	**201**	**320**	**436**	**521**	**408**	A
115	73	227	40	119	73	142	129	103	195	01
92	200	141	7	28	42	52	191	234	35	02
40	58	54	16	30	23	21	27	29	52	03
33	20	11	11	41	20	35	24	44	35	04
39	44	66	8	73	43	70	65	111	91	05
111	**80**	**94**	**1**	**52**	**26**	**117**	**102**	**146**	**224**	B
28	24	41		8		45	25	43	111	06
1	15	9	1	3		2		1	32	07
19	6			3	4	17	11	5	23	08
11	18	12		5	4	17	17	56	31	09
30	11	20		27	17	26	48	36	17	10
18	6	11		6		5	1	3	9	11
4		1			1	5		2	1	12
2032	**556**	**917**	**1162**	**2075**	**776**	**1162**	**1051**	**1028**	**2132**	C
111	40	123	16	87	52	176	114	90	113	13
53	24	40	39	50	25	26	46	30	74	14
26	15	36	9	37	33	29	46	42	77	15
5	6	7	2	6	3	8	11	5	17	16
56	7	16	21	102	27	32	18	29	77	17
53	5	7	25	87	30	30	38	50	67	18
20	1	4	10	10	5	10	21	11	20	19
26	47	61	6	22	5	18	35	51	57	20
10	2	12	8	9	1	10	16	11	16	21
27	9	11	12	15	7	6	27	17	41	22
108	26	44	67	88	36	55	79	63	92	23
15	1	10	37	29	9	15	54	14	31	24
51	5	18	7	14	7	7	5	9	33	25
124	25	53	99	140	69	75	55	58	212	26
37	25	30	53	39	25	27	16	22	40	27
7	4	2	4	17	7	3	2	1	7	28
47	13	21	32	41	14	34	17	27	74	29
160	76	99	69	143	119	121	114	187	206	30
73	11	11	21	28	19	20	19	9	37	31
43	3	11	12	30	10	19	15	46	31	32
94	11	31	64	113	25	47	34	38	105	33

2-13 续表 1

行业大类	代码	企业单位数	北京	天津	河北	山西	内蒙古
通用设备制造业	34	2351	100	108	95	67	43
专用设备制造业	35	2315	127	129	121	101	29
汽车制造业	36	1238	57	39	36	19	11
铁路、船舶、航空航天和其他运输设备制造	37	876	56	43	20	19	4
电气机械和器材制造业	38	1625	69	67	83	43	16
计算机、通信和其他电子设备制造业	39	1212	115	70	27	7	3
仪器仪表制造业	40	613	84	36	20	17	2
其他制造业	41	362	10	18	22	15	5
废弃资源综合利用业	42	198	10	4	11	11	1
金属制品、机械和设备修理业	43	417	16	12	19	27	11
电力、热力、燃气及水生产和供应业	**D**	**15211**	**162**	**167**	**714**	**571**	**621**
电力、热力生产和供应业	44	9408	97	102	410	307	457
燃气生产和供应业	45	839	20	25	45	60	11
水的生产和供应业	46	4964	45	40	259	204	153
建筑业	**E**	**15338**	**677**	**499**	**589**	**509**	**180**
房屋建筑业	47	3574	197	106	95	124	42
土木工程建筑业	48	6732	212	184	317	246	83
建筑安装业	49	2084	117	95	56	66	33
建筑装饰和其他建筑业	50	2948	151	114	121	73	22
批发和零售业	**F**	**62467**	**3095**	**1797**	**2295**	**2705**	**934**
批发业	51	37906	1952	1263	1518	1621	494
零售业	52	24561	1143	534	777	1084	440
交通运输、仓储和邮政业	**G**	**20088**	**597**	**672**	**598**	**661**	**505**
铁路运输业	53	1811	59	68	33	101	114
道路运输业	54	7179	207	152	224	268	113
水上运输业	55	1099	3	61	37	1	
航空运输业	56	368	16	6	8	9	24
管道运输业	57	105	4	6	3	2	2
装卸搬运和运输代理业	58	2535	165	164	73	25	44
仓储业	59	5586	136	185	199	220	149
邮政业	60	1405	7	30	21	35	59
住宿和餐饮业	**H**	**9631**	**1028**	**215**	**357**	**280**	**150**
住宿业	61	7017	788	146	286	199	103
餐饮业	62	2614	240	69	71	81	47
信息传输、软件和信息技术服务业	**I**	**8066**	**786**	**177**	**176**	**137**	**172**
电信、广播电视和卫星传输服务	63	3816	93	42	83	90	125
互联网和相关服务	64	725	77	11	15	9	11
软件和信息技术服务业	65	3525	616	124	78	38	36

单位：个

辽宁	吉林	黑龙江	上海	江苏	浙江	安徽	福建	江西	山东	代码
240	39	81	98	211	56	79	47	43	186	34
195	31	53	90	181	32	77	46	46	162	35
97	62	23	74	76	17	65	20	30	65	36
64	11	36	45	81	20	18	25	12	69	37
136	15	30	62	145	42	56	49	25	80	38
54	18	9	60	127	36	48	41	23	59	39
46	11	15	54	56	18	12	7	7	27	40
5	5	6	9	63	7	11	13	13	35	41
12	3	6	11	12	8	6	12	12	7	42
37	5	11	46	16	12	22	9	7	15	43
501	**339**	**520**	**86**	**426**	**619**	**552**	**621**	**483**	**773**	D
315	232	370	41	202	326	306	390	328	483	44
28	18	16	14	38	47	28	9	30	53	45
158	89	134	31	186	246	218	222	125	237	46
961	**330**	**439**	**429**	**943**	**469**	**595**	**486**	**449**	**1187**	E
217	81	119	85	141	55	126	109	104	218	47
421	154	176	158	398	301	273	225	189	539	48
158	52	97	62	160	47	81	43	55	163	49
165	43	47	124	244	66	115	109	101	267	50
2846	**975**	**1672**	**2301**	**3982**	**1785**	**2104**	**2669**	**1876**	**4317**	F
1895	553	1024	1461	2753	1102	1193	1850	1231	2699	51
951	422	648	840	1229	683	911	819	645	1618	52
979	**532**	**779**	**643**	**1216**	**865**	**942**	**925**	**646**	**1267**	G
82	42	81	9	72	17	42	44	35	260	53
303	127	227	200	420	390	353	388	228	382	54
50	1	20	72	107	103	41	101	25	77	55
13	8	11	14	16	14	10	18	8	21	56
2		3	5	10	1	2		2	24	57
173	29	39	174	226	141	74	153	36	196	58
299	294	360	153	318	165	361	169	256	244	59
57	31	38	16	47	34	59	52	56	63	60
412	**174**	**250**	**394**	**513**	**345**	**268**	**299**	**270**	**560**	H
299	129	200	268	315	274	187	244	221	312	61
113	45	50	126	198	71	81	55	49	248	62
332	**175**	**213**	**306**	**559**	**260**	**316**	**255**	**183**	**497**	I
144	129	132	43	171	123	194	127	101	199	63
18	12	17	21	70	21	30	31	16	45	64
170	34	64	242	318	116	92	97	66	253	65

2-13 续表 2

行业大类	代码	企业单位数	北京	天津	河北	山西	内蒙古
金融业	**J**	**13935**	**646**	**403**	**376**	**339**	**378**
货币金融服务	66	6331	171	277	133	138	172
资本市场服务	67	1847	225	64	73	28	20
保险业	68	4955	117	25	138	154	174
其他金融业	69	802	133	37	32	19	12
房地产业	**K**	**23332**	**2161**	**840**	**424**	**547**	**178**
房地产业	70	23332	2161	840	424	547	178
租赁和商务服务业	**L**	**38029**	**2930**	**993**	**1153**	**853**	**425**
租赁业	71	1289	79	139	54	40	15
商务服务业	72	36740	2851	854	1099	813	410
科学研究和技术服务业	**M**	**17897**	**1819**	**680**	**549**	**436**	**231**
研究和试验发展	73	1743	187	52	53	28	16
专业技术服务业	74	12697	876	464	406	366	187
科技推广和应用服务业	75	3457	756	164	90	42	28
水利、环境和公共设施管理业	**N**	**6445**	**211**	**121**	**278**	**183**	**137**
水利管理业	76	1289	18	15	54	50	25
生态保护和环境治理业	77	676	30	8	31	26	20
公共设施管理业	78	4480	163	98	193	107	92
居民服务、修理和其他服务业	**O**	**4367**	**293**	**220**	**135**	**173**	**86**
居民服务业	79	1487	106	72	53	33	31
机动车、电子产品和日用产品修理业	80	1487	123	43	43	43	23
其他服务业	81	1393	64	105	39	97	32
教育	**P**	**1859**	**115**	**35**	**51**	**31**	**35**
教育	82	1859	115	35	51	31	35
卫生和社会工作	**Q**	**1406**	**45**	**22**	**39**	**34**	**31**
卫生	83	1220	31	16	29	27	28
社会工作	84	186	14	6	10	7	3
文化、体育和娱乐业	**R**	**7710**	**1211**	**147**	**242**	**245**	**79**
新闻和出版业	85	2240	773	43	50	63	16
广播、电视、电影和影视录音制作业	86	2637	164	31	113	104	32
文化艺术业	87	1697	145	36	49	70	21
体育	88	392	71	16	9	6	2
娱乐业	89	744	58	21	21	2	8
公共管理、社会保障和社会组织	**S**	**67**		**4**	**2**	**2**	**1**
社会保障	93	67		4	2	2	1

单位：个

辽宁	吉林	黑龙江	上海	江苏	浙江	安徽	福建	江西	山东	代码
469	**283**	**395**	**353**	**716**	**569**	**790**	**405**	**601**	**818**	**J**
210	152	189	89	302	205	400	179	325	339	66
63	17	45	144	105	123	76	58	51	88	67
182	103	144	75	265	209	273	152	192	355	68
14	11	17	45	44	32	41	16	33	36	69
875	**219**	**418**	**1901**	**1506**	**1204**	**838**	**1187**	**559**	**1183**	**K**
875	219	418	1901	1506	1204	838	1187	559	1183	70
1464	**404**	**516**	**1823**	**3143**	**2824**	**1556**	**2002**	**1048**	**2168**	**L**
42	9	23	61	79	34	49	56	43	100	71
1422	395	493	1762	3064	2790	1507	1946	1005	2068	72
1011	**272**	**304**	**695**	**1183**	**916**	**771**	**704**	**448**	**1056**	**M**
112	26	29	93	178	57	56	70	22	125	73
709	213	223	450	771	694	642	531	355	720	74
190	33	52	152	234	165	73	103	71	211	75
214	**125**	**124**	**231**	**445**	**582**	**251**	**346**	**188**	**354**	**N**
49	41	26	22	70	111	39	75	21	77	76
22	8	20	21	51	47	36	26	13	44	77
143	76	78	188	324	424	176	245	154	233	78
232	**74**	**90**	**194**	**287**	**138**	**145**	**136**	**161**	**287**	**O**
104	32	45	60	108	63	48	50	49	94	79
101	17	32	91	103	37	46	50	43	80	80
27	25	13	43	76	38	51	36	69	113	81
97	**34**	**51**	**43**	**134**	**92**	**71**	**61**	**49**	**88**	**P**
97	34	51	43	134	92	71	61	49	88	82
131	**45**	**56**	**25**	**57**	**28**	**35**	**28**	**37**	**65**	**Q**
122	43	51	24	45	13	29	19	31	58	83
9	2	5	1	12	15	6	9	6	7	84
265	**154**	**114**	**334**	**449**	**324**	**276**	**249**	**244**	**382**	**R**
96	48	30	129	90	76	48	50	43	82	85
71	52	38	93	120	117	116	99	129	151	86
63	42	22	51	122	83	74	44	55	101	87
15	3	9	27	48	23	7	27	3	14	88
17	9	15	34	69	25	31	29	14	34	89
12		**2**		**1**	**2**	**2**	**4**	**1**		**S**
12		2		1	2	2	4	1		93

2-13 续表 3

行业大类	代码	河南	湖北	湖南	广东	广西	海南
总计	--	**14213**	**13203**	**9080**	**20962**	**7460**	**2351**
农、林、牧、渔业	A	**391**	**410**	**318**	**386**	**341**	**216**
农业	01	173	151	107	155	105	61
林业	02	44	65	53	75	123	95
畜牧业	03	82	36	43	53	39	25
渔业	04	12	64	38	36	26	12
农、林、牧、渔服务业	05	80	94	77	67	48	23
采矿业	B	**251**	**75**	**132**	**95**	**98**	**9**
煤炭开采和洗选业	06	176	11	66		15	1
石油和天然气开采业	07	6	2		2	2	2
黑色金属矿采选业	08	5	10	7	11	16	
有色金属矿采选业	09	39	7	36	26	35	3
非金属矿采选业	10	13	35	19	42	24	3
开采辅助活动	11	11	8	3	11	1	
其他采矿业	12	1	2	1	3	5	
制造业	C	**1500**	**1658**	**1032**	**2582**	**882**	**237**
农副食品加工业	13	156	144	97	281	152	82
食品制造业	14	41	32	30	87	32	10
酒、饮料和精制茶制造业	15	37	42	29	59	32	13
烟草制品业	16	9	11	14	8	3	1
纺织业	17	52	62	26	76	22	3
纺织服装、服饰业	18	40	49	13	65	6	2
皮革、毛皮、羽毛及其制品和制鞋业	19	16	12	7	49	2	
木材加工和木、竹、藤、棕、草制品业	20	18	30	28	36	57	13
家具制造业	21	7	11	1	32	1	3
造纸和纸制品业	22	25	22	20	64	22	3
印刷和记录媒介复制业	23	65	90	42	126	58	17
文教、工美、体育和娱乐用品制造业	24	24	12	12	69	7	5
石油加工和炼焦	25	20	13	8	19	6	1
化学原料和化学制品制造业	26	127	96	67	144	59	16
医药制造业	27	38	30	29	60	20	5
化学纤维制造业	28	4	2	1	6	1	2
橡胶和塑料制品业	29	24	38	17	121	19	9
非金属矿物制品业	30	180	138	133	182	117	19
黑色金属冶炼和压延加工业	31	23	32	23	41	24	2
有色金属冶炼和压延加工业	32	62	16	46	44	35	3
金属制品业	33	60	92	35	157	17	4

单位：个

重庆	四川	贵州	云南	西藏	陕西	甘肃	青海	宁夏	新疆	代码
6684	**9814**	**6880**	**7954**	**937**	**9305**	**4661**	**1692**	**1226**	**7912**	--
274	**249**	**206**	**312**	**19**	**212**	**212**	**63**	**78**	**624**	A
100	60	84	150	7	66	104	24	46	248	01
19	82	52	75	1	41	22	10	6	42	02
78	48	44	42	4	45	62	22	14	133	03
24	7	6	6		7			4	13	04
53	52	20	39	7	53	24	7	8	188	05
60	**136**	**212**	**151**	**22**	**217**	**82**	**51**	**17**	**259**	B
25	27	153	53		113	25	16	12	98	06
17	23	3			10	2	1		7	07
2	19	7	15	3	12	4	6		40	08
1	35	13	49	14	27	24	7	1	34	09
10	25	32	29	5	15	6	16	2	57	10
5	6	2	4		37	17	1	2	20	11
	1	2	1		3	4	4		3	12
734	**1074**	**753**	**649**	**71**	**1273**	**539**	**157**	**119**	**996**	C
44	60	71	43	12	65	48	18	11	160	13
18	26	23	15	2	48	12	3	4	84	14
17	55	60	32	3	26	23	3	3	38	15
6	7	6	17		5	2		2	1	16
10	24	7	8	1	45	12	1	3	39	17
7	18	10	14		14	4	5	3	21	18
8	2	2	2	1	1	3			2	19
7	16	39	28	12	9	4	1		12	20
4	2	5	2		8	3			6	21
9	12	4	8	1	12	4		6	13	22
24	58	39	41	6	52	40	7	9	46	23
6	6	11	3	3	9	7	4	1	3	24
3	12	4	6		20	11	1	1	21	25
69	98	87	72	4	103	45	39	13	94	26
24	32	7	21	8	35	16	4	1	15	27
	5		1		3	3			7	28
15	21	22	21		29	14		4	61	29
65	136	108	94	15	110	75	12	20	195	30
16	25	20	27		20	14	5	3	24	31
26	26	27	52		62	34	22	8	17	32
28	38	30	28	2	53	22	2	3	42	33

2-13 续表 4

行业大类	代码	河南	湖北	湖南	广东	广西	海南
通用设备制造业	34	110	124	64	122	49	2
专用设备制造业	35	136	112	80	137	51	3
汽车制造业	36	38	162	49	41	26	
铁路、船舶、航空航天和其他运输设备制造	37	27	47	29	69	14	3
电气机械和器材制造业	38	77	85	63	163	20	4
计算机、通信和其他电子设备制造业	39	29	54	28	206	13	5
仪器仪表制造业	40	20	32	17	33	4	1
其他制造业	41	12	39	8	26	3	
废弃资源综合利用业	42	9	9	9	15	4	1
金属制品、机械和设备修理业	43	14	20	7	44	6	5
电力、热力、燃气及水生产和供应业	**D**	**575**	**703**	**757**	**832**	**536**	**121**
电力、热力生产和供应业	44	335	419	464	520	344	72
燃气生产和供应业	45	32	30	21	44	6	9
水的生产和供应业	46	208	254	272	268	186	40
建筑业	**E**	**661**	**796**	**587**	**991**	**283**	**125**
房屋建筑业	47	124	166	133	296	68	42
土木工程建筑业	48	334	370	327	334	110	42
建筑安装业	49	75	104	57	154	31	8
建筑装饰和其他建筑业	50	128	156	70	207	74	33
批发和零售业	**F**	**4148**	**3060**	**1558**	**5457**	**1711**	**345**
批发业	51	2175	1476	835	3541	1060	166
零售业	52	1973	1584	723	1916	651	179
交通运输、仓储和邮政业	**G**	**1212**	**883**	**569**	**1504**	**475**	**153**
铁路运输业	53	94	110	59	90	27	8
道路运输业	54	382	317	260	574	137	49
水上运输业	55	10	73	23	186	22	24
航空运输业	56	10	11	13	23	6	3
管道运输业	57	2	2	2	2	3	
装卸搬运和运输代理业	58	75	79	36	287	64	29
仓储业	59	525	192	109	270	193	25
邮政业	60	114	99	67	72	23	15
住宿和餐饮业	**H**	**425**	**357**	**278**	**640**	**216**	**125**
住宿业	61	285	221	206	494	162	114
餐饮业	62	140	136	72	146	54	11
信息传输、软件和信息技术服务业	**I**	**477**	**379**	**300**	**466**	**115**	**42**
电信、广播电视和卫星传输服务	63	283	166	217	185	73	23
互联网和相关服务	64	52	42	27	47	8	1
软件和信息技术服务业	65	142	171	56	234	34	18

单位：个

重庆	四川	贵州	云南	西藏	陕西	甘肃	青海	宁夏	新疆	代码
59	65	40	22		128	33	10	9	21	34
45	72	38	24		121	39	4	4	29	35
84	50	16	19		47	4	2		9	36
35	34	18	5		63	4		1	4	37
40	53	18	20		95	39	7	5	18	38
29	78	15	7		42	5			4	39
33	19	7	6		23	3		1	2	40
1	10	6	5		9	2	2		2	41
1	5	6	4		1	4	1	2	1	42
1	9	7	2	1	15	10	4	2	5	43
390	**989**	**547**	**612**	**112**	**520**	**455**	**169**	**162**	**576**	D
183	563	330	370	95	306	348	126	125	442	44
42	101	17	26	3	23	15	1	6	21	45
165	325	200	216	14	191	92	42	31	113	46
355	**551**	**394**	**402**	**64**	**584**	**243**	**97**	**94**	**369**	E
110	158	127	90	33	153	66	17	27	145	47
148	223	167	164	25	244	120	61	54	133	48
35	87	34	44	2	80	31	12	9	36	49
62	83	66	104	4	107	26	7	4	55	50
1106	**1645**	**1231**	**1674**	**240**	**2092**	**877**	**258**	**202**	**1510**	F
599	1002	692	827	76	1032	456	129	115	1116	51
507	643	539	847	164	1060	421	129	87	394	52
459	**697**	**398**	**371**	**89**	**535**	**297**	**139**	**60**	**420**	G
35	84	22	36	2	62	41	15	8	59	53
199	314	200	140	41	222	106	63	15	178	54
36	19	2	1			1	2	1		55
8	19	14	13	10	17	8	3	3	11	56
3	3	5	2		7	2			6	57
60	50	20	28	4	33	8	4	4	42	58
49	159	84	59	20	155	104	37	20	77	59
69	49	51	92	12	39	27	15	9	47	60
252	**357**	**194**	**286**	**60**	**393**	**200**	**54**	**28**	**251**	H
139	263	149	231	58	295	154	48	21	206	61
113	94	45	55	2	98	46	6	7	45	62
244	**354**	**146**	**306**	**34**	**275**	**127**	**51**	**39**	**167**	I
143	221	99	143	31	177	93	38	25	103	63
24	32	10	16	2	25	18	4	5	8	64
77	101	37	147	1	73	16	9	9	56	65

2-13 续表 5

行业大类	代码	河南	湖北	湖南	广东	广西	海南
金融业	**J**	**677**	**546**	**518**	**744**	**341**	**79**
货币金融服务	66	332	263	211	273	153	37
资本市场服务	67	73	52	57	144	27	6
保险业	68	244	206	228	284	150	31
其他金融业	69	28	25	22	43	11	5
房地产业	**K**	**715**	**912**	**677**	**2010**	**607**	**394**
房地产业	70	715	912	677	2010	607	394
租赁和商务服务业	**L**	**1292**	**1543**	**1132**	**2956**	**918**	**218**
租赁业	71	62	59	25	64	36	17
商务服务业	72	1230	1484	1107	2892	882	201
科学研究和技术服务业	**M**	**748**	**837**	**471**	**1034**	**447**	**118**
研究和试验发展	73	51	96	54	132	27	8
专业技术服务业	74	484	591	342	784	322	96
科技推广和应用服务业	75	213	150	75	118	98	14
水利、环境和公共设施管理业	**N**	**257**	**299**	**229**	**312**	**158**	**34**
水利管理业	76	57	75	49	45	34	4
生态保护和环境治理业	77	33	43	26	39	11	4
公共设施管理业	78	167	181	154	228	113	26
居民服务、修理和其他服务业	**O**	**196**	**233**	**97**	**269**	**91**	**23**
居民服务业	79	78	62	42	72	20	8
机动车、电子产品和日用产品修理业	80	54	61	27	124	39	9
其他服务业	81	64	110	28	73	32	6
教育	**P**	**145**	**101**	**43**	**141**	**49**	**18**
教育	82	145	101	43	141	49	18
卫生和社会工作	**Q**	**186**	**96**	**83**	**58**	**32**	**18**
卫生	83	168	87	79	55	27	17
社会工作	84	18	9	4	3	5	1
文化、体育和娱乐业	**R**	**347**	**305**	**297**	**485**	**157**	**76**
新闻和出版业	85	59	64	50	127	25	22
广播、电视、电影和影视录音制作业	86	139	97	141	180	90	28
文化艺术业	87	97	88	70	80	23	14
体育	88	4	17	5	28	9	7
娱乐业	89	48	39	31	70	10	5
公共管理、社会保障和社会组织	**S**	**10**	**10**	**2**		**3**	
社会保障	93	10	10	2		3	

单位：个

重庆	四川	贵州	云南	西藏	陕西	甘肃	青海	宁夏	新疆	代码
696	**611**	**342**	**481**	**63**	**380**	**349**	**98**	**74**	**395**	J
412	267	164	236	45	188	176	57	41	195	66
53	58	54	47	2	30	13	9	14	28	67
207	258	99	182	14	152	149	25	18	150	68
24	28	25	16	2	10	11	7	1	22	69
550	**621**	**631**	**493**	**26**	**754**	**241**	**107**	**78**	**476**	K
550	621	631	493	26	754	241	107	78	476	70
735	**1325**	**960**	**1123**	**77**	**752**	**376**	**206**	**102**	**1012**	L
23	39	24	25	6	35	12	6	2	31	71
712	1286	936	1098	71	717	364	200	100	981	72
332	**513**	**331**	**487**	**27**	**534**	**279**	**150**	**70**	**444**	M
29	49	29	39	2	50	29	10	4	30	73
253	388	260	367	25	409	230	125	55	359	74
50	76	42	81		75	20	15	11	55	75
194	**245**	**197**	**194**	**6**	**244**	**102**	**30**	**32**	**122**	N
53	44	59	38	1	52	28	7	6	44	76
25	25	5	28	1	17	6	4	2	4	77
116	176	133	128	4	175	68	19	24	74	78
100	**111**	**105**	**156**	**11**	**129**	**50**	**15**	**15**	**115**	O
33	38	49	37	3	42	14	5	3	33	79
36	49	33	41	7	60	23	5	6	38	80
31	24	23	78	1	27	13	5	6	44	81
33	**61**	**58**	**74**	**5**	**48**	**29**	**10**	**7**	**50**	P
33	61	58	74	5	48	29	10	7	50	82
35	**38**	**42**	**23**	**4**	**49**	**29**	**5**	**4**	**26**	Q
29	34	37	21	4	43	27	5	3	18	83
6	4	5	2		6	2		1	8	84
135	**236**	**131**	**159**	**7**	**312**	**174**	**32**	**45**	**97**	R
36	55	32	24	1	66	22	2	9	9	85
43	106	51	48	3	136	53	17	15	57	86
37	43	29	58	1	84	60	6	13	16	87
5	3	7	8		9		3	1	6	88
14	29	12	21	2	17	39	4	7	9	89
	1	**2**	**1**		**2**				**3**	S
	1	2	1		2				3	93

2-14 按行业(大类)、营业状态分组的国有控股企业法人单位数

(2015年)　　单位：个

行业大类	代码	企业单位数	营业	停业(歇业)	筹建	当年关闭	当年破产	其他
总计	--	**291263**	**258867**	**16358**	**8612**	**3339**	**534**	**3553**
农、林、牧、渔业	A	**8834**	**7926**	**405**	**351**	**39**	**10**	**103**
农业	01	3276	2971	104	165	7	1	28
林业	02	2057	1911	78	44	7		17
畜牧业	03	1315	1138	75	69	9	4	20
渔业	04	570	510	34	16	1		9
农、林、牧、渔服务业	05	1616	1396	114	57	15	5	29
采矿业	B	**3923**	**3028**	**412**	**323**	**61**	**11**	**88**
煤炭开采和洗选业	06	1936	1447	196	185	31	7	70
石油和天然气开采业	07	171	154	4	9	3		1
黑色金属矿采选业	08	327	252	46	22	2		5
有色金属矿采选业	09	579	445	72	44	9	2	7
非金属矿采选业	10	636	525	64	30	12	2	3
开采辅助活动	11	222	171	23	25	2		1
其他采矿业	12	52	34	7	8	2		1
制造业	C	**32658**	**27377**	**3149**	**938**	**608**	**181**	**405**
农副食品加工业	13	2623	2217	271	57	34	9	35
食品制造业	14	1034	816	143	28	24	9	14
酒、饮料和精制茶制造业	15	960	797	98	30	14	7	14
烟草制品业	16	170	158	7	2	2		1
纺织业	17	945	680	185	12	33	16	19
纺织服装、服饰业	18	766	646	70	25	12	1	12
皮革、毛皮、羽毛及其制品和制鞋业	19	256	191	41	9	5	3	7
木材加工和木、竹、藤、棕、草制品业	20	688	552	95	14	14	3	10
家具制造业	21	215	170	28	9	5	1	2
造纸和纸制品业	22	455	334	74	6	28	2	11
印刷和记录媒介复制业	23	1725	1552	120	9	23	7	14
文教、工美、体育和娱乐用品制造业	24	468	377	61	11	7	1	11
石油加工和炼焦	25	394	325	28	25	7	3	6
化学原料和化学制品制造业	26	2508	2077	254	91	50	12	24
医药制造业	27	793	693	60	20	9	2	9
化学纤维制造业	28	107	86	15	2	2	2	
橡胶和塑料制品业	29	919	772	90	20	17	6	14
非金属矿物制品业	30	3412	2779	374	120	79	23	37
黑色金属冶炼和压延加工业	31	711	584	72	17	23	3	12
有色金属冶炼和压延加工业	32	837	708	67	29	21	6	6

2-14 续表 1

单位：个

行业大类	代码	企 业单位数	营业	停业(歇业)	筹建	当年关闭	当年破产	其他
金属制品业	33	1465	1269	119	42	20	3	12
通用设备制造业	34	2351	1985	248	44	35	18	21
专用设备制造业	35	2315	1947	188	93	38	13	36
汽车制造业	36	1238	1106	55	42	18	4	13
铁路、船舶、航空航天和其他运输设备制造业	37	876	765	48	36	14	4	9
电气机械和器材制造业	38	1625	1341	160	56	34	12	22
计算机、通信和其他电子设备制造业	39	1212	1068	75	32	14	9	14
仪器仪表制造业	40	613	546	35	15	7	1	9
其他制造业	41	362	306	24	17	11	1	3
废弃资源综合利用业	42	198	167	8	18	4		1
金属制品、机械和设备修理业	43	417	363	36	7	4		7
电力、热力、燃气及水生产和供应业	**D**	**15211**	**13862**	**284**	**851**	**92**	**11**	**111**
电力、热力生产和供应业	44	9408	8509	189	570	68	5	67
燃气生产和供应业	45	839	738	15	74	4	2	6
水的生产和供应业	46	4964	4615	80	207	20	4	38
建筑业	**E**	**15338**	**13703**	**662**	**501**	**319**	**18**	**135**
房屋建筑业	47	3574	3182	176	89	97	5	25
土木工程建筑业	48	6732	6085	244	225	110	5	63
建筑安装业	49	2084	1868	86	54	50	4	22
建筑装饰和其他建筑业	50	2948	2568	156	133	62	4	25
批发和零售业	**F**	**62467**	**54944**	**4593**	**1239**	**904**	**141**	**646**
批发业	51	37906	33013	3084	740	544	80	445
零售业	52	24561	21931	1509	499	360	61	201
交通运输、仓储和邮政业	**G**	**20088**	**18246**	**862**	**580**	**142**	**31**	**227**
铁路运输业	53	1811	1516	100	132	12	2	49
道路运输业	54	7179	6670	242	154	49	6	58
水上运输业	55	1099	972	52	59	8	2	6
航空运输业	56	368	334	7	24			3
管道运输业	57	105	92	3	9			1
装卸搬运和运输代理业	58	2535	2323	104	65	17	5	21
仓储业	59	5586	4994	331	124	47	16	74
邮政业	60	1405	1345	23	13	9		15
住宿和餐饮业	**H**	**9631**	**8645**	**541**	**116**	**239**	**21**	**69**
住宿业	61	7017	6336	388	64	169	16	44
餐饮业	62	2614	2309	153	52	70	5	25

2-14 续表 2

单位：个

行业大类	代码	企业单位数	营业	停业(歇业)	筹建	当年关闭	当年破产	其他
信息传输、软件和信息技术服务业	**I**	**8066**	**7548**	**173**	**187**	**46**	**5**	**107**
电信、广播电视和卫星传输服务	63	3816	3624	55	35	26	3	73
互联网和相关服务	64	725	682	14	20	3	1	5
软件和信息技术服务业	65	3525	3242	104	132	17	1	29
金融业	**J**	**13935**	**13407**	**157**	**239**	**32**	**2**	**98**
货币金融服务	66	6331	6176	27	72	12		44
资本市场服务	67	1847	1631	80	97	11		28
保险业	68	4955	4867	22	37	9	1	19
其他金融业	69	802	733	28	33		1	7
房地产业	**K**	**23332**	**20654**	**1283**	**473**	**338**	**40**	**544**
房地产业	70	23332	20654	1283	473	338	40	544
租赁和商务服务业	**L**	**38029**	**33401**	**2183**	**1593**	**273**	**34**	**545**
租赁业	71	1289	1160	63	38	9	5	14
商务服务业	72	36740	32241	2120	1555	264	29	531
科学研究和技术服务业	**M**	**17897**	**16466**	**666**	**492**	**108**	**9**	**156**
研究和试验发展	73	1743	1537	84	85	12	2	23
专业技术服务业	74	12697	11910	337	292	62	5	91
科技推广和应用服务业	75	3457	3019	245	115	34	2	42
水利、环境和公共设施管理业	**N**	**6445**	**5645**	**280**	**389**	**30**	**1**	**100**
水利管理业	76	1289	1116	66	75	6	1	25
生态保护和环境治理业	77	676	592	26	45	5		8
公共设施管理业	78	4480	3937	188	269	19		67
居民服务、修理和其他服务业	**O**	**4367**	**3899**	**221**	**147**	**32**	**6**	**62**
居民服务业	79	1487	1333	71	52	10		21
机动车、电子产品和日用产品修理业	80	1487	1343	89	28	10	4	13
其他服务业	81	1393	1223	61	67	12	2	28
教育	**P**	**1859**	**1647**	**88**	**53**	**16**		**55**
教育	82	1859	1647	88	53	16		55
卫生和社会工作	**Q**	**1406**	**1317**	**37**	**20**	**13**	**3**	**16**
卫生	83	1220	1171	16	11	10	3	9
社会工作	84	186	146	21	9	3		7
文化、体育和娱乐业	**R**	**7710**	**7095**	**355**	**118**	**47**	**10**	**85**
新闻和出版业	85	2240	2170	39	10	9	1	11
广播、电视、电影和影视录音制作业	86	2637	2375	173	36	13	7	33
文化艺术业	87	1697	1529	75	49	15	1	28
体育	88	392	353	24	8	3		4
娱乐业	89	744	668	44	15	7	1	9
公共管理、社会保障和社会组织	**S**	**67**	**57**	**7**	**2**			**1**
社会保障	93	67	57	7	2			1

2-15 按地区、营业状态分组的国有控股企业法人单位数

(2015年)

单位：个

地区	企业单位数	营业	停业(歇业)	筹建	当年关闭	当年破产	其他
全国	**291263**	**258867**	**16358**	**8612**	**3339**	**534**	**3553**
北京	17315	15690	1187	119	190	12	117
天津	8379	7113	648	315	138	20	145
河北	9769	8922	493	214	77	11	52
山西	9690	8317	760	433	84	19	77
内蒙古	5107	4640	176	197	28	12	54
辽宁	13263	10735	1703	405	231	51	138
吉林	5166	4707	255	86	61	17	40
黑龙江	7453	6794	390	101	74	24	70
上海	11003	10352	284	118	95	2	152
江苏	17978	16392	798	528	173	3	84
浙江	12025	10706	742	447	111	2	17
安徽	11111	9350	686	729	169	29	148
福建	11966	10076	911	520	218	18	223
江西	8938	8109	405	176	114	16	118
山东	17766	16429	570	404	159	18	186
河南	14213	13221	404	242	120	28	198
湖北	13203	11605	660	532	149	24	233
湖南	9080	8331	332	129	111	48	129
广东	20962	18223	1435	535	284	27	458
广西	7460	6303	569	161	188	18	221
海南	2351	1985	205	74	28	8	51
重庆	6684	6154	157	216	53	5	99
四川	9814	8975	402	213	113	12	99
贵州	6880	5853	497	310	64	26	130
云南	7954	7055	346	381	53	13	106
西藏	937	887	21	13	4		12
陕西	9305	8410	443	294	110	21	27
甘肃	4661	4213	218	124	50	19	37
青海	1692	1437	99	117	11	9	19
宁夏	1226	1118	39	45	16	1	7
新疆	7912	6765	523	434	63	21	106